Bildlexikon der Völker und Kulturen

Roberta Gianadda

Nordeuropa

Kelten, Germanen und Wikinger

Parthas

Bildlexikon der Völker und Kulturen, Bd. 8
Herausgegeben von Ada Gabucci

In der Reihe ist bereits erschienen:
Mesopotamien – Sumerer, Assyrer und Babylonier, Bd. 1
Rom – Kultur der antiken Stadt, Bd. 2
China – Reich der Mitte, Bd. 3
Griechenland – Wiege der Demokratie, Bd. 4
Japan – Land der aufgehenden Sonne, Bd. 5
Afrika – Der schwarze Kontinent, Bd. 6
Ägypten – Hochkultur am Nil, Bd. 7

Aus dem Italienischen
Ruth Karzel

Lektorat der dt. Ausgabe
Dino Heicker

Layout
Dario Tagliabue
Anna Piccaretta

Satz
Klaus Keller

Umschlaggestaltung
Birgit Zschunke

Redaktion
Filippo Melli
Sibilla Pierallini

Bildrecherche
Eva-Shaaron Magrelli

Druck und Bindung
Mondadori Printing Spa,
Martellage, Italien

Die Originalausgabe erschien © 2007
bei Mondadori Electa, Mailand

© 2008 Parthas Verlag
Stresemannstraße 30
10963 Berlin

ISBN 978-3-936324-80-8

Umschlagabbildung
Wikingerschiff von Oseberg (Detail),
etwa 850 n. Chr., Oslo, Vikingskipshuset.

Abbildung auf Seite 2
Bronzene Statue einer keltischen Gottheit,
Ende des 1. Jh. v. Chr. – 1. Jh. n. Chr., aus
Bouray-sur-Juine, Saint-Germain-en-Laye,
Musée des Antiquités Nationales.

Inhalt

Einleitung

Die Idee, drei verschiedene Kulturen wie die der Kelten, Germanen und Wikinger in einem einzigen Band zu vereinen, entstand nicht nur aufgrund räumlicher Nachbarschaft und eines zeitlichen Zusammenhangs, sondern auch, weil sie gemeinhin als ähnlich wahrgenommen werden. Es gibt die Tendenz, das Bild des keltischen Kriegers mit dem germanischen Kämpfer und dem angreifenden Wikinger zu vermischen, die sich im Hochmut und in der Grausamkeit, in der Unersättlichkeit und in der Stärke ähnlich sind. Sie stehen für die »barbarische« Vergangenheit Europas, die den klassischen mediterranen Kulturen der Griechen und Römer einerseits entgegengesetzt ist, sie andererseits aber ergänzt. Der Begriff »Barbar« hatte im Laufe der Zeit viele Bedeutungen: zunächst war der Barbar der »Nicht-Grieche«, wörtlich der »Stammler«, der nicht imstande war, wie ein Mensch (ein griechischer, versteht sich) zu reden. Dann war er der »Nicht-Römer«, für den die griechische Vorstellung vom Barbaren noch galt, aber durch den Vorwurf der Unvernunft ergänzt wurde: deswegen war der Barbar nicht imstande, sich Gesetze zu geben. Er stützte sich auf Willkür und Gewalt, um den Staat und sein Leben zu regeln. Die körperliche Stattlichkeit und die unbezähmbare Stärke des Barbaren erregten wiederum eine schlecht verhehlte Bewunderung, die der Empörung über seine Gewohnheiten und religiösen Gepflogenheiten um nichts nachstand. Die Wiederentdeckung der Wurzeln der Völker zog in der Neuzeit eine Neubewertung des Barbaren nach sich, eingehüllt in die romantische Faszination des Wilden, Mutigen und Freiheitsliebenden. Sowohl in der Forschungsgeschichte als auch in der Vorstellung der Völker nahmen Kelten, Germanen und Wikinger wechselweise unterschiedliche Rollen ein, je nachdem, ob gerade ein Minderwertigkeitskomplex hinsichtlich einer klassischen Vergangenheit oder ein Gefühl des Nationalstolzes überwog, das in den abwegigen rassistischen Theorien der jüngeren Vergangenheit gipfelte. Das vorliegende Buch, das sich auf die archäologische Forschung und die Analyse der vorhandenen Materialien stützt, beabsichtigt eine Einordnung dieser Kulturen in einen historischen Zusammenhang, in dem die Funde einer Wirklichkeit Sprache verleihen, die einen eigenen, immanenten Wert hat, unabhängig von jeder ideologischen Position. Die archäologischen Zeugnisse machen auch die notwendige Gegenüberstellung mit den Berichten der antiken Historiker über Kelten, Germanen und Wikinger möglich. Denn insbesondere bei Kelten und Germanen stammen die Informationen von griechischen und römi-

schen Autoren, die sich natürlich von der Notwendigkeit beeinflussen ließen, die eigene Kultur mit jener der Barbaren zu vergleichen und auf diese Weise persönliche politische Positionen kundzutun. Weitere Irrtümer und Ungenauigkeiten der antiken Quellen beruhen auf dem Umstand, dass nur wenige Autoren eine direkte Kenntnis von dem hatten, was sie beschrieben. Oft schöpften sie aus unvollständigen oder verzerrten älteren Quellen. Berücksichtigung fanden folgende Zeiträume: für die Kelten die Epoche von der Zeit der Fürsten im 6. Jh. v. Chr. bis zur römischen Eroberung des 1. Jh. n. Chr., für die Germanen die Periode von der späten Bronzezeit (etwa 1300 v. Chr.) bis zu der Zeit vor den Markomannenkriegen und den großen Wanderungen um das 2. Jh. n. Chr., für die Wikinger die Zeit vom 8. bis zum 11. Jh. n. Chr. Nicht miteinbezogen ist daher die Phase, in der sich die großen germanischen Stämme an der Zeitenwende erhoben und die Grenzen des römischen Reiches überschritten. Hier wird die Epoche der Entstehung der germanischen Kultur vor ihrem Zusammenprall mit der römischen Welt beleuchtet. Für letzteren wäre eine eigene Monografie notwendig. Das Thema der Christianisierung wurde, nur marginal berührt, da sie eine starke Anpassung an das klassische kulturelle Modell verursachte.

Es werden vor allem das Überleben heidnischer Bräuche und die Elemente des Widerstandes in den ursprünglichen Traditionen hervorgehoben. Das vorliegende Buch ist in Stichworte gegliedert, in denen die allgemeinen Themen vorkommen, die für ein Verständnis von Gesellschaft, Ökonomie, Technologien und Weltanschauungen der Kelten, Germanen und Wikinger hilfreich sind. Zu jedem Stichwort wurde das Thema für die drei verschiedenen Kulturen dargelegt, soweit es die zur Verfügung stehenden Daten erlaubten. Genauere Informationen enthalten die Kommentare zu den Bildern, die daher nicht als Zusatz zu verstehen, sondern für ein Verständnis des jeweiligen Themas wesentlich sind. Bei der Präsentation der Bilder wird immer darauf geachtet, die drei Kulturen voneinander zu trennen. Innerhalb der Bilder wird eine zeitliche Ordnung eingehalten, gerade um ihre Besonderheiten hervorzuheben, ihnen ihren historischen Gehalt wiederzugeben und die Funde in einen historischen Zusammenhang zu setzen. Im Anhang befindet sich eine Zeittafel mit den wesentlichen Daten der Kelten, Germanen und Wikinger. Insbesondere bei den Kelten und Germanen sind hier jene Momente des Kontaktes mit der römischen Zivilisation zu finden, die ihren Eintritt in die offizielle Geschichtsschreibung ermöglichten.

Große Persönlichkeiten

Bellovesus
Brennus
Vercingetorix
Dumnorix
Ariovist
Arminius
Erik der Rote
Harald Blauzahn
Rollo
Olaf Tryggvason
Knut der Große

◄ Anhänger, der einen
Wikingerreiter darstellt,
10. Jh., aus Birka,
Stockholm, Historiska Museet.

»Diese Völkerschaft hatte nach der Überlieferung, betört durch die Köstlichkeit der Früchte und vor allem des Weins ..., die Alpen überquert«. (Titus Livius)

Bellovesus

Keltischer Feldherr aus dem Stamm der Biturigen

Zeittafel
6. Jh. v. Chr.

Wichtige Ereignisse
Italienfeldzug und Kolonisation der Gebiete im nördlichen Italien

Die Anwesenheit der Kelten in Italien wird von den antiken Quellen mit der Verbreitung, dem Tausch und dem Konsum einiger Produkte in Zusammenhang gebracht, die für den mediterranen Raum typisch sind, insbesondere Wein. In seinen Berichten vom Vordringen der Kelten in Italien seit dem 4. Jh. v. Chr. erzählt der Historiker Titus Livius von einer Invasion, die zu jener Zeit stattgefunden hatte, »als in Rom Tarquinius Priscus« herrschte, das heißt im 6. Jh. v. Chr. Damals nahmen die Biturigen unter den keltischen Völkern eine Vormachtstellung ein; sie wurden von Ambigatus regiert, und sein Reich florierte so sehr, dass es demografisch förmlich explodierte. Der Herrscher bestimmte daher, dass seine Neffen, Bellovesus und Segovesus, Feldzüge in neue Länder anführen sollten: Bellovesus wurde Italien zugewiesen, Segovesus der Herkynische Urwald (eine waldreiche und bergige Region zwischen Rhein und Oberer Donau). Erst leistete Bellovesus den Phokern Hilfe, die aus Kleinasien gekommen waren, um *Massalia* (Marseille) zu gründen, überschritt dann die Westalpen, um am Fluss Tessin mit den Etruskern aus der Etruria Padana zusammenzustoßen. Schließlich siedelte sich Bellovesus in einem von den Insubrern, autochthonen Kelten, bewohnten Gebiet an und gründete hier die Stadt *Mediolanum* (Mailand).

▶ Etruskische Grabstele aus Sandstein, 5. Jh. v. Chr., Bologna, Museo Civico

»Daraufhin wurde die Sache zwischen … Q. Sulpicius und Brennus … in einer Unterredung zum Abschluß gebracht, und 1000 Pfund Gold wurden als Lösegeld vereinbart«. (Titus Livius)

Brennus

Brennus lebte zu Beginn des 4. Jh. v. Chr. und war das Oberhaupt des keltischen Stammes der Senonen, der ursprünglich aus der Île de France stammte und sich entlang der Ostküste Mittelitaliens niedergelassen hatte; sein Ruhm in der antiken Geschichtsschreibung hängt mit der Plünderung Roms von 387 v. Chr. zusammen. Nachdem er die etruskische Stadt Chiusi erstürmt hatte, führte Brennus sein Heer gegen Rom, um das unkorrekte Verhalten der Römer während des Konfliktes zu bestrafen. Der Zusammenstoß zwischen dem gallischen und dem römischen Heer erfolgte wenige Kilometer vor Rom an der Allia und endete mit einer schrecklichen Schlappe für die Römer: der 18. Juli wurde im römischen Kalender zum *dies nefastus*, zum ungünstigen Tag erklärt. Nach dem Sieg plünderte Brennus Rom. Am Ende einer langen Belagerung erlangten die Römer im Austausch gegen tausend Pfund Gold die Befreiung ihrer Stadt: als bei der Zahlung des Lösegelds Proteste laut wurden, weil die Gewichte zum Aufwiegen des Goldes gefälscht waren, warf Brennus mit einer verächtlichen Geste auch sein eigenes Schwert auf die Waage und rief *» Vae victis!«* (Wehe den Besiegten!). Eine Hauptquelle zur Einschätzung der Persönlichkeit des Brennus ist der römische Historiker Titus Livius (59 v. Chr. – 17 n. Chr.): seine zum Großteil legendäre Beschreibung vom Anführer der Gallier und seinem Volk sollte zu einer Art Modell für das Bild der »Barbaren« in der offiziellen Literatur werden: arrogant, kriegerisch, gierig und rücksichtslos.

Anführer des keltischen Stammes der Senonen

Zeittafel
4. Jh. v. Chr.
387 v. Chr.: Einnahme Roms

Wichtige Ereignisse
Feldzug gegen Rom, Niederlage des römischen Heeres an der Allia, Plünderung Roms

▼ *Sterbender Gallier,* antike Marmorkopie eines Originals aus der zweiten Hälfte des 3. Jh. v. Chr., Rom, Kapitolinische Museen.

Die Gallier wurden mit langen Haaren und herabhängenden Schnauzbärten dargestellt: einige sind völlig nackt, mit einer steifen Kette (Torques) um den Hals und einem Gürtel um die Hüften, der wahrscheinlich zur Befestigung des Schwertes diente; andere haben einen kurzen Mantel umgehängt oder auch eine kurze Tunika, die eine Schulter frei lässt. Sie verteidigen sich mit einem Schild in der Linken und halten das Schwert in der Rechten. Einer von ihnen trägt unter dem Mantel eine kurze Felltunika mit einem Gürtel um die Taille.

Auf dem Civitalba-Fries ist keine spezielle Episode aus dem Krieg zwischen Römern und Kelten in Italien wiedergegeben: hier wird vielmehr generell auf die Angriffe und Plünderungen Bezug genommen, deren Hauptakteure die Kelten waren.

Der Fries stellt Gallier da, die mit Beute beladen nach der Plünderung eines Heiligtums ungeordnet flüchten, verfolgt von zwei Gottheiten (eine davon ist Artemis)

Das Vorbild für diese Darstellung ist stilistisch und kompositorisch in hellenistischer Umgebung zu suchen und möglicherweise von der Plünderung des Apolloheiligtums in Delphi oder eines Heiligtums in Kleinasien inspiriert.

und vielleicht von Kriegern und Helden. Das Diebesgut (Kelche und Krüge aus wertvollem Metall) ist größtenteils zu Boden gefallen; der Anführer der Gallier flieht auf einem von zwei Pferden gezogenen Wagen und überfährt dabei einen anderen Krieger.

Der Fries kam während der Ausgrabung eines römischen Brennofens zutage: die Terrakottaplatten dürften dort hergestellt und anschließend gelagert worden sein, um dann, zur Feier des römischen Sieges in der Schlacht bei Sentino, in einem Tempel angebracht zu werden.

▲ Terrakottafries von Civitalba (Detail), Anfang 2. Jh. v. Chr., Ancona, Museo Nazionale delle Marche.

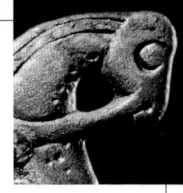

»Am nächsten Tag beruft Vercingetorix eine Versammlung und erklärt, er habe diesen Krieg nicht im eigenen Interesse unternommen, sondern für die gemeinsame Freiheit«. (Gaius Julius Cäsar)

Vercingetorix

Vercingetorix, Anführer des keltischen Stammes der Arverner, lebte im 1. Jh. v. Chr. und war einer der großen Gegenspieler Julius Cäsars. Der Name, der wahrscheinlich »Höchster König der Krieger« bedeutet, bezeichnet eine charismatische Persönlichkeit von herausragender Tapferkeit. Vercingetorix war ursprünglich beim Feldzug zur Unterwerfung Galliens mit Cäsar verbündet: indem er jedoch die Rückkehr Cäsars nach Rom ausnutzte, gelang es dem jungen Feldherrn, sich als König des eigenen Stammes ausrufen zu lassen und zahlreiche Völker in einer Koalition gegen Rom zusammenzubringen. Cäsar kehrte sofort nach Gallien zurück, um Vercingetorix zu stellen. Die vom Anführer der Averner angewandte Taktik war zuerst erfolgreich: er vermied den direkten Zusammenstoß mit den Legionen, ermüdete die Truppen durch ständige Verlagerungen und Guerillaaktionen gegen die Nachhut, und verhinderte den Zufluss von Nachschub. Nach den Schlachten von Avaricum und Gergovia erfolgte das entscheidende Gefecht bei Alesia, wo Vercingetorix sich verschanzt hatte: während Cäsar

die Stadt belagerte und dafür lange Schützengräben aushob, erwartete der gallische Anführer das Eingreifen einer Armee von außen, um das römische Heer zwischen zwei Feuern zu bezwingen. Der Plan scheiterte, und Cäsar gewann die Oberhand: Vercingetorix gab sich geschlagen, wurde gefangen genommen und nach Cäsars Triumphzug durch Rom hingerichtet.

Anführer des
keltischen Stammes
der Arverner

Zeittafel
1. Jh. v. Chr.
Ca. 80 v. Chr.? –
46 v. Chr.

Wichtige Ereignisse
Er war Cäsars großer
Gegenspieler während
des Gallischen Krieges
von 58–52 v. Chr.;
Schlacht von Alesia

◀ Keltische Waffen aus
Eisen, 1. Jh. v. Chr., Saint-
Germain-en-Laye, Musée
des Antiquités Nationales.

Das Profil des Vercingetorix ist deutlich idealisiert und von hellenistischen Vorbildern beeinflusst, insbesondere von der Darstellung des Apollon auf dem Stater Philipps von Mazedonien (Philipperstater).

Die Sprachwissenschaftler haben die Ethymologie des Namens »Vercingetorix« rekonstruiert: »ouer« ist ein indoeuropäischer Präfix, der »auf« oder »über« bedeutet; »kingues/kinguet« bedeutet »Krieger, Held«; »Riks« bedeutet »König«. Im 19. Jh. stellten einige Historiker die These auf, dass es sich um einen Ehrentitel und keinen Eigennamen handelte; Münzenfunde mit der Inschrift »Vercingetorix« haben jedoch jeden Zweifel verscheucht: es handelt sich um einen Eigennamen.

Das auf der Rückseite dargestellte Pferd ist eine Variante des hellenistischen Motivs der Biga (Zweigespann) auf den Philipperstateren, die von den Küsten Südfrankreichs entlang des Rhônelaufs nach Gallien gelangten.

Cäsar bezeichnet Vercingetorix als »adulescens«, was von einigen Autoren als Jüngling übersetzt wird: in der Vergangenheit führte diese Interpretation zu einer Gleichsetzung des Anführers der Arverner mit Jeanne d'Arc, die beide fast noch Kinder waren und dennoch an der Spitze eines riesigen Heeres gegen den fremden Eindringling ins Feld zogen. Eine Analyse der Verwendung des Wortes in den Schriften Cäsars legt jedoch eine andere Bedeutung nah, nämlich »jener, der noch keine öffentlichen Ämter bekleidet hat«. Vercingetorix dürfte daher etwas jünger als dreißig Jahre gewesen sein, weil man im antiken Rom erst mit Dreißig ein öffentliches Amt ausüben konnte.

▲ Keltischer Goldstater, Mitte des 1. Jh. v. Chr., aus Pionsat, Puy-de-Dome, Saint-Germain-en-Laye, Musée des Antiquités Nationales.

Die genaue Lage von Alesia ist auch heute noch nicht geklärt, obwohl die meisten Wissenschaftler darin übereinstimmen, dass der Ort mit dem heutigen Städtchen Alise-Sainte-Reine (Côte d'Or, Frankreich) zu identifizieren sei. Der Ursprung dieser Identifizierung liegt im Gleichklang von Alise – Alesia: bei den unter der Herrschaft Napoleons III. durchgeführten Forschungen wurden hier ein riesiges Ensemble von Befestigungsanlagen (Festungsgräben, Palisaden) sowie Funde entdeckt, deren Datierung jedoch aufgrund der Ausgrabungsmethoden von 1860 nicht wirklich gesichert ist.

Das römische Heer errichtete in einer Rekordzeit von drei Wochen ungefähr 18 km lange, 4 m hohe Befestigungsanlagen und 27 kleine Forts (castella). Die Innenfläche dieser Befestigung wurde mit zwei 4,5 m breiten und etwa 1,5 m tiefen Gräben umgeben; jener Graben, der sich näher an der Befestigung befand, wurde mit dem Wasser der umliegenden Flüsse aufgefüllt. Diese Befestigungen wurden durch Fallen, tiefe Löcher vor dem Graben und Wachtürme verstärkt.

Einige Wissenschaftler schlagen einen anderen Standort für Alesia vor, der sich auf die in den Texten von Cäsar und Cassius Dio enthaltenen Hinweise stützt, die Alesia im Gebiet der Sequaner ansiedeln. Der Ort wird daher mit Chaux-de-Crotenay (Franche Comté, Frankreich) gleichgesetzt, obwohl hierfür keine hinreichenden archäologischen Befunde vorhanden sind.

Weil der Ort heilig und die die Lage gut geschützt war, hatten die Gallier das Oppidum von Alesia zum Zentrum ihres Widerstandes gemacht, wie Cäsar berichtet. Diese Wahl erwies sich jedoch als Falle, weil die vom römischen Heer errichteten, imposanten Wehranlagen verhinderten, dass die Belagerten Nachschub oder Hilfe aus anderen Regionen bekamen.

▲ Rekonstruktion des
Oppidum von Alesia, 19. Jh.,
Saint-Germain-en-Laye,
Musée des Antiquités Nationales.

»Cäsar hatte beschlossen, ihn vor allen anderen mitzunehmen,
weil er wusste, dass er einen Umsturz anstrebte, ... und bei den
Galliern großen Einfluß besaß«. (Gaius Julius Cäsar)

Dumnorix

Anführer des
keltischen Stammes
der Haeduer

Zeittafel
1. Jh. v. Chr.
Gestorben 54 v. Chr.

Wichtige Ereignisse
Er verschwor sich
gegen Cäsar im
Gallischen Krieg,
58–52 v. Chr.

Dumnorix, Oberhaupt des keltischen Stammes der Haeduer, lebte
im 1. Jh. nach Christus; Julius Cäsar berichtet in *De Bello Gallico*
über ihn. Der Name mit der Bedeutung »König der Welt« offenbart seine Macht und Popularität. Obwohl er dem mit Rom verbündeten Stamm der Haeduer angehörte, widersetzte er sich einer
Unterwerfung unter die Römer, und verschwor sich mit Orgetorix,
dem König der Helveter, und Casticus, dem König der Sequaner,
um ganz Gallien zu erobern. Diese Verschwörung wurde aufge-
deckt, und die persönlichen Machtziele des Orgetorix wurden von
den Helvetern selbst zunichte gemacht. Die Helveter gaben jedoch
den Plan einer Invasion in Gallien nicht auf: 58 n. Chr. versuchte
Dumnorix, die Sequaner zu überreden, den Helvetern den Durch-
marsch durch ihre Territorien zu gestatten. Cäsar stellte sich dem
Zug entgegen. Als er die Haeduer um Getreidenachschub ersuchte,
erfuhr er, dass Dumnorix das Volk aufwiegelte. Cäsar, den das un-
zuverlässige Verhalten des Keltenführers erzürnte, berief Divicia-
cus, den Bruder des Dumnorix, zu sich, der den Römern treu ergeben war, um von ihm zu erfahren, welche Maßnahmen er ergreifen
solle. Er entschied sich, Dumnorix über-
wachen zu lassen. Im Jahr 54 v. Chr.
beschloss Cäsar, Dumnorix auf
dem Feldzug nach Britannien
mitzunehmen: dieser widersetzte sich nicht nur, sondern versuchte vielmehr
auch, die anderen kelti-
schen Anführer in Aufruhr
zu versetzen. Schließlich
versuchte er zu flüchten,
wurde aber von der Kavallerie
verfolgt, gefangen und getötet.

► Keltische Münze
mit dem Namen
[D]VBNOREX
(Dumnorix),
erste Hälfte des
1. Jh. v. Chr., Zürich,
Schweizerisches Landes-
museum.

16

Julius Cäsar schrieb einen Teil seiner Commentarii De Bello Gallico in Bibracte, wo der römische Feldherr mit seinen Legionen den Winter 52 v.Chr. verbrachte. Der Text ist ein ausgezeichnetes Dokument für die Ereignisse während der römischen Eroberung, aber ebenso für die Bräuche der keltischen und germanischen Völkerschaften, mit denen die Römer Kontakt aufnahmen.

Das Oppidum Bibracte war von mächtigen Mauern umgeben, die in der Technik der Murus Gallicus errichtet waren: die Vorderfront bestand aus Quadersteinen, die von hinten durch ein hölzernes, gitterförmiges Fachwerk verstärkt wurde.

Die ersten Ausgrabungen des Oppidum wurden in der zweiten Hälfte des 19. Jh. durchgeführt und brachten Befestigungsanlagen, Hausmauern, Werkstätten von Handwerkern, Speicher und Straßen zum Vorschein. Derzeit ist das gesamte Areal des Mont Beuvray, auf dem Bibracte liegt, eine der größten archäologischen Ausgrabungsstellen, die Forschern dauerhaft zur Verfügung steht.

▲ Ein Abschnitt der teilweise eingefallenen keltischen Mauern, zweite Hälfte des 1. Jh. v. Chr., Bibracte (Frankreich).

Ariovist

Oberhaupt einer Koalition germanischer Stämme, die sich im Osten Galliens angesiedelt hatten

Zeittafel
1. Jh. v. Chr.

Wichtige Ereignisse
Er war einer der Gegenspieler Cäsars im Gallischen Krieg 58–52 v. Chr.
70 v. Chr.: Invasion im östlichen Gallien
58 v. Chr.: Niederlage durch Cäsar bei Bibracte

Ariovist, der im 1. Jh. v. Chr. lebte, war Anführer einer Koalition germanischer Stämme, darunter Sueben, Haruden, Markomannen, Triboker, Vangionen und Nemeter: nachdem er von den Arvernern und Sequanern gegen die Haeduer nach Gallien gerufen worden war, quartierte er sich im heutigen Elsass ein. Hier wurde er in Julius Cäsars Krieg zur Eroberung Galliens verwickelt. In Julius Cäsars Werk *De Bello Gallico* finden wir auch eine Beschreibung von Ariovist und seinen Taten. 59 v. Chr. war er vom römischen Senat als *rex germanorum* (»der König der Germanen« oder auch »ein König der Germanen«) und *amicus* (Freund) des römischen Volkes anerkannt worden, im darauffolgenden Jahr jedoch geriet er mit Cäsar in Konflikt, wegen der Elsassbesetzung und der gegen die Haeduer verübten Übergriffe: Plünderungen, ungerechte Tributzahlungen, Geiselnahmen. Cäsar, der durch die Freundschaft und Loyalität des Haeduervolkes gebunden war, forderte Ariovist auf, damit aufzuhören. Der germanische Anführer weigerte sich mit dem Hinweis auf das Kriegsrecht, das es gestattete, die Besiegten zu beherrschen. So kam es schließlich zum Zusammenstoß von Römern und Germanen in der Nähe von Bibracte, der Hauptstadt der Haeduer. Nach einer ersten Phase des Abwartens, entbrannte eine heftige Schlacht, die mit einem Sieg für Cäsar endete. Ariovist, seine Soldaten und sein Volk wurden gezwungen, in ihre eigenen Territorien jenseits des Rheins zurückzukehren.

► Römerkastell Abusina auf dem römischen Limes im heutigen Deutschland.

Anfänglich bestand der Limes aus Straßen, die von Truppen und hölzernen Wachtürmen geschützt wurden. Später wurden die Holztürme durch Türme aus Stein ersetzt. Zwischen dem 2. und 3. Jh. n. Chr. fügte man Festungsgräben, Palisaden und Erdwälle hinzu.

Der Limes *(wörtlich: Grenze) wurde ab der Hälfte des 1. Jh. n. Chr. von den Römern gezogen, um die Grenze zwischen dem Römischen Reich und den germanischen Völkerschaften zu markieren und zu sichern, wobei man teilweise auch natürliche Barrieren wie den Rhein und die Donau nutzte.*

▲ Haupttor des Limes in Saalburg (Deutschland).

»[Er war] in den Schlachten von wechselndem Erfolg begleitet, im Krieg unbesiegt. 37 Jahre währte sein Leben, zwölf seine Macht, und noch heute besingt man ihn bei den Barbarenvölkern«. (Tacitus)

Arminius

Anführer des germanischen Volkes der Cherusker

Zeittafel
1. Jh. v. Chr. –
1. Jh. n. Chr.
16 v. Chr. – 21 n. Chr.

Wichtige Ereignisse
4 n. Chr.: Arminius übernimmt den Oberbefehl über die cheruskischen Hilfstruppen des römischen Heeres in Pannonien
9 n. Chr.: er bringt dem römischen Heer unter Varus im Teutoburger Wald eine schreckliche Niederlage bei
16 n. Chr.: er wird vom römischen General Germanicus in der Schlacht von Idistaviso besiegt.
21 n. Chr.: er kommt durch eine Palastverschwörung zu Tode

► Grabstele des *Marcus Caelius* aus Sandstein, Anfang 1. Jh. n. Chr., Bonn, Rheinisches Landsmuseum.

Arminius, Anführer des germanischen Volkes der Cherusker, das entlang des nördlichen Rheinlaufs lebte, war römischer Bürger und erhielt die Ausbildung der Militärpersonen von Rang. Sein Name ist eine Latinisierung des germanischen Irmin, was »der Große, der Mächtige« bedeutet. Nachdem er seinen Dienst beim römischen Heer geleistet hatte, das in Pannonien in Garnison lag, kehrte er in seine Heimat zurück, wo er sofort die germanischen Völkerschaften zur Rebellion gegen die Herrschaft Roms aufwiegelte. Im September des Jahres 9 n. Chr. griff Arminius an der Spitze eines Heeres, das sich aus Cheruskern, Chatten, Marsen und Brukterern zusammensetzte, die römischen Truppen unter General Publius Quintus Varus an, nachdem er sie mit einer List in den Teutoburger Wald gelockt hatte. Die Schlacht dauerte drei Tage und wurde zur einer wahren Niederlage: das römische Heer wurde völlig zerschlagen, und General Varus beging vor Verzweiflung Selbstmord, indem er sich in sein Schwert stürzte. Die Niederlage setzte dem Plan des Augustus ein Ende, die Grenzen des Imperiums nach Osten bis zur Elbe auszudehnen, und provozierte einen harten Gegenschlag aus Rom. Im Jahr 16 n. Chr. kehrte der General Julius Cäsar Claudianus Germanicus nach Germanien zurück, um Arminius entgegenzutreten und die Ehre des römischen Heeres wiederherzustellen: die entscheidende Schlacht erfolgte bei Idistaviso an der Weser, wo die Römer zwar gewannen, Arminius jedoch die Flucht gelang.

Die Maske wurde in Kalkriese dicht an dem Wall gefunden, den die germanischen Stämme entlang der Marschroute des römischen Heers errichtet hatten: der Besitzer verlor sie in der Schlacht, das teilweise zusammengestürzte Mauerwerk begrub sie unter sich und bewahrte sie so der Nachwelt.

Diese Art von Masken wurde von Offizieren und Kommandanten der Reiterei bei repräsentativen Anlässen und Paraden getragen.

Die Eisenmaske (16,9 cm hoch und 8,4 cm tief) war ursprünglich mit Silber überzogen und durch Lederbänder, die durch die Löcher an Rändern liefen, mit dem Helm verbunden.

▲ Fiserne Maske, Teil eines Helmes, Anfang 1. Jh. n. Chr., Osnabrück, Kulturgeschichtliches Museum.

Julius Cäsar Claudianus Germanicus gehörte zum Julisch-Claudischen
Kaiserhaus, war Sohn des älteren Drusus und Adoptivenkel des Augustus.
In der Offensive gegen die Germanen am Rhein wurde er Tiberius zur Seite
gestellt und 13 n. Chr. Befehlshaber der dort liegenden Truppen. 16 n. Chr.
rächte er in der Schlacht von Idistaviso die Niederlage vom Teutoburger
Wald, und als er die Überreste der damals von den Germanen massakrier-
ten Legionen fand, ließ er sie mit hohen Ehren bestatten.

Germanicus wird,
wie sich aus dem
reliefierten
Schulterriemen
erahnen lässt, in
Militärkleidung
dargestellt, um zu
betonen, womit
diese Persönlich-
keit identifiziert
wurde.

Die Zerstörung der
Nase und die Schä-
den an der Brust
könnten zufällig
sein, während das
in die Stirn einge-
schnittene Kreuz
mit Sicherheit
beabsichtigt ist:
Zeichen dieser Art
wurden in der Spät-
antike von fanati-
schen Christen an-
gebracht, um die
Dämonen zu verja-
gen, die ihrer An-
sicht nach im
Inneren heidnischer
Statuen hausten.

Der Basalt, aus dem die Büste
besteht, wurde sorgfältig poliert,
um die Oberfläche glänzend und
fast glasig aussehen zu lassen.

▲ Büste des Germanicus aus Basalt,
etwa 14–20 n. Chr., London,
British Museum.

»In diesem Sommer fuhr Eirik aus, um das Land zu besiedeln, das er entdeckt hatte und das er Grönland (Grünes Land) nannte«. (Saga von Erik dem Roten)

Erik der Rote

Erik Thorvaldsson, der Rote genannt wegen seiner roten Haare und seines roten Barts, vielleicht aber auch wegen seines aufbrausenden Temperaments, lebte im 10. Jh. n. Chr. Von norwegischer Herkunft, musste er aufgrund einiger Delikte seines Vaters nach Island emigrieren; als er selbst wegen Mordes verurteilt wurde, musste er auch Island verlassen. Sowohl aus Norwegen als aus Island verbannt, wandte er sich westwärts, in Richtung eines fünfzig Jahre zuvor zufällig von einem anderen norwegischen Seefahrer entdeckten Landes. Erik nutzte die drei Jahre seines Exils, um dieses Land zu erforschen: angesichts der Fülle von natürlichen Ressourcen und den grünen Fjorden im Südwesten gab er ihm den Namen Grönland (Grünes Land). Als er nach Island zurückkehrte, nahm die dortige Bevölkerung, die eine schwere Hungersnot überstanden hatte und wegen der Knappheit an bewohnbarem Grund und Boden aufgebracht war, seinen Vorschlag mit Begeisterung an, ein Land mit einem so vielversprechenden Namen zu kolonisieren: im Jahr 986 brachen nicht weniger als fünfundzwanzig Schiffe mit Siedlern aus Island auf. Grönland wurde die neue Heimat von Erik dem Roten, mit einem politischen, administrativen und religiösen Zentrum in der sogenannten Ostsiedlung (Austbygd): hier handelt man mit Tierhäuten und Fellen sowie mit (Stoß-)Zähnen von Walrossen und Eisbären; sie brachen auf Erkundungen in den Norden auf; und sie bauten Bauernhöfe und errichteten die ersten Kirchen.

Wikingerführer und Entdecker

Zeittafel
950–1003

Wichtige Ereignisse
982: Erik der Rote wird wegen Mordes aus Island verbannt
986: er führt die Kolonisation Grönlands an

▼ Reste der von Erik dem Roten in Brattahlid gegründeten Ostsiedlung, Anfang 11. Jh., Grönland.

Die nordischen Sagas schreiben Leif Eriksson, dem Sohn Erik des Roten, die Entdeckung der Neuen Welt zu. Von Grönland aus setzte er die Segel in Richtung Süden und berührte an drei Punkten Land, das nach seinem Aussehen benannt wurde: Helluland – das Land der Flachen Steine (Insel Baffin), Markland – das Waldland (Labrador) und Vinland – das Land des Weines (Terranova).

Leif Eriksson – und gleich darauf sein Bruder Thorvald – verbrachten nur einen Winter in Terranova. Eine spätere Expedition wurde von dem Isländer Thorfinn Karlsefni durchgeführt, der einen endgültigen Aufenthalt in dem neuen Land plante, dieses Vorhaben aber aufgrund der Feindseligkeiten und ständigen Auseinandersetzungen mit den dortigen indigenen Völkern aufgab.

▲ Ansicht von Terranova, Kanada.

Auf dem oberen Feld ist eine Zweikampfszene dargestellt: die beiden Kämpfer mit rundem Schild und weiten Pluderhosen kreuzen die Schwerter.

Der Bildstein aus Kalk wurde graviert und dann bemalt, um die Figuren stärker hervortreten zu lassen; die Bilder sind auf zwei deutlich getrennten Feldern angeordnet. Die Ränder sind mit einem Motiv in Form einer Acht verziert, das eine stilisierte Schlange darstellt.

Auf dem unteren Feld ist ein Wikingerschiff mit den charakteristischen, aufragenden Schiffsenden und dem quadratischen Segel abgebildet. Die Besatzung ist mit konischem Helm und rundem Schild ausgerüstet.

Die bemalten Steine auf der Insel Gotland (Schweden) sind ins 5. bis 12. Jh. zu datieren: die ältesten wurden als Grabkennzeichen verwendet, während die jüngeren bei Brücken, an Straßen oder Kultorten, manchmal auch gruppenweise aufgestellt wurden.

▲ Wikingerbildstein, 9. Jh., Stockholm, Historiska Museet.

»König Harald befahl, dieses Denkmal zu errichten … jener Harald, der sich unterwarf ganz Dänemark und die Dänen zu Christen machte«. (Jellingstein)

Harald Blauzahn

Wikingerherrscher von Dänemark und Norwegen

Zeittafel
Ca. 935–986

Wichtige Ereignisse
965: Harald Blauzahn tritt zum Christentum über und errichtet die Hügelgräber von Jelling
971: er erlangt die direkte Herrschaft über die östlichen Provinzen Norwegens
983: es gelingt ihm, die Germanen vom Gebiet des heutigen Schleswig-Holstein zu vertreiben

Harald Gormson, genannt Blauzahn, Sohn des Gorm, regierte in der zweiten Hälfte des 10. Jh. n. Chr. über Dänemark und Norwegen. Seine Herrschaft wird gekennzeichnet von der Christianisierung Dänemarks. Während sein Vater Gorm stolz die heidnischen Gottheiten verteidigte, beschloss Harald um 960, den christlichen Glauben anzunehmen, wobei er sich vielleicht auch dem Druck Ottos I., Kaiser des Heiligen Römischen Reiches Deutscher Nation, beugte. Die Konversion zum christlichen Glauben konnte auch als Anerkennung der Autorität Ottos I. ausgelegt werden: ein solcher Entschluss vermied Auseinandersetzungen mit dem Kaiser und sicherte die südlichen Grenzen Dänemarks, während das dänische Reich mit der Eroberung Norwegens beschäftigt war. Harald Blauzahn gelang es tatsächlich, seine Herrschaft auf Norwegen auszudehnen. 971 erlangte er die direkte Macht über die Ostprovinzen Norwegens, während der Adelige Hakon als Vasall die Herrschaft über die Westprovinzen erhielt. Im Jahr 983 gelang es Harald Blauzahn, die Germanen vom Gebiet des heutigen Schleswig-Holstein zu vertreiben und so die Macht über die gesamte Halbinsel Jütland zu erringen. Wenig später begann der Glücksstern des Herrschers zu sinken, als er von seinem kriegerischen Sohn Sven Gabelbart bekämpft wurde und durch die dänischen Adeligen keine Unterstützung erhielt. 986 wurde er in der Schlacht verwundet und starb; sein Leichnam wurde in der Kirche von Roskilde beerdigt.

► Fragment aus Goldblech mit König Harald I. von Dänemark, 10. Jh., Kopenhagen, Nationalmuseet.

Die Runensteine von Jelling sind zwei bebilderte Steinblöcke, die in der dänischen Stadt Jelling gefunden wurden und ins 10. Jh. datiert werden. Den älteren Stein stellte König Gorm der Ältere, der erste Herrscher über ganz Dänemark, zu Ehren seiner Gemahlin Thyra auf; den jüngeren, größeren stiftete König Harald Blauzahn, Sohn des Gorm, dem Gedächtnis seiner Eltern.

Auf einer weiteren Seite des Steins ist der Kampf zwischen einer Schlange und einem anderen Tier, vielleicht einem Löwen, dargestellt. Dieses Bild könnte den Kampf zwischen Gut und Böse symbolisieren.

Der Rand des Steines ist mit dem Motiv eines geflochtenen Bandes verziert, während die Innenfläche von Linien eingenommen wird, die sich kreuzen und dabei die Christusfigur gleichsam fesseln.

Dies ist möglicherweise die älteste skandinavische Christusdarstellung. Jesus ist mit Bart und geöffneten Armen dargestellt, so als ob er am Kreuz hinge.

Der Stein, den Harald Blauzahn aufstellen ließ, trägt auf einer Seite eine lange Inschrift, die unter der Christusfigur endet: auf ihr lobt der König nicht nur seine Eltern, sondern preist sein eigenes Unterfangen der Bekehrung Dänemarks zum Christentum.

▲ *Runenstein von Jelling,*
mit einem Detail der Kreuzigung,
etwa 980 n. Chr., Dänemark.

Der Becher wurde im nördlichen Grabhügel des Königsfriedhofs in Jelling gefunden. Er könnte Gorm dem Älteren, dem Vater Harald Blauzahns, gehört haben.

Der 4,3 cm hohe Becher ist mit bandförmigen Tieren verziert, die ineinander verflochten sind. Dieses Motiv ist für den Jellingstil charakteristisch.

Der Becher von Jelling ist Namensgeber für einen Stil der Wikingerkunst: den »Jellingstil«. Charakteristisch ist die Darstellung von Tieren mit bandförmigen, langen Körpern, die S-förmig stilisiert und diagonal angelegt sind, mit aufgerissenem Rachen und aufgeworfener Oberlippe.

▲ Der sogenannte *Jellingbecher*, Dänemark, 10. Jh. n. Chr., Kopenhagen, Nationalmuseet.

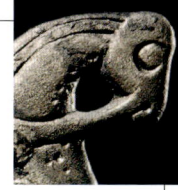

»Eine Tat, die gewiss ... Abscheu verdient, dass Leute, welche ...
Christen Übles zugefügt hatten, über christliche Länder und Völker
und über Kirchen Christi gesetzt wurden«. (Annalen von St. Bertin)

Rollo

Rollo, ein Wikingeranführer ungewisser Herkunft, lebte zwischen
860 und 932; er war der Gründer des Herzogtums Normandie und
sein erster Herzog. Nachdem Rollo 885–886 an der Belagerung von
Paris teilgenommen hatte, gehörte er Wikingern an, die sich entlang
des Unterlaufs der Seine angesiedelt hatten. Der König der Franken,
Karl der Einfältige, entschied sich im Bewusstsein der Gefahr, die
durch die ständigen Einfälle der nordischen Invasoren drohte, für
ein schlichtendes Verhalten ihnen gegenüber. 911 unterzeichneten
Rollo und Karl der Einfältige den Vertrag von Saint-Clair-sur-Epte,
in dem der Frankenkönig dem Wikinger einige Gebiete in der heutigen Normandie überließ, während der Wikingerfeldherr sich ver-
pflichtete, seine Gebiete vor Angriffen zu schützen und die Autorität
des Herrschers zu respektieren; Rollo stimmte auch seiner Taufe zu.
So kam es, dass Rollo vom Räuber ohne Land zum Eigentümer
wurde, vom kriegerischen Feldherrn zum treuen Lehnsherren; seine
Männer verwandelten sich von
Plünderern zu Bauern, von
dreisten Kriegern zu rechtschaf-
fenen Rittern. Die Neuan-
kömmlinge bewahrten eine Zeit
lang noch ihre Sprache und ihre
Traditionen, dann entstand eine
neue normannische Kultur, ent-
sprungen aus der Vereinigung
von Wikinger- und Frankenkul-
tur. Diese Verschmelzung wurde durch zahlreiche Mischehen
gefördert, die gleich von Anfang an geschlossen wurden, da
sich im Gefolge der Invasoren
nur wenige Frauen befanden.

Erster Herzog der
Normandie

Zeittafel
860–932

Wichtige Ereignisse
885: Rollo nimmt an
der Belagerung von
Paris teil
911: er unterzeichnet
den Vertrag von Saint-
Clair-sur-Epte, der das
Entstehen des Herzog-
tums Normandie mar-
kiert

◄ *Legende des Heiligen*
Edmund, Die Ankunft der
Barbaren in der Bretagne,
736 Fol. 7,
um 1130, New York,
Pierpont Morgan Library.

*Der Teppich von Bayeux hatte eine Moral:
er sollte zeigen, zu welchem Unglück die
Nichteinhaltung eines über den heiligen
Reliquien geleisteten Schwurs führen konnte –
genauso hatte sich nämlich Harald Godwinson
gegenüber Wilhelm dem Eroberer verhalten.*

▲ *Teppich von Bayeux*, 11. Jh.,
Bayeux, Musée de la Tapisserie.

Die Darstellung der Schiffe auf dem Wandteppich entspricht den aus archäologischen Funden gewonnenen Erkenntnissen: in Klinkerbauweise gebaute Schiffe, feine und schmale Schiffskörper, Steuerruder am Heck des Schiffes, Antrieb durch Segel.

Die Haupterzählung wird von Rändern gesäumt, auf denen abwechselnd geometrische Motive, stilisierte Pflanzen, Fabeltiere sowie von antiken Sagen inspirierte Episoden abgebildet sind.

Rollone

Der Teppich von Bayeux erzählt die Geschichte der
Eroberung Englands durch die Normannen im Jahre
1066: als Wilhelm, der spätere Eroberer, dem Herzog
Harald Godwinson das Leben rettete, versprach dieser
ihm angeblich den englischen Thron. Um seinen
Anspruch darauf durchzusetzen, begab sich der
normannische Feldherr nach England und eroberte die
Macht nach der Schlacht von Hastings mit Gewalt.

Der Wandteppich
ist ein besonders
wichtiges Doku-
ment für die
Rekonstruktion
von Leben, Sitten
und Gebräuchen
in der Normandie
und im England
des 11. Jh. In
dieser Sequenz ist
die Rüstung der
adeligen Ritter de-
tailliert zu sehen:
ein kurzer Ketten-
panzer, ein langes,
an der Seite herab-
hängendes
Schwert und ein
konischer Helm
mit metallenem
Nasenschutz.

Jede der Szenen,
in die der Wand-
teppich unterteilt
ist, enthält auch
einen lateinischen
Satz, der das Bild
kommentiert und
immer mit »hic«
(»hier«) eingeleitet
wird; in diesem
Fall heißt es:
»Hier übergab
Wilhelm Harald
die Waffe« und
bezieht sich auf
Haralds Ernen-
nung zum Ritter
durch Wilhelm.

Der Wandbehang entstand zwischen 1066 und
1082 und war vielleicht von Bischof Odo von
Bayeux, dem Stiefbruder des englischen Königs
Wilhelm der Eroberer, in Auftrag gegeben
worden, um die Wände der Kathedrale von
Bayeux zu schmücken. Königin Mathilde, die
Gemahlin Wilhelms, war wohl die Schöpferin,
wobei sie von ihren Hofdamen unterstützt wurde.

▲ Teppich von Bayeux,
11. Jh., Bayeux,
Musée de la Tapisserie.

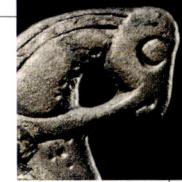

»König Olaf, der Sohn Trgyvis, des Sohnes Olafs, des Sohnes Harald Schönhaars, führte das Christentum in Norwegen und Island ein«. (Ari der Weise)

Olaf Tryggvason

Olaf Tryggvason lebte in der zweiten Hälfte des 10. Jh. n. Chr. Von seiner Geburt und frühen Kindheit an gab der Verlauf seines Lebens der nordischen Epik Nahrung: der Urenkel von Harald Schönhaar kam auf einer kleinen norwegischen Insel zur Welt, auf die die Mutter vor den Massakern wegen der Thronnachfolge geflohen war. Während die Flucht über die Ostsee fortdauerte, wurde er, so erzählt man sich, von den Piraten Estlands gefangen und als Sklave verkauft; nach einigen Jahren begegnete ihm der ältere Bruder zufällig auf einem estnischen Markt, und als er sich nach seiner Herkunft erkundigt hatte, kaufte er ihn frei und nahm ihn mit sich nach Nowgorod. Hier begann Olaf in Diensten des Königs seine Karriere als Wikinger, gewidmet der Schifffahrt, den Schlachten und den Streifzügen. Etwa um 994 konvertierte er, nunmehr ein bedeutender Anführer mit vielen Gefolgsmännern, zum Christentum. Wenig später beschloss er seine Rückkehr nach Norwegen, um das Reich seiner Vorfahren wiederzugewinnen und dem christlichen Glauben einen Triumph zu bereiten: im Jahr 995 wurde er als König von Norwegen anerkannt. Die Herrschaft von Olaf Tryggvason dauerte etwa fünf Jahre, in denen er die von Norwegen beherrschten Gebiete ausdehnte und dazu beitrug, das Christentum zu verbreiten. Im Jahr 1000 geriet er während einer Seeschlacht in einen Hinterhalt. Um nicht zu unterliegen, stürzte er sich mit seinem scharlachroten Mantel ins Meer und verschwand in den Fluten.

Wikingerherrscher
von Norwegen

Zeittafel
963/964 – ca. 1000

Wichtige Ereignisse
994: Olaf konvertiert
zum Christentum
995: Olaf wird Herrscher über Norwegen
und gründet die erste
Kirche in Norwegen

◀ Seite aus dem
Kodex *Flateyjarbók*,
Olaf Tryggvason Saga,
12.–14. Jh., Reykjavik,
Arni Magnusson-Institut.

Das Flateyjarbók ist eine der größten isländischen Handschriften des Mittelalters und enthält die Sagas der großen norwegischen Könige, darunter die von Olaf Tryggvason, vom Heiligen Olaf, Hakon dem Alten, Magnus dem Guten und Harald dem Harten.

Flateyjarbók bedeutet auf isländisch »Buch der Insel Flatey« und bezieht sich auf eine Insel, die in der Nähe der isländischen Westküste liegt. Das Buch wurde um das Ende des 14. Jh. aufgeschrieben, aber einiges wurde noch im Laufe des 15. Jh. hinzugefügt.

▲ Seite aus dem Kodex *Flateyjar-bók*, Olaf Tryggvason Saga, 12.– 14. Jh., Reykjavik, Arni Magnusson-Institut.

Das Epos von Olaf Tryggvason weist sagenhafte Züge auf: dem norwegischen Herrscher wurden, vor allem in seiner Jugend, außerordentliche Taten zugeschrieben, darunter die Tötung eines rasenden Wildschweins und eines Seeungeheuers.

Der Codex Regius, eine isländische Handschrift eines unbekannten Autors aus dem 13. Jh., enthält die großen nordischen Helden- und Götterlieder. Diese Lieder-Edda *genannte Version ist gemeinsam mit der* Prosa-Edda *des Historikers und Literaten Snorri Sturluson die reichste Informationsquelle zur nordischen Mythologie und Epik.*

Stoff der Lieder-Edda *sind die von den Hofpoeten (Skalden) gesungenen Gedichte, die ursprünglich mündlich weitergegeben wurden: das ist Grund für die Entstehungen, Missverständnisse und Irrtümer, die sich bei der Übertragung in Schriftform einstellten.*

Der Begriff Edda *könnte sich auf die Stadt Oddi beziehen, ein geistiges Zentrum, in dem Snorri Sturluson seine Kindheit verbrachte, es könnte aber auch auf altisländisch »Urgroßmutter« allen Wissens bedeuten.*

Paläografische Untersuchungen belegten, dass der Codex Regius *die Kopie eines Originals aus den Jahren 1210–1240 ist.*

▲ Seite aus dem *Codex Regius*, 13. Jh., Reykjavik, Arni Magnusson-Institut.

»Er war freigiebig, ein großer Kriegsmann und der tapferste im Kampf, siegreich und mit Glück begabt in allen Dingen, die zum Herrschertum gehören«. (Knytlinga Saga)

Knut der Große

Wikingerherrscher von
Dänemark, Norwegen,
Schweden und
England

Zeittafel
?–1035

Wichtige Ereignisse
1013: Knut nimmt mit
seinem Vater am Feld-
zug zur Eroberung
Englands teil
1018: er besteigt den
Thron Dänemarks
1026–1028: er erobert
einen Teil Schwedens
und Norwegens

Knut war der Sohn von Sven Gabelbart, König von Dänemark, und begleitete den Vater bereits in früher Jugend auf einen Feldzug zur Eroberung Englands im Jahr 1013; als der Vater starb, erhielt er von seinem älteren Bruder, dem Thronfolger, die Unterstützung zur Wiedereroberung Englands, um ein eigenes Reich zu erwerben. So begann der Aufstieg eines der mächtigsten und ruhmreichsten Wikingerherrscher. Nach zahlreichen Schlachten und einer langen Belagerung Londons konnte Knut mit dem Sieg über Edmund Ironside ganz England erobern. Als der ältere Bruder starb, folgte er ihm 1018–1019 auf den dänischen Thron: die Sagas beschreiben ihn als weisen Herrscher, umsichtigen Verwalter, gerechten Gesetzgeber und Verteidiger des Christentums. Im Jahr 1026 hatte Knut Auseinandersetzungen mit Schweden und Norwegen. Dem Herrscher gelang es, die Oberhand zu behalten, nicht nur dank seiner mächtigen Flotte, sondern auch dank der Unterstützung, die er durch die lokalen Statthalter erhielt: König Olaf von Norwegen wurde zur Flucht nach Russland gezwungen und Knut wurde *»rex totius Angliae et Dennemarchiae et Norregiae et partis Suavorum«*. Drei Jahre später versuchte der Flüchtige, vom Tod des Statthalters von Norwegen zu profitieren und sich des Reiches zu bemächtigen: die Entscheidungsschlacht, die in den Sagas großartig beschrieben wird, fand in Stiklarstadir statt und endete mit dem Sieg Knuts und dem Tod Olafs. Wenige Monate später jedoch starb auch Knut, und das anglo-skandinavische Reich löste sich auf.

▶ Blick von oben auf die
Festung von König Knut
in Fyrkat, Dänemark.

Die Inschrift auf der Münze »CNUT REX SV«
bezieht sich auf die Rolle Knuts als universaler Herrscher über die nordischen Völker, und im speziellen
auf seine Eroberung eines Teils von Schweden, neben
ganz England, Dänemark und Norwegen.

Auf dieser Münze ist König Knut
mit dem klassischen konischen
Helm der Angelsachsen,
Wikinger und Normannen
des 11. Jh. dargestellt.

Knut der Große war der erste Herrscher von
England, der bei den Münzbildern einen eigenen
Stil einführte, der zeitgenössischen Vorbildern näher
war: die Angelsachsen stellten nämlich auf den
Münzen keine realistischen Porträts dar, sondern
kopierten römische Münzen aus dem 3.–5. Jh.

▲ Silbermünze *Knuts des Großen*,
1016–1035, geprägt
in Bath (England), London,
British Museum.

Macht und Öffentlichkeit

Formen der Macht
Politische Einrichtungen
Gesellschaft
Rolle der Frau
Ehre und Rache
Krieger
Flotte
Münzen

◄ Schachfigur, wahrscheinlich
norwegisch, gefunden in der
Bucht von Uig auf der Insel Lewis,
um 1150–1200, London,
British Museum.

»Ihre Könige nehmen sie aufgrund edler Abkunft, ihre Heerführer aufgrund persönlicher Tapferkeit. Die Könige besitzen aber keine unumschränkte Gewalt«. (Tacitus)

Formen der Macht

Weiterführende Stichwörter
Götter und Helden,
Fürstengräber,
Bootsbestattungen,
Heiligtümer

Die politische Struktur der germanisch-gallischen Gesellschaft, auf die die Römer um 50 v. Chr. trafen und die Cäsar in *De Bello Gallico* schilderte, befand sich gerade in einer Phase der Veränderung, in der die Erbmonarchie stufenweise durch die Vorherrschaft von Oligarchien ersetzt wurde. In den vorhergehenden Jahrhunderten war der König ein Abkömmling göttlich-königlicher Vorfahren, somit war das Amt erblich und hatte eine stark religiöse Prägung; seine Autorität übte er über eine ethnisch homogene Gruppe aus, die in sich auch die eigene kulturelle Identität widerspiegelte. Der neue »höchste Befehlshaber«, der sich ab dem 2. Jh. v. Chr. durchsetzte, empfing hingegen nicht mehr die Macht, sondern eroberte sie, unabhängig von seiner königlichen oder göttlichen Herkunft. Die aristokratische Schicht, aus der Befehlshaber und Herrscher stammten, gründete sich vor allem auf Reichtum, und die Macht wurde im Familienverbund ausgeübt, um sich von da aus auf die eigene Gefolgschaft und den ganzen Stamm oder das Volk auszudehnen. Das Ansehen eines hochrangigen Adeligen hing von der Anzahl der Männer ab, aus denen sein Gefolge bestand. Auch die großen nordischen Herrscher des 9. und 10. Jh. repräsentierten noch keine Form der modernen Monarchie: obwohl sie über ausgedehnte Territorien herrschten, wurde die Macht weiterhin gewaltsam errungen und aufrechterhalten, ihre Macht basierte auf der Vorherrschaft über die Meere und war stets instabil.

► Goldgefäß mit Henkel in Form eines stilisierten Pferdekopfs, 800–400 v. Chr., Kopenhagen, Nationalmuseet.

Der Krater ist in die Zeit von 540–530 v. Chr. datierbar und wurde wahrscheinlich in der Magna Grecia (Großgriechenland) hergestellt: der Besitz eines solchen importierten Gegenstandes stellte ein aussagekräftiges Statussymbol für die keltische Aristokratie dar, die sich dem Handel entlang der Zinnstraße widmete.

Auf dem Hals des Kraters befindet sich ein Fries aus Statuetten von Wagenlenkern mit Helm, die Quadrigen und Fußsoldaten anführen, die mit kurzem Harnisch, Beinschienen, großem Rundschild und Helm ausgerüstet sind. Die Figuren auf dem Fries sind auf der Rückseite nummeriert, um nach einer festgelegten Ordnung angebracht zu werden.

Die beiden Henkel in Form einer doppelten Volute ruhen auf dem Porträt einer Gorgo mit der typischen Fratze und heraushängender Zunge; zwischen Henkel und Hals des Kraters befindet sich ein kletternder Löwe mit rückwärts gewandtem Kopf.

Das monumentale Gefäß stammt aus einem keltischen Hügelgrab, in dem eine sehr hochgestellte Frau lag, wie die Anlage des Grabmonuments und der unermessliche Wert der Grabbeigaben beweisen.

Der bronzene Krater ist 1,64 m hoch, wiegt 280 kg und konnte 1100 Liter aufnehmen. Das große Gefäß dürfte dazu gedient haben, bei den Festbanketten der Adeligen Wein, Wasser und aromatisierende Kräuter zu mischen.

▲ Krater aus Bronze, Ende des 6. Jh. v. Chr., aus dem Grab der »Fürstin von Vix« am Fuße des Mont Lassois in Burgund (Frankreich), Châtillon-sur-Seine, Musée Archéologique.

In dem Grab befanden sich zwei Sphinxe, die eine aus Elfenbein, und dieses Exemplar aus Knochen mit einem Gesicht aus Bernstein. Man vermutet, dass diese Art von Knochenschnitzarbeiten aus einer Werkstatt in Magna Grecia (Großgriechenland) stammt, die im süditalienischen Tarent lokalisierbar ist. Die Sphinx, ein Fabelwesen mit Löwenkörper, Flügeln und weiblichem Antlitz, ist in der orientalisierenden Periode der griechischen Kunst ein sehr häufiges Sujet.

Die beiden großen Nägel mit gold-überzogenem Kopf, die ohne Rücksicht auf die Verzierung durch die Flügel getrieben wurden, machen deutlich, dass die Sphinx von einem keltischen Handwerker verwendet wurde, um ein heute nicht mehr identifizierbares Objekt zu schmücken, vielleicht eine Schachtel oder eine Kline (Ruheliege).

Die importierten Gegenstände unter den Grabbeigaben entstanden zwischen Ende des 7. bis in die erste Hälfte des 6. Jh. v. Chr., aber die Art der vorhandenen Fibeln ermöglicht eine Datierung des Grabes auf die Zeit um 500 v. Chr.

Das Fürstengrab von Grafenbühl wurde in der Antike geplündert, übrig blieben nur einige Reste des ursprünglich außergewöhnlichen Reichtums, den das reichlich vorhandene Gold und zahlreiche importierte Gegenstände belegen.

▲ Sphinx, Ende des 7. Jh. v. Chr.,
aus dem Hügelgrab von Grafenbühl
in der Nähe von Asperg (Deutschland),
Stuttgart, Württembergisches Landesmuseum.

Der vertikale Henkel ist mit einer Darstellung der geflügelten Göttin der Tiere verziert; vermutlich handelt es sich um Artemis, die griechische Göttin der Jagd. Sie wird von zwei Löwen flankiert und hält zwei Hasen in den Händen; über ihrem Kopf ist ein Greifvogel dargestellt, zu seiner Seite ein Löwen- und ein Schlangenpaar.

Die bronzene Hydria ist 57 cm hoch und wurde bei ihrer Auffindung stark beschädigt. Aufgrund von formalen Kriterien hält man die spartanische Kolonie Tarent in Apulien für den wahrscheinlichsten Herkunftsort. Sie ist in die erste Hälfte des 6. Jh. v. Chr. datierbar.

Dieses wertvolle Gefäß wurde in einem Fürstengrab gefunden. Bei Festmählern diente es als Wasserbehälter, wobei es an den beiden horizontalen Henkeln hochgehoben wurde, während der vertikale beim Einschenken half.

▲ *Hydria*, 6. Jh. v. Chr., aus dem Hügelgrab von Graechwil (Schweiz), Bern, Bernisches Historisches Museum.

Der horizontale Henkel ist mit zwei, einander gegenüber kauernden Löwen und an den Enden mit einem Palmettenmotiv verziert.

Ein künstlerisches Phänomen der Eisenzeit in der Region der östlichen Zentralalpen ist die Situlen-Kunst: dieser Begriff, der eigentlich ein besonderes, eimerähnliches Gefäß bezeichnet (Situla), fand auf alle Erzeugnisse aus Bronzeblech Anwendung, deren Dekoration aneinandergereihte Figuren aufweist, die auf der Vorderseite punziert und auf der Rückseite getrieben sind.

Die Situla weist oben eine Reihe getriebener Rosetten auf, während der Korpus in drei Streifen mit Figuren unterteilt ist, die von Punktreihen begrenzt werden.

Auf dem ersten Streifen ist ein Herr auf einem Thron dargestellt, der in einen weiten Mantel gehüllt ist und einen breitkrempigen Hut trägt; ein Diener präsentiert ihm ein Pferd; es folgt die Szene eines Trinkgelages mit der Darstellung einiger Gefäße, sowie dreier Personen, die dem Kampf zweier Faustkämpfer beiwohnen, die Hanteln in den Händen halten.

Auf dem zweiten Streifen ist eine ländliche Szene dargestellt. Ein Mann mit einem Hund an der Leine treibt einen Ochsen vor sich her. Auf dem dritten Streifen sind Kriegsszenen mit der Rückkehr der siegreichen Krieger abgebildet, die besiegte Gefangenen mit gefesselten Händen und dem Schild auf dem Rücken mit sich führen. Die Ausrüstung der Krieger mit Rundschild, Helm und Helmbusch erinnert an etruskische und italische Vorbilder.

▲ Bronzene Situla aus dem Etschgebiet, die sogenannte »Situla Benvenuti«, Ende des 7. Jh. v. Chr., Este, Museo Nazionale Atesino.

Die in der Situlen-Kunst am häufigsten dargestellten Themen sind Festgelage, Szenen idealisierten Landlebens und Militärparaden. Das repräsentiert das aristokratische Lebensideal eben jener Schichten, die sich mit dem Entstehen der ersten stadtähnlichen Zentren durchsetzen.

Die Gäste sind abgebildet, wie sie ihr Mahl einnehmen: einige schlürfen eine Suppe direkt aus der Schüssel, während die runden Brote auf dem Tisch liegen; die Person ganz links bekommt von einem Diener Fleisch am Spieß gereicht.

Der Satz, der die Szene kommentiert, besagt: »Hier speisten sie. Und hier segnete der Bischof die Speisen und den Wein.«

Der Teppich von Bayeux ist technisch gesehen eine Stickerei, die mit Wolle in acht Naturfarben auf Stoffbahnen aus grauem Leinen ausgeführt wurde.

Diese Szene des Wandteppichs stellt beim Festgelage vereinte Adelige dar: für die mittelalterliche Gesellschaft war dies nicht nur ein Moment des Tafelns, sondern hatte auch politische und diplomatische Bedeutung.

▲ *Teppich von Bayeux*, 11. Jh.,
Bayeux, Musée de la Tapisserie.

»Über weniger wichtige Angelegenheiten entscheiden die Fürsten, über wichtigere die Gesamtheit«. (Tacitus)

Politische Einrichtungen

Weiterführende Stichwörter
Weihegaben und Opfer,
Schrift, Zeitmessung

Eine zentrale Rolle im öffentlichen Leben der Kelten, Germanen und Wikinger nahm die Volksversammlung ein: ihr kam die Wahl der höchsten Befehlshaber, die Anerkennung des Herrschers, die Verwaltung der Gerichtsbarkeit und die Ratifizierung von Entscheidungen zu. Die Volksversammlung, ein scheinbar demokratisches Organ, war in Wirklichkeit ein Machtinstrument der wichtigsten adeligen Familien, weil die Entscheidungen stark von der Größe der Gefolgschaft beeinflusst wurden, die den unterstützen musste, der sie beschützte. Die Volksversammlung wählte einen Vertreter, der die Funktion eines Richters hatte: er übte die Exekutivmacht aus, verwaltete die Gerichtsbarkeit in den Dörfern, unterstützt von einem Weisenrat; sein Amt war zeitlich begrenzt. Cäsar berichtet, dass ein solcher Amtsträger beim keltischen Stamm der Haeduer *Vergobretus* genannt wurde. Er sprach Recht über Leben und Tod der Bürger, aber seine Macht erstreckte sich nur auf die laufenden Angelegenheiten, während die wichtigeren Entscheidungen der Adelsversammlung zukamen. Für einen Kriegsbeschluss wurde die Volksversammlung aller waffenfähigen Männer einberufen. Außerdem gab es in der keltischen Gesellschaft eine institutionelle Persönlichkeit, den Druiden, der der aristokratischen Oligarchie angehörte. Er war Vertreter der spirituellen Macht, aber auch sonst höchst einflussreich: er bewahrte die alten, ungeschriebenen Gesetze und hatte die Aufgabe, Zwistigkeiten zu schlichten und die Verurteilungen zu prüfen.

► Keltische Münze des *Cunobelinus* aus Gold mit der Inschrift »CA MV«, erste Hälfte des 1. Jh. n. Chr., London, British Museum.

Die Artus-Legende gilt als der wichtigste Beitrag der Kelten in der Weltliteratur: im Mittelalter inspirierte sie eine immense Vielzahl an Werken. Der Zyklus um König Artus bildete zusammen mit den Heldengesängen, die Karl dem Großen und seinen Paladinen gewidmet waren, die Grundlage für die für Europa zur Zeit des Feudalismus charakteristische Ritterkultur.

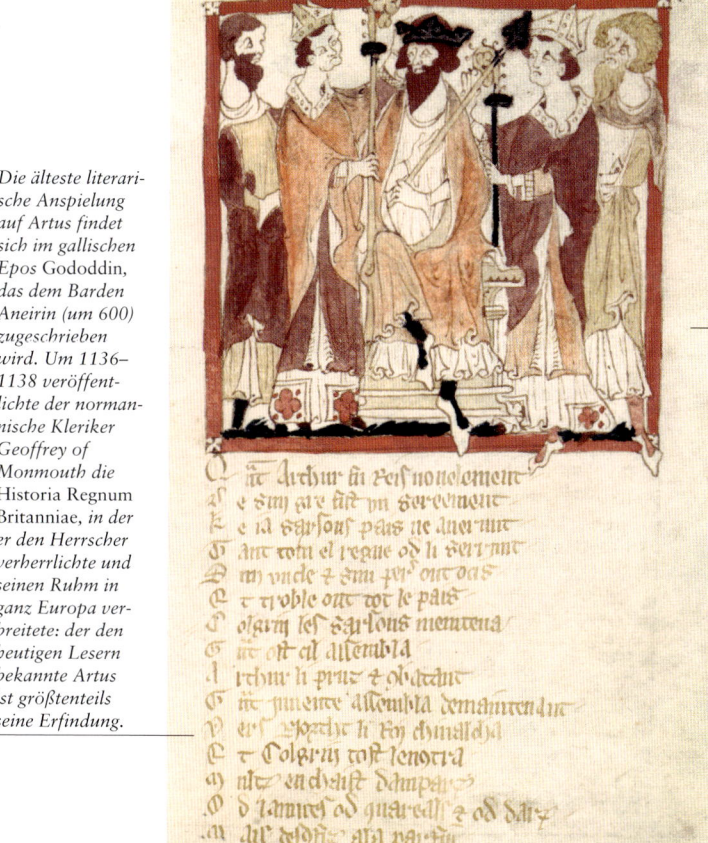

Die älteste literarische Anspielung auf Artus findet sich im gallischen Epos Gododdin, *das dem Barden Aneirin (um 600) zugeschrieben wird. Um 1136–1138 veröffentlichte der normannische Kleriker Geoffrey of Monmouth die* Historia Regnum Britanniae, *in der er den Herrscher verherrlichte und seinen Ruhm in ganz Europa verbreitete: der den heutigen Lesern bekannte Artus ist größtenteils seine Erfindung.*

Artus könnte ein britannischer Heerführer des 6. Jh. gewesen sein, der die einheimischen Kelten gegen die germanischen Eindringlinge verteidigte, die gerade dabei waren, Britannien zu erobern. Er könnte insbesondere der Sieger der großen Schlacht gegen die Sachsen in der Nähe des Mons Badonicus gewesen sein, der im Allgemeinen mit der Festung von Badbury Rings in Dorset (England) gleichgesetzt wird.

▲ Buchminiatur, 13. Jh.,
Manuskript Eg. 3028, Fol. 37,
London, British Library.

Politische Einrichtungen

Die Goden wählten einen Vorsitzen-
den oder Gesetzesverkünder für
einen Zeitraum von drei Jahren.
Seine Aufgabe war es, jedes Jahr ein
Drittel des Gesetzes der gesamten
Versammlung vorzusagen.

Die Hochebene von Thingvellir (Island),
die von großen Lavafelsen umgeben ist,
wurde als Sitz des Althing ausgewählt,
das sich einmal im Jahr versammelte.
Man vermutet, dass die erste Zusammen-
kunft 930 einberufen wurde.

Der Verkünder des Gesetzes verkörperte
die Verfassung und war der Bewahrer
des gesetzgebenden Rechtswissens, aber
er regierte weder das Land, noch hatte
er Macht über die Gerichte.

Das Althing war die Nationalversammlung
der Isländer und übte legislative und judikative
Macht aus. Diese Art Parlament wurde von
einer auf 36 hervorragende Männer be-
schränkten Gruppe, den Goden regiert. Das
Althing vereinte alle freien Bewohner, die sich
entschlossen, daran teilzunehmen oder dazu
auserwählt wurden, aber die reale Kontrolle
wurde von den Goden ausgeübt: es war also
ein Instrument der aristokratischen Regierung.

▲ Ansicht des Thingplatzes auf
der Hochebene von Thingvellir
(Island), wo sich das isländische
Althing versammelte.

*»In ganz Gallien gibt es zwei Klassen von Menschen, die wirklich
zählen und Ansehen besitzen. Die Menge nämlich wird beinahe
behandelt wie Sklaven«. (Gaius Julius Cäsar)*

Gesellschaft

Kelten, Germanen und Wikinger lebten in ständisch organisierten
Gesellschaften, aufgeteilt in Freie, Unfreie oder Halbfreie und Adelige. Cäsar setzt in seiner Beschreibung der keltischen Welt an die
Spitze der sozialen Ordnung Ritter und Druiden, die die politische
und spirituelle Macht verkörpern und jeweils eine kriegerische
bzw. religiöse Funktion ausüben. Die niedrigeren Schichten würden
aufgrund ihrer Schulden in einem Abhängigkeitsverhältnis zu den
Adeligen leben. Die keltische Gesellschaft kenne zwei Formen der
Abhängigkeit: die *Ambactos*, Halbsklaven, die einem Adeligen die
rechtliche Verfügungsgewalt über ihre Person überlassen, und die
Clientes, die das Recht an ihrer Person behalten. Beim germanischen Stamm der Sachsen durften ausnahmsweise Freie und Halbfreie am öffentlichen Leben teilnehmen, die sozialen Gruppen blieben aber dennoch durch das mit der Todesstrafe belegte Verbot für
Mischehen getrennt. Die wikingerzeitliche Gesellschaft schreibt ihre Klassenunterschiede einem göttlichen Ursprung zu. In der *Rigst-
hula* wird von der Geburt der

**Weiterführende
Stichwörter**
Teutates-Esus-Taranis,
Mythen, Selbstbild,
Spiele

Ahnherren der drei Stände erzählt, die vom reisenden Gott
Rig gezeugt wurden: der
Knecht kommt in einer elenden
Hütte zur Welt, ist hässlich und
schwarzhaarig; der Bauer (oder
Freie) wird in einem einfachen,
aber gemütlichen Haus gebo-
ren, hat rötliches Haar und
strahlende Augen; der Krieger
kommt im Palast zur Welt, hat
blonde Haare, eine helle Haut
und Augen, durchdringend wie
die einer Schlange.

◄ Matrizen und
Gusstiegel aus Wikinger-
fundorten, Stockholm,
Historiska Museet.

Der Monat April wird als junger Herr dargestellt, neben einem blühenden Baum stehend, auf dem drei Vögel sitzen; in der linken Hand hält er eine Blume.

Der Mann ist mit dem typischen Gewand vornehmer Herren der nordischen Völkerschaften des 12. Jh. bekleidet: eine lange und anliegende Tunika mit gestickten Rändern; an den Füßen trägt er flache Schuhe.

▲ *Wandteppich von Baldishol*, 12. Jh., Oslo, Kunstindustriemuseet.

Der Wandteppich von Baldishol *war ursprünglich ein langer,*
aus Wolle und Leinen gewebter Streifen, auf dem der Zyklus der
Monate dargestellt war: heute sind nur noch die Monate April
und Mai auf einem 1,18 mal 2,03 m großen Stück erhalten.

Der Monat
Mai erscheint
als adeliger
Ritter in Parade-
kleidung auf
einem reich auf-
gezäumten Pferd.

Der Ritter trägt einen konischen Helm mit
Nasenschutz, Kettenpanzer und Lanze sowie
einen länglichen Schild in der Form eines
Drachens; er sitzt auf einem stattlichen Sattel,
die Füße stecken in Steigbügeln, und das
Schuhwerk ist mit Sporen versehen.

Vor dem 3. Jh. v. Chr. sind die Torques aus Bronze oder Gold üblicherweise in den Gräbern keltischer Frauen vorhanden; später werden sie von Kriegern getragen und dienen als Weihegaben.

Der Halsring besteht aus zwei in sich gedrehten und ineinander gewundenen Goldstäben.

Die Torques *sind schwere metallene Halsringe, hauptsächlich aus Bronze oder Gold, seltener aus Silber, und ein typisch keltischer Brauch; sie sind Symbol für einen hohen Rang in der Gesellschaft oder im Militär; in figürlichen Darstellungen sind sie oft ein Kennzeichen von Gottheiten.*

▲ *Keltischer* Torques *aus Gold, 3. Jh. v. Chr., aus Montans (Tarn), Saint-Germain-en Laye, Musée des Antiquités Nationales.*

Funde von Figuren wie dieser, der Vergleich
mit den antiken Quellen und einige figürliche
Darstellungen haben den Mythos der gehörnten
Wikingerhelme genährt: in Wirklichkeit wurden
Kopfbedeckungen wie diese wahrscheinlich nur
zu feierlichen oder religiösen Anlässen getragen,
nicht aber in der Schlacht.

Die Figur
trägt eine Kopf-
bedeckung, aus
der sich zwei
Schlangen oder
Drachen empor-
recken; in der
rechten Hand hält
sie ein Schwert, in
der linken wahr-
scheinlich zwei
gekreuzte Stöcke.
Der Mann trägt
eine kurze Tunika
mit einem Gürtel
um die Taille.

Die alte norwegische Religion sah wohl keinen
Priesterstand vor: zu den Funktionen des Häuptlings
oder Heerführers gehörte es auch, als Vermittler
zwischen Gottheit und Gläubigen zu fungieren.

▲ Wikingerzeitlicher Anhänger,
9. Jh., Stockholm, Historiska Museet.

>>Beim Tod eines Hausvaters ..., wenn sein Tod Verdacht erregt, un-
terwerfen sie die Gattin wie eine Sklavin der Folter; findet man sie
schuldig, bringen sie diese mit Feuer ... um<<. (Gaius Julius Cäsar)*

Die Rolle der Frau

**Weiterführende
Stichwörter**
Göttinnen und
Matronen,
Nerthus, Zauberkunst,
Kunst und Handwerk

Die schriftlichen Quellen, in denen die ständig kämpfenden und
plündernden Kelten, Germanen und Wikinger porträtiert werden,
beschreiben eine rein männliche Gesellschaft. Archäologische Funde, einige historische Ereignisse und Relikte im mittelalterlichen
Recht zeigen jedoch, was für eine wichtige Rolle die Frau damals
gespielt hat. Reich ausgestattete Frauengräber beweisen, dass die
Frau in der aristokratischen Gesellschaft hohe Anerkennung genoss
und am Ansehen der Elite, zu der sie gehörte, teilhatte. Zur Ausstattung von Frauen, sei es hohen oder niederen Ranges, gehörten
auf jeden Fall Gegenstände zum Spinnen und Weben: diese Tätigkeiten waren kennzeichnend für ein Frauenleben; sie gehörten so
unabdingbar zu ihr, dass sie das Gegenstück zu den Kriegergräbern
beigelegten Waffen bildeten. Tacitus erwähnt in seiner Beschreibung
der Sitten von Germanen, dass diese der Frau »sanctum aliquid et
providum« zuschrieben, ein gewisses Etwas an Heiligem und Pro-
phetischem, und dass sie weder ihre Ratschläge unterbewerteten

noch ihre Antworten
unbeachtet ließen.
Der Historiker zitiert
die königliche Aura,
die Veleda umgab, die
Seherin der Brukterer.
Auch Cäsar erwähnt
in *De Bello Gallico*
die Furcht und den
Respekt der Germa-
nen vor den Orakel-
sprüchen der Frauen,
sodass etwa Ariovist
nicht gegen Cäsar in
die Schlacht zog.

▼ Wagen aus der wikinger-
zeitlichen Bootsbestattung
von Oseberg (Detail),
etwa 850 n.Chr.,
Oslo, Vikingskipshuset.

*Die Techniken des Spinnens und Webens
in der Eisenzeit konnten auch dank
einiger Bilddokumente rekonstruiert
werden, auf denen mit diesen Arbeiten
beschäftigte Frauen dargestellt sind.*

*Die hier darge-
stellte weibliche
Figur mit einem
glockenförmigen,
rhombenverzier-
ten Gewand
spinnt mit einer
Spindel, an der
ein Spinnwirtel
angebracht ist.*

*Die Frau sitzt
an einem senk-
rechten Gewichts-
webstuhl: oben
ist ein bereits
gewebtes Stück
Stoff zu sehen,
an die Enden der
herunterhängen-
den Kettfäden
sind Webgewichte
gebunden.*

*Die in die Oberfläche des Gefäßes gravierten
Bilder bestehen aus wenigen, schematischen
Strichen. Große Dreiecke symbolisieren die
weiblichen Figuren; sie erinnern an ein weites
und kurzes, glockenförmiges Kleid, das mit
konzentrischen Kreisen oder Rhomben verziert
und wahrscheinlich mit Anhängern geschmückt
ist. Der Kopf, ein kleiner Kreis, sowie die
Glieder sind fast vernachlässigbar.*

▲ Kegelhalsgefäß aus Ton der
Hallstattzeit (Detail), Ende des
7. Jh. v. Chr. aus Sopron (Ungarn),
Wien, Naturhistorisches Museum.

Spinnwirteln waren kleine, durchlöcherte Scheiben aus Ton oder Stein: an ein Holzstöckchen gesteckt, das als Spindel fungierte, dienten sie dazu, der Drehbewegung, die bei der Verarbeitung von Wolle zu Garn notwendig ist, mehr Schwung und Regelmäßigkeit zu verleihen.

Die Webgewichte für den Webstuhl der Eisenzeit waren aus Ton, konnten zylinder- oder pyramidenförmig sein und hatten an der höchsten Stelle ein Loch, in das die Kettfäden geknotet wurden, die auf diese Weise nebeneinander gespannt blieben.

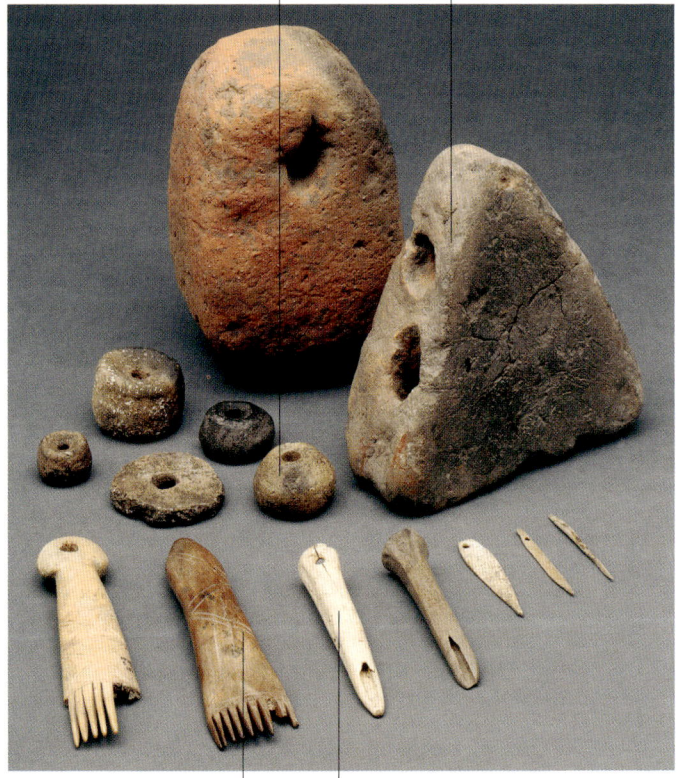

Die Kämme aus Knochen oder Holz dienten dazu, die Schussfäden, die beim Weben mit den Kettfäden verflochten wurden, zusammenzuschieben und so das Gewebe dichter werden zu lassen.

Das Spinnen und Weben war in vorgeschichtlicher und klassischer Zeit sowie im Mittelalter die Hauptbeschäftigung von Frauen jeden sozialen Standes: jede anständige Familienmutter widmete sich täglich dieser Tätigkeit.

▲ Utensilien zum Weben und Spinnen aus keltischen Fundorten, 800 v. Chr. – 50 n. Chr., London, British Museum.

Der Anhänger entstammt dem Grab einer reichen Estrukerin. Der Darstellung kann man entnehmen, dass die adelige Frau der Eisenzeit eine ihrer Hauptaufgaben im Spinnen und Weben sah; es war ein Kennzeichen ihrer gesellschaftlichen Stellung.

Auf der anderen Seite des Anhängers ist eine Frau dargestellt, die sich dem Weben an einem hohen, zweistöckigen Webstuhl widmet, während zwei andere Frauen das Garn vorbereiten.

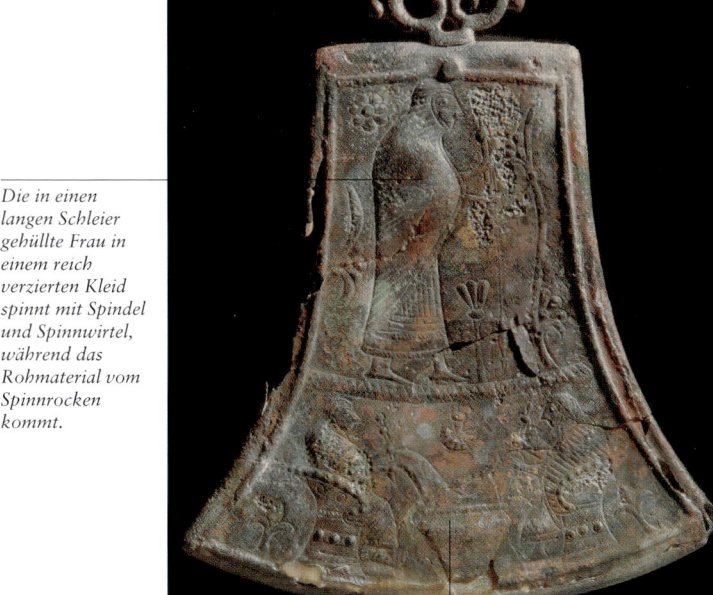

Die in einen langen Schleier gehüllte Frau in einem reich verzierten Kleid spinnt mit Spindel und Spinnwirtel, während das Rohmaterial vom Spinnrocken kommt.

Der bronzene Anhänger ist auf beiden Seiten getrieben und graviert: seine traditionelle Bezeichnung »Tintinnabulum« verdankt er der äußerlichen Ähnlichkeit einer Art Glocke aus römischer Zeit.

Zwei Frauen, die auf fein gearbeiteten Thronen sitzen, bereiten die Spinnrocken mit der Wolle vor, die der auf dem oberen Feld dargestellten Spinnerin übergeben wird.

▲ *Tintinnabulum* aus der Villanova-Zeit, Ende des 7. Jh. v. Chr., aus der Tomba degli Ori im Arsenale Militare, Bologna, Museo Civico Archeologico.

Diese Art von Gürtelanhängern ist in angelsächsischen Gräbern hochrangigen Frauen beigelegt und wird als Zeichen der weiblichen Autorität bei der Führung des häuslichen Lebens gedeutet.

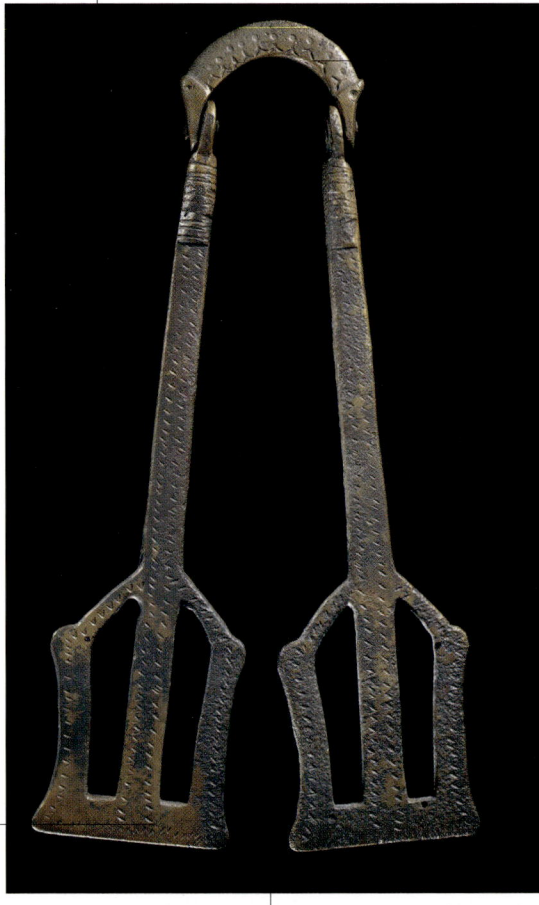

Der obere Teil besteht aus einem halbrunden, mit eingestanzten Punkten verzierten Element, das an seinen Enden in kleine, stilisierte Vogelköpfe ausläuft.

Die beiden aufgehängten Elemente sind durch eine Niete fixiert und mit gravierten Strichen verziert, die ein heute teilweise unkenntliches Zickzackmotiv bilden.

Normalerweise besteht diese Art von Gegenständen aus Eisen: dies hier ist ein seltenes Exemplar in einer Kupferlegierung; die elegante Linienführung und die Dekoration machen es besonders wertvoll.

▲ Angelsächsischer Gürtelanhänger, 6. Jh., aus Searby (Lincolnshire), London, British Museum.

»Die Fehden … dauern jedoch nicht unversöhnlich fort; denn sogar Totschlag kann mit einer bestimmten Anzahl Groß- und Kleinvieh gesühnt werden«. (Tacitus)

Ehre und Rache

Von grundlegender Bedeutung für das soziale Leben der Kelten, Germanen und Wikinger war die Ehre: sie gewährleistete die Unversehrtheit des Individuums und war der Maßstab für sein Bild in der Öffentlichkeit sowie für seine Anerkennung. Die Ehre garantierte Erfolg und die Gunst der Götter, während die Unehre Unglück und Tod bedeutete: die größte Ehre und somit der größte Erfolg standen den Herrschern und Anführern zu. Die juristischen Texte der Kelten, Germanen und Wikinger legen Geldstrafen für Ehrverletzungen fest: im Falle einer Beleidigung musste jedem Freien oder seinen Verwandten eine bestimmte Summe gezahlt werden. Die Höhe des Betrags richtete sich nach der gesellschaftlichen Stellung. Legte das Individuum jedoch ein seines Ranges unwürdiges Verhalten an den Tag, so wurde die Strafe reduziert oder erlassen. Der Preis für die Ehre bestimmte auch den Wert der Persönlichkeitsrechte des Einzelnen und somit dessen Stellung vor Gericht: er beeinflusste die Glaubwürdigkeit seiner Aussagen und seines Eides sowie die Höhe seiner Kaution. Die Menschen, die in einem Zustand der Abhängigkeit lebten, hatten keinen eigenen Preis für ihre Ehre; er richtete sich nach denen, die den Abhängigen schützten. Im Falle eines Mordes musste das Familienoberhaupt dafür sorgen, dass der Schuldige die angemessene Summe zahlte, die zwischen den Verwandten aufgeteilt wurde; unterblieb die Zahlung, war die Familie zur Blutrache verpflichtet.

Weiterführende Stichwörter
Weihegaben und Opfer,
Mythen, Jenseits

◀ Vendelhelm, 7. Jh., aus einem Wikingergrab aus Vendel, Uppsala, Upplandsmuseet.

»Sechstausend Reiter und ebenso viele … Kämpfer zu Fuß, die sich jeder Reiter aus dem ganzen Heer einzeln als Kämpfer auswählte; mit diesen zusammen kämpften die Reiter«. (Gaius Julius Cäsar)

Krieger

Der Kriegerstand, der dazu ausersehen ist, zu regieren und die Macht des eigenen Stammes oder Volkes zu vergrößern, spielte eine vorherrschende Rolle in der sozialen Ordnung von Kelten, Germanen und Wikingern.

Innerhalb des Kriegerstandes existierte eine Hierarchie: es gab den Anführer, eine durch Herkunft, Tapferkeit und Charisma ausgezeichnete Persönlichkeit, und sein Gefolge, das oft aus verarmten Adeligen bestand. Im Kriegsfall bildete das Gefolge die Reiterei, während die Fußsoldaten aus dem Volk rekrutiert wurden. Die keltischen und germanischen Heere verließen sich vor allem auf die Schlagkraft und Energie der Fußsoldaten, erst ab dem 3. Jh. v. Chr. erlebte auch die Reiterei unter dem Einfluss mazedonischer Heere eine starke Entwicklung. Cäsar hebt in seiner Beschreibung der Gefechte mit den Britanniern die Bedeutung von Streitwagen hervor: zu Beginn einer Schlacht schufen sie bei den feindlichen Truppen Verwirrung, dann mischten sie sich unter die Reiterei, schließlich stiegen die Krieger von den Wagen und kämpften zu Fuß. Auf diese Weise, kam dem Heer sowohl die Widerstandsfähigkeit der Fußsoldaten als auch die Beweglichkeit der Reiter zugute. In der Welt der Wikinger waren die Begriffe »Heer« und »Schiffsmannschaft« eins: die Kriegs- und Plünderungszüge fanden immer während Schiffsexpeditionen statt, weshalb sich auch die Entscheidungskämpfe zwischen Herrschern und Thronprätendenten vorwiegend auf dem Meer zutrugen.

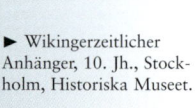

► Wikingerzeitlicher Anhänger, 10. Jh., Stockholm, Historiska Museet.

Die Gesichtszüge, die sehr markant und von einer fast priesterlichen Starrheit sind, beschwören die Tradition der keltischen Plastik Südfrankreichs, die für ihre Darstellungen symbolischer oder heiliger Tiere sowie fast ausschließlich männlicher Figuren von Helden und Gottheiten bekannt ist.

Der Torques *um den Hals weist darauf hin, dass die Statue einen gallischen Heerführer darstellt, ungeachtet seiner Kleidung »à la romana«.*

Die Ausrüstung der dargestellten Person ist römisch: der metallene Kettenpanzer ist über der Brust mit Schulterriemen zugehakt, der Schwertgurt liegt eng um die Hüften und der Mantel wird auf der Schulter von einer Fibel gehalten. Die Ausstattung weist die Person als hohen Offizier aus.

▲ Statue eines gallischen Anführers, zweite Hälfte des 1. Jh. v. Chr., aus Vachères, Avignon, Musée Calvet.

Das seltene Auftauchen kompletter Waffenrüstungen und die Vergänglichkeit von Materialien wie Leder, Holz und Stoff machen Bildzeugnisse besonders wertvoll, die die Bewaffnung von Kriegern der Eisenzeit zeigen.

Die Helme haben eine halbkugelige Kalotte, ein Modell, das in den Ostalpen entstand und sich von dort aus auch im Mittelmeerraum verbreitete. Archäologische Funde zeigen, dass dieser Helmtypus oft aus Leder oder Weidenruten bestand, in die Verstärkungen und Metallbuckel eingearbeitet waren.

Die Reiter sind mit einer langen Lanze bewaffnet und werden von einem kurzen Panzer geschützt, der den Oberkörper bedeckt, daran schließt ein gefälteltes »Röckchen« über den Hüften; Fußsoldaten als auch Reiter tragen Schnabelschuhe.

▲ ► Keltische Schwertscheiden aus Bronze (Detail), zweite Hälfte des 5. Jh. v. Chr., aus Grab 994 des Gräberfelds von Hallstatt (Österreich), Wien, Naturhistorisches Museum.

Keltische Schwerter wiesen nicht nur auf Klinge und Schwertgriff reiche Verzierungen auf, oft wurde auch die Scheide mit pflanzlichen, tierischen oder menschlichen Schmuckmotiven aus Metall oder unterschiedlichen Materialien versehen.

Die ovalen Schilde weisen in der Mitte den charakteristischen spindelförmigen Mittelbuckel auf; der Rand ist mit Mäandern verziert.

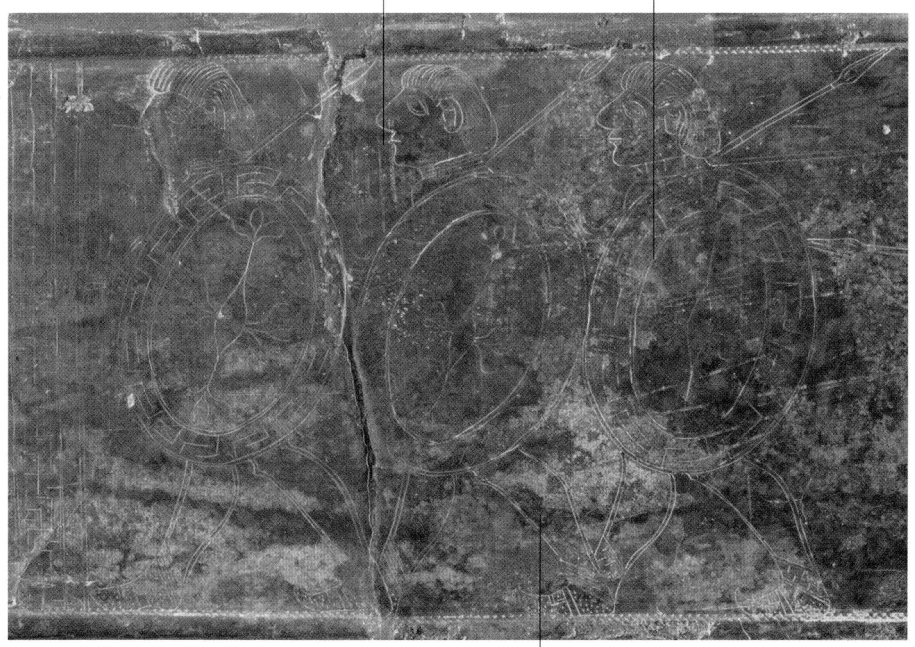

In das Bronzeblech der Schwertscheide ist ein Kriegerzug eingeritzt: die Fußsoldaten sind mit Lanze und einem Schild bewaffnet, der einen Großteil des Körpers verbirgt; an den Füßen tragen sie Schnabelschuhe.

Die Funde entstammen einem Hügelgrab, das einen Durchmesser von etwa 40 m hat und 12 m hoch ist. Die Grabkammer war quadratisch, man gelangte durch einen langen Korridor hinein: im Inneren wurden die verbrannten Reste von mindestens drei Menschen und einigen Pferden gefunden.

Die Maske wurde aus feinem, getriebenem Bronzeblech angefertigt. Die bogenförmigen Ohren sind durch Nieten mit der restlichen Maske verbunden; in den je vier Nietlöchern an den Rändern der Ohren befanden sich kleine Nietstifte, die die Maske auf einem 0,8 cm dicken Holzbrett festhielten.

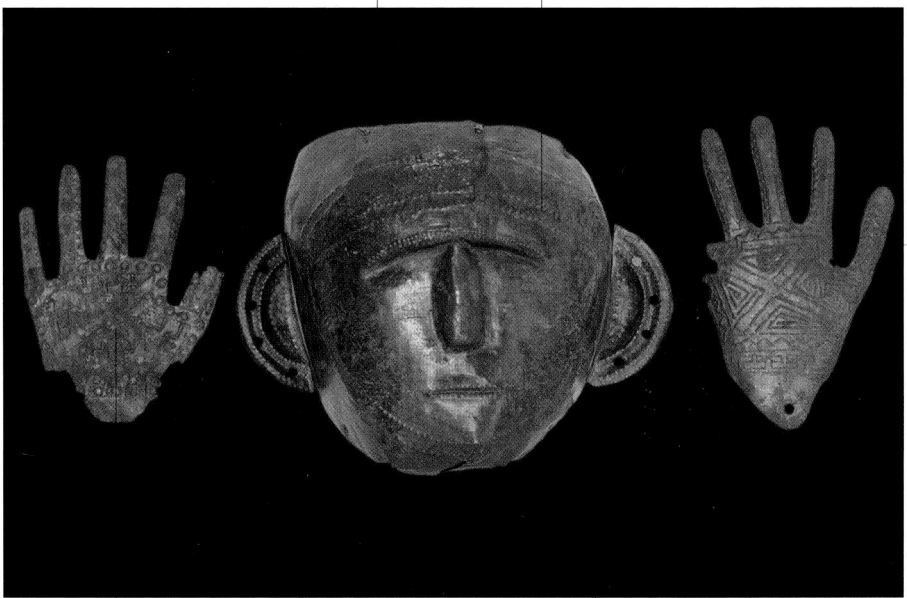

Die Hände aus Bronzeblech sind mit Motiven aus Linien und Punkten in Treibarbeit reich verziert.

Die Grabmasken, deren berühmte Vorgänger die Goldmasken in den Gräbern von Mykene sind, werden als der Wunsch gedeutet, das Bild des Verstorbenen zu bewahren.

▲ Maske und handförmige Bleche aus einem Fürstengrab der Hallstattzeit, 620–550 v.Chr., vom Kröllkogel bei Kleinklein, Graz, Landesmuseum Joanneum.

Im 4. Jh. v. Chr. bewirkt das Vordringen der Kelten nach Italien engere Kontakte mit der Welt der Etrusker und der Magna Graecia (Großgriechenland). Daraus entwickelt sich eine Richtung der keltischen Kunst, die Einflüsse italischer und griechischer Gold- und Bronzeschmiede aufnimmt und »Pflanzenstil«, »vegetabilischer Stil« oder »Waldalgesheim-Stil« genannt wird.

Der halbkugelige Helm mit Nackenschutz besteht aus mit Goldblech überzogener Bronze und weist Einlagen aus Koralle auf: der Reichtum der Verzierungen und die Materialien machen ihn zu einem wertvollen Prestigeobjekt, das für Zeremonien und Paraden verwendet wurde.

Der Helm wurde höchstwahrscheinlich von der italienischen Halbinsel importiert oder vor Ort von Künstlern angefertigt, die im italisch-keltischen Umfeld gelernt hatten.

Der neue Stil zeichnet sich durch eine kontinuierliche Verkettung der Motive anstelle ihrer einfachen Aneinanderreihung aus. Symmetrie wird insbesondere mittels Drehung erzeugt.

▲ Keltischer Paradehelm,
4. Jh. v. Chr., aus Agris (Angoulême),
Musée de la Societé Archéologique
et Historique de la Charente.

Dieser Helm wurde in London in der Themse nahe der Waterloo Bridge gefunden. Funde von bronzezeitlichen Waffen und Helmen, die zu rituellen Zwecken oder als Votivgaben in Wasserläufen, Seen und Quellen versenkt wurden, kommen häufig vor.

Das ist der einzige gehörnte Helm aus der Eisenzeit, der je in Europa gefunden wurde. Die Hörner werden auch in der keltischen Religion oft mit Göttlichkeit assoziiert, und es ist daher möglich, dass dieser von einer besonders bedeutenden Persönlichkeit zu religiösen Zeremonien getragen wurde.

Der Helm ist aus Bronzeblech und mit zahlreichen, sehr regelmäßig angelegten Nieten aus einzelnen Teilen zusammengefügt. Er ist mit getriebenen Motiven verziert, die typisch für die britannische La Tène-Kunst sind. Ursprünglich dürfte er Einlagen aus rotem Email besessen haben.

▲ Keltischer Hörnerhelm, etwa 150–50 v. Chr., gefunden in der Themse in der Nähe der Waterloo Bridge, London, British Museum.

Der Kopf ist kugelförmig, die Gesichtszüge sind schematisiert, mit einem kleinen, fast lächelnden Mund, gerader Nase und kugelrunden Augen; die Haare sind in Streifen unterteilt.

Schwerter mit anthropomorphen Griff waren in ganz Europa verbreitet, wenn auch nicht sehr zahlreich; sie stammen aus der Zeit vom 5. bis zum 1. Jh. v. Chr.

Der bronzene Schwertgriff wurde getrennt gegossen und danach an der Eisenklinge befestigt; auch der Menschenkopf wurde separat modelliert und dann an den Rest des Griffs geschmiedet. Die ausgestreckten Arme und Beine der menschliche Figur bilden ein X.

▲ Kurzes keltisches Schwert, 1. Jh. v. Chr., gefunden in einem Wagengrab in Tesson (Charente-Maritime), Saint-Germain-en-Laye, Musée des Antiquités Nationales.

Das Schwert ist etwa 50 cm lang: es handelt sich um ein kurzes, zweischneidiges Schwert, geeignet für den Zweikampf am Boden; der wenig funktionale Griff lässt jedoch annehmen, dass es sich um eine Paradewaffe handelte, die nicht wirklich in der Schlacht verwendet wurde.

Der Schildbuckel ist eine metallene Verstärkung, die dazu diente, den inneren Griff, mit dem man den Schild hielt, zu verdecken. Aufgrund der Vergänglichkeit der organischen Materialien (Holz und Leder), aus denen die Schilde gewöhnlich hergestellt waren, ist dies der einzige Teil des Schildes, der erhalten blieb.

Ab dem 3. Jh. v. Chr. werden die keltischen Schwerter länger; um die Ausrüstung den Notwendigkeiten der Kämpfe zu Pferde anzupassen, wird im 2. Jh. das alte, vielfältig anwendbare Schwert durch eine lange Waffe ohne Spitze ersetzt, die nur als Hiebwaffe verwendbar ist.

Die Form der Lanzenspitzen weist auf ihre gelegentliche Verwendung als Wurfwaffe hin.

▲ Gallische Waffen aus Bronze,
1. Jh. v. Chr., Saint-Germain-en-Laye,
Musée des Antiquités Nationales.

Dies ist der einzige, komplett aus Bronze bestehende Schild aus der Eisenzeit, der in Europa gefunden wurde. Er wurde am Themseufer gefunden und wird als rituelle Opfer- oder Weihegabe gedeutet.

Der ovale Schild ist – wie die zeitgenössischen Exemplare aus Holz – aus neun verschiedenen bronzenen Teilen zusammengesetzt. Da er hinten keine Verstärkung aus Holz besaß, konnte er leicht von Schwertern und Lanzen durchbohrt werden, daher wurde er wohl nicht wirklich in der Schlacht verwendet.

Die in Gräbern gefundenen Schilde aus der Eisenzeit bestehen normalerweise aus zusammengefügten Holzbrettern, die manchmal mit Leder überzogen wurden.

▲ Keltischer Schild von Chertsey, etwa 400–200 v. Chr., gefunden in der Themse, London, British Museum.

Der Battersea-Schild ist unvollständig; erhalten ist nur das ehemals auf einen Holzkorpus montierte Vorderteil. Die reiche Verzierung kennzeichnet ihn als Schaustück, das als Weihegabe in der Themse versenkt wurde.

Der Dekor besteht aus drei runden Zierfeldern in plastischer Treibarbeit, die durch Gravur betont wird; die Inkrustationen aus buntem geschmolzenem Rohglas sorgen für eine noch viel spektakulärere Wirkung.

Der erhöhte Schildbuckel in der Mitte der Rosette korrespondiert mit dem inneren Haltegriff und ist mit rotem geschmolzenem Rohglas inkrustiert.

▲ Keltischer Schild aus Battersea, Ende des 1. Jh. v. Chr. Anfang des 1. Jh. n. Chr., gefunden in der Themse, London, British Museum.

Diese Zaumzeugbeschläge sind ein Depotfund aus der Nähe des bedeutenden Ortes Stanwick. Er enthielt zahlreiche Gegenstände aus Metall. Sie wurden vergraben, als die Römer bereits das südliche, aber noch nicht das nördliche Britannien erobert hatten.

Die Reitereinheiten, die zu Pferde oder auf Streitwagen kämpften, waren der Trumpf des keltischen Heeres: die Dauer ihrer Aufstellung erlaubte allerdings im Falle eines längeren Konflikts keinen schnellen Wechsel, das führte letztlich zu einer fortschreitenden Schwächung seiner militärischen Macht.

▲ Keltisches Pferdezaumzeug
aus Stanwick, etwa 40–80 n. Chr.,
London, British Museum.

Krieger

Der Krieger ist als Darstellung des Gottes Odin gedeutet worden: er schwingt einen mächtigen Speer, der der magische Speer Gungnir sein könnte, der stets in die Hände des Gottes zurückkehrt.

Die Felsritzungen in Südskandinavien werden allgemein in die späte Bronzezeit, zwischen 1500 und 500 v. Chr. datiert. Die Felsritzungen von Litsleby gehören zu dem außergewöhnlichen archäologischen Fundkomplex von Tanum.

Auf der Felsplatte von Litsleby dominiert die Figur eines gigantischen, etwa 2 m hohen Kriegers, die über frühere Figuren geritzt wurde: man nimmt an, dass es sich um die letzte ausgeführte Darstellung handelt.

▲ Felsritzungen des archäologischen Fundkomplexes von Tanum, 1500–500 v. Chr., Bohuslän, Schweden.

Auf diesem Abschnitt des Teppichs von Bayeux ist eine Phase der Schlacht von Hastings dargestellt, die für die Unterwerfung Englands durch den normannischen Heerführer Wilhelm der Eroberer entscheidend sein sollte.

Die Fußsoldaten sind mit Schwert, Streitaxt und Lanze bewaffnet und werden von unten spitz zulaufenden Schilden geschützt.

Die Streitäxte hatten einen langen Holzstiel und einen dreieckigen, breit auslaufenden Eisenkeil.

▲ *Teppich von Bayeux,*
11. Jh., Bayeux,
Musée de la Tapisserie.

Die Schlacht von Hastings geht zu Ende und Harald wird gleich den Tod finden. Der Teppich von Bayeux will aufzuzeigen, dass die Eroberung Englands durch die Normannen einem Frevel des englischen Herzogs Harald Godwinson zu verdanken ist: er hatte bei den Reliquien eines Heiligen geschworen, Wilhelm dem Eroberer den englischen Thron zu überlassen, hielt aber sein Versprechen nicht.

Die Reiter tragen einen Kettenpanzer, der Arme, Oberkörper und Beine bis zum Knie bedeckt; der Kopf wird vom konischen Helm mit Nasenschutz geschützt, die Brust von einen Langspitzschild.

Die Herstellung eines Kettenpanzers war sehr kompliziert, da jedes Kettenglied separat geschmiedet und dann mit einem anderen zusammengefügt und mit einer Niete geschlossen oder verlötet werden musste. Für einen ganzen Harnisch brauchte man Tausende von Kettengliedern.

▲ *Teppich von Bayeux,*
11. Jh., Bayeux,
Musée de la Tapisserie.

Der untere Streifen der Helmkalotte ist mit einem Kriegerzug in Treibarbeit verziert.

Der Helm besteht aus Eisen- oder Bronzeplatten, die durch Nieten zusammengehalten werden, und verfügt über zusätzliche Klappen, um Nase, Nacken und die Wangen zu schützen.

Vendel ist der Ort eines außergewöhnlichen Gräberfeldes. Die Gräber aus dem 6. bis 9. Jh. gehörten hochrangigen Persönlichkeiten, die in Schiffen, samt Pferden und Zaumzeug, Jagdtieren (Hunden und Falken), reichen Metallbeigaben und prächtigen Waffen bestattet worden waren.

▲ Helm eines Wikingerkriegers, 7. Jh., Vendel, Grab 14, Stockholm, Historiska Museet.

*Das Kästchen besteht aus Walfischbein
und ist mit reichen Reliefs verziert:
Stil und die Sprache der Inschriften
beweisen, dass es wohl in einem nord-
englischen Kloster angefertigt wurde.*

▲ *Runenkästchen von Auzon,*
auch *Frank's Casket* genannt,
erste Hälfte des 7. Jh.,
London, British Museum.

Auf dem Kästchen werden germanische Sagen, die Anbetung der drei Weisen aus dem Morgenland sowie die Legende von Romulus und Remus dargestellt. Es ist ein Beispiel für eine Kultur auf der Suche nach einer Versöhnung zwischen unterschiedlichen Traditionen, nämlich der heidnischen, der christlichen und der klassischen.

Der mythische Bogenschütze Egil verteidigt sich und seine Frau Ailrun vor den Angriffen von Kriegern, die mit Lanze und Schild bewaffnet sind.

Der Fund von Sporen ist ein Hinweis darauf, dass die Wikinger Pferde besaßen. Sie wurden vom karolingischen Europa übernommen, allerdings waren Dorn und Schenkel länger. Normalerweise bestand ein Sporn aus Eisen: dieses Exemplar aus Gold wurde sicherlich von einer hochrangigen Persönlichkeit zu besonderen Anlässen getragen.

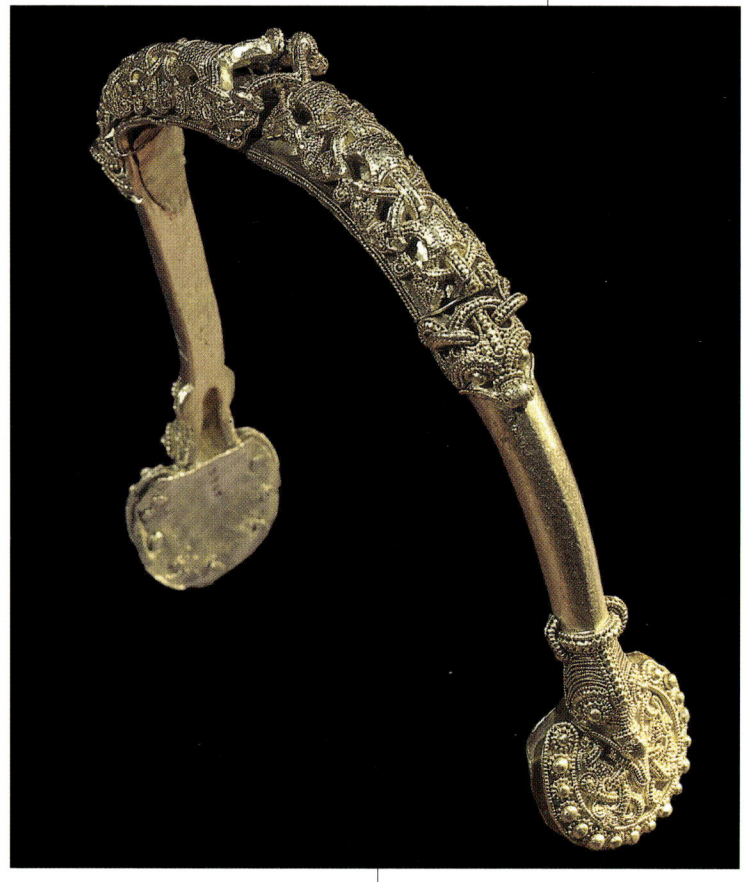

Der Borre-Stil zeichnet sich durch Tiere mit bandförmigen, oft gebogenen Leibern aus. Häufige Motive sind aus Ringen bestehende Ketten sowie Tiergestalten mit hervortretenden Augen und großen Ohren.

▲ Wikingersporn im Borre-Stil aus dem Kloster Værne, 9.–10. Jh., Oslo, Unversitets Oldsaksamling.

Wikingerschwerter hatten zweischneidige Klingen; sie wurden widerstandsfähiger gemacht, indem man gedrehte Eisenbarren zusammenschmolz, die gehämmert und aufgekohlt wurden.

Das Heft bestand aus einer schlichten, hervorstehenden Parierstange, dem eigentlichen Griff und einem gewöhnlich konischen Knauf; oft war es mit geometrischen Figuren verziert, die durch die Verwendung unterschiedlicher Metalle hervorgehoben wurden (Tauschierung).

▲ Hefte von Wikingerschwertern, Stockholm, Historiska Museet.

Die weibliche Figur, die als Walküre
gedeutet wird, trägt eine raffinierte
Lockenfrisur, die über die Schultern fällt.

Die Frau trägt auf-
fallende Juwelen: eine
große Perlenkette
und eine Ringfibel,
die den Schal
zusammenhält.

Sie trägt einen
langen Umhang
und ein Unterkleid
mit Schleppe.

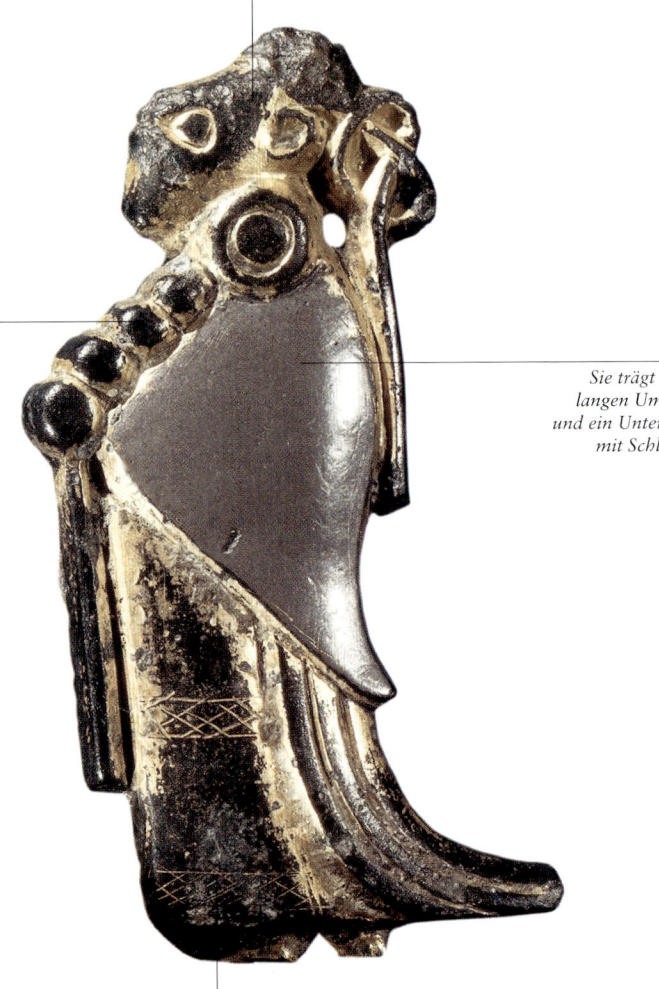

▲ Wikingerzeitlicher Anhänger
mit weiblicher Figur, 6. Jh.,
Stockholm, Historiska Museet.

Die Walküren waren in der germanischen Religion
Geisterwesen, die Odin dienten und die Aufgabe hatten,
die in der Schlacht Gefallenen ins Totenreich zu begleiten.
Waren die Krieger einmal im Jenseits angekommen,
verbrachten sie den Tag mit Kampfübungen, während sie
abends bei Festgelagen mit dem Gott Odin Bier und Met
tranken, offeriert von den Walküren.

»Die Bauart der Schiffe [der Suionen] ist insofern sonderbar, als sie an beiden Enden einen Bug haben, der immer eine fertige Stirnseite zum Anlaufen bietet«. (Tacitus)

Flotte

Eine starke Flotte sicherte die Macht und Vorherrschaft der Wikinger; mit ihr konnte man Handel treiben, kolonisieren und Raubzüge durchführen. Im 8. Jh. beginnt die große Wikinger-expansion, als die verbesserten klimatischen Bedingungen zu einem starken demografischen Wachstum führten, was die Suche nach neuen Siedlungsgebieten notwendig machte. Das konnte allerdings nur auf Kosten der benachbarten Völkerschaften gehen, die zwei Jahrhunderte lang in Angst und Schrecken vor den Wikingern lebten. Die Schifffahrt hatte bei den skandinavischen Völkerschaften eine uralte Tradition, wie neolithische und bronze-zeitliche Felsritzungen bezeugen. Mit der Zeit wurden Boote mit starker Struktur und beweglicher Verkleidung ausgeklügelt, die gleichzeitig robust und elastisch, aber auch stabil genug waren, um den Wellen und Strömungen des Meeres standzuhalten. Der niedrige Tiefgang ermöglichte, in seichte Flüsse einzudringen und an Ufern ohne Hafen anlegen zu können. Auch die Möglich-keit, sich gegen den Wind mit Rudern fortzubewegen, machten diese Boote für Überraschungsangriffe vorzüglich geeignet. Der König hatte das sehr begehrte Privileg, Männer einzuziehen und Schiffe, Proviant und Geld für die kriegerischen Unternehmungen zu sammeln; man nimmt aber an, dass dieses Recht erst im 11. Jh. offiziell als Privileg der Herrscher sanktioniert wurde.

Weiterführende Stichwörter
Transportmittel,
Schiffssetzungen,
Bootsbestattungen

◀ Holzgegenstand, auf dem die norwegische Flotte eingeritzt ist; die Vorschiffe haben Drachenköpfe und Wetterfahnen, erste Hälfte des 13. Jh., Bergen, Sjøfartsmuseum.

Auf der Westseite des Felsens von Fossum befindet sich eine der ungewöhnlichsten Ritzungen im archäologischen Fundkomplex von Tanum. Die von den Kriegern getragenen Schilder ermöglichen eine Datierung in die späte Bronzezeit, zwischen 1500 und 500 v. Chr.

Die Felsritzungen aus der Vorwikingerzeit sind für eine Rekonstruktion der vor den technologischen Neuerungen der Wikinger entstandenen Schiffsformen sehr nützlich. Die Schiffe besitzen kein Segel, Bug und Heck sind erhöht und haben die Form eines Tierkopfs; die Besatzung ist schematisch durch vertikale Striche dargestellt.

Ein Mann tötet ein Tier, vielleicht ein Hirschkalb, mit einer langen Lanze. Unten sind ein Bogenschütze und ein Mann zu sehen, der eine Axt mit weit ausladendem Keil hält.

Drei gekrümmte ithyphallische Figuren schwenken einen Stock, und knapp darunter befindet sich ein Hirsch mit sehr detailliert ausgeführtem Geweih.

▲ Ritzungen im archäologischen Fundkomplex von Tanum, 1500–500 v. Chr., Bohuslän, Schweden.

Das Tier hat das Aussehen eines Ungeheuers, mit hervortretenden Augen, aufgerissenem Rachen und spitzen Zähnen: man nimmt an, es hatte die Aufgabe, ein römisches oder germanisches Schiff vor bösen Meeresgeistern zu beschützen.

Die Galionsfigur wurde 1934 in der Schelde gefunden. Anfänglich hielt man sie für den Teil eines Wikingerschiffs; die Radiokarbon-Analyse hat jedoch nachgewiesen, dass sie in der späten Kaiserzeit, zwischen dem 4. und 6. Jh. n. Chr. entstand.

▲ Germanische Galionsfigur, 4.–6. Jh., aus Ostflandern (Belgien), London, British Museum.

Der Teppich von Bayeux zeigt den Bau der Flotte, die Wilhelm den Eroberer von der Normandie nach England brachte.

Der Schreiner hobelt die Bretter, die die Seitenwände des Schiffes bilden. In der Schiffswerft verdienten die Schiffszimmerleute des Vorderschiffs doppelt so viel wie die anderen Arbeiter, weil sie für den Bug, die Proportionen und den Umriss des Schiffes verantwortlich waren.

Ein Baumstamm musste in Bretter zerteilt werden, um verarbeitet werden zu können; dazu bediente sich der Schreiner einer Axt in T-Form, bei der der Keil rechtwinklig zum Stiel angebracht war.

Für den Bau eines Schiffs musste man Bäume von hohem und regelmäßigem Wuchs fällen; dafür verwendete man die Axt, die auch dazu diente, die Äste abzutrennen.

Um die Breitseiten des Schiffes zu montieren, musste man die Bretter übereinanderlappend anbringen und festnageln: der Zimmermann verwendete einen Bohrer mit T-förmigem Griff für Löcher, in die zur Befestigung der Planken Nieten getrieben wurden.

▲ *Teppich von Bayeux,*
11. Jh., Bayeux,
Musée de la Tapisserie.

Das rechteckige Segel stellte eine entscheidende Neuerung dar: der Großmast befand sich nun in der Mitte des Schiffs, das sich daher gleichermaßen vor und zurück bewegen konnte; ein spezielles Takelwerk diente dazu, dem sehr schweren Mast Stabilität zu verleihen. Um vor dem Wind segeln zu können, verwendeten die Wikinger zwei gekreuzte Pflöcke, die das Segel gespannt hielten.

▲ Geritzter Wikinger-Gedenkstein (Detail), 7. Jh., aus Lilla Bjärs, Stockholm, Historiska Museet.

Die Gedenksteine sind wichtige Bilddokumente für das Aussehen von Wikingerschiffen. Dieser ins 7. Jh. datierte Gedenkstein zeigt, dass bereits in jener Epoche Kiel, Großmast und Segel ihre endgültige Form erreicht haben.

Das Gokstad-Schiff hatte einen aus einem einzigen Eichenstamm geschlagenen Kiel und eine Bordwand in Klinkerbauweise, bestehend aus 16 Plankengängen unterschiedlicher Dicke, die aber der Funktion entsprechend genau berechnet war.

Die Planken waren untereinander durch rundköpfige, von außen hinein-geschlagene Nägel verbunden, die innen durch kleine, quadratische Platten gesichert waren. Die Kalfaterung erfolgte durch Tierhäute oder verpichte (geteerte) Wolle.

▲ Wikingerschiff von Gokstad, Vorderansicht, 9. Jh., Oslo, Vikingskipshuset.

Das Schiff war fast zur Gänze aus Eichenholz gebaut, während die sechzehn Ruderpaare aus Kiefernholz waren. Der Großmast bestand aus einem etwa 115 m hohen Kiefernstamm, der ein großes quadratisches Segel trug, das aus gewebten Wollstreifen bestand.

Bei Gegenwind oder Flaute, oder aber bei einem Überfall, benutzten die Wikinger Ruder.
Auf den Kisten mit ihren persönlichen Habseligkeiten sitzend, steckten die Seeleute ihre Ruder
in die Löcher an den Seitenwänden des Schiffs und ruderten in gleichmäßigem Rhythmus.

Das Steuerruder wurde am obersten Plankengang mit einem breiten Lederriemen (Kragenband) festgezurrt; weiter unten wurde es an einem hölzernen Knauf (Warze) an der Seitenwand des Schiffes befestigt. In seichtem Wasser wurde das Kragenband aufgeschnürt und man zog das Ruder hoch.

▲ Wikingerschiff von Oseberg,
etwa 850 n. Chr.,
Oslo, Vikingskipshuset.

Das Osebergschiff versammelt eine Vielzahl von Motiven der Wikingerkunst aus dem 9. Jh.: kletternde Tiere, die gerade zubeißen, Vögel, Schlangen und fein ausgeführte menschliche Gesichtszüge.

Die dargestellten Figuren sind rätselhafte Kombinationen aus Mensch und Tier, gleichzeitig grausam und erheiternd, in einem Moment erfasst, in dem sie in einem schwindelerregenden continuum eine andere Kreatur oder sich selbst packen. Charakteristisch sind große kugelförmige Köpfe, hervortretende Augen, schmale Taillen und birnenförmige Beine.

▲ Wikingerschiff von Oseberg (Detail), etwa 850 n.Chr., Oslo, Vikingskipshuset.

Einige der Verzierungen des Osebergschiffes sind nicht naturalistisch, sondern eher dekorativ: die Tiere, die gerade noch zupacken, verlieren sich in gewundenen Linien.

Die Holzschnitzereien wurden durch das Einfügen von metallenen Ziernägeln bereichert.

▲ Wikingerschiff von Oseberg (Detail), etwa 850 n. Chr., Oslo, Vikingskipshuset.

*Solche furchterregenden Figuren mit aufgerissenem Rachen,
spitzen Zähnen, starrenden Augen und geblähten Nüstern
sollten womöglich böse Geister fernhalten. Tatsächlich kennt
man keine praktische Funktion dieser Art von Objekten:
vielleicht fanden sie bei religiösen Zeremonien Verwendung.*

▲ Wikingerschiff von Oseberg
(Detail), etwa 850 n. Chr.,
Oslo, Vikingskipshuset.

*Die Schnitzereien des Osebergschiffs lassen sich auf
unterschiedliche Künstler zurückführen, deren jeder
einen ganz eigenen Stil hatte: diese Arbeit wird der
maßvollen Ornamentierung wegen, bei der die
geometrischen Verzierungen des Kopfes Raum für
die leere Fläche des Halses lassen, einem »Akademiker«
genannten Künstler zugeschrieben.*

Aus dem Roskildefjord stammt eine kleine Flotte von Kriegsschiffen, die 1962 geborgen wurde. Die Schiffe waren um das Jahr 1000 mit Steinen versenkt worden, um einen Verteidigungsdamm gegen mögliche Einfälle in die Stadt Roskilde zu errichten.

Fünf unterschiedliche Schiffe wurden zutage gefördert: zwei Kriegsschiffe, zwei Handelsschiffe und ein Fischerboot. Die Kriegsschiffe sind lang, während die Handelsschiffe breiter und niedriger sind.

Das größere der beiden Kriegsschiffe wird Langboot genannt: ursprünglich maß es 29–30 m. Es konnte 50 bis 100 Krieger transportieren. Man vermutet, dass es eines der Schiffe gewesen sein könnte, mit denen Sven Gabelbart 1013–1014 England eroberte.

Auf offenem Meer war das Schiff starken Belastungen ausgesetzt. Auf der Innenwand des Schiffes kann man Verstärkungen erkennen, die das Schiff stabil, aber auch wendig machten.

▲ Wikingerlangboot, 11. Jh.,
Roskilde, Vikingskipsmuseet.

*Auf dem oberen Rand steht ein
Löwe; eine Reihe von Löchern
am unteren Rand legt nahe,
dass daran Schellen aufgehängt
gewesen sein könnten.*

*Die Wetterfahne befand sich ursprünglich
auf dem Mast eines Wikingerschiffs und
hatte die Funktion, die Windrichtung
anzuzeigen. Später wurde sie auf der
Kirche von Söderala angebracht.*

*Die Wetterfahne ist aus vergoldeter Bronze
und mit Durchbrüchen und Gravuren
verziert: innen ist ein Drache dargestellt, der
gegen zwei kleinere Tiere kämpft.*

▲ Wikingerzeitliche Wetterfahne,
10. Jh., aus Söderala, Stockholm,
Historiska Museet.

Konnten die Schiffe ihre Fahrt nicht fortsetzen, legte die Mannschaft den Mast um, zog die Ruder ein und rollte das Boot auf Baumstämmen an Land.

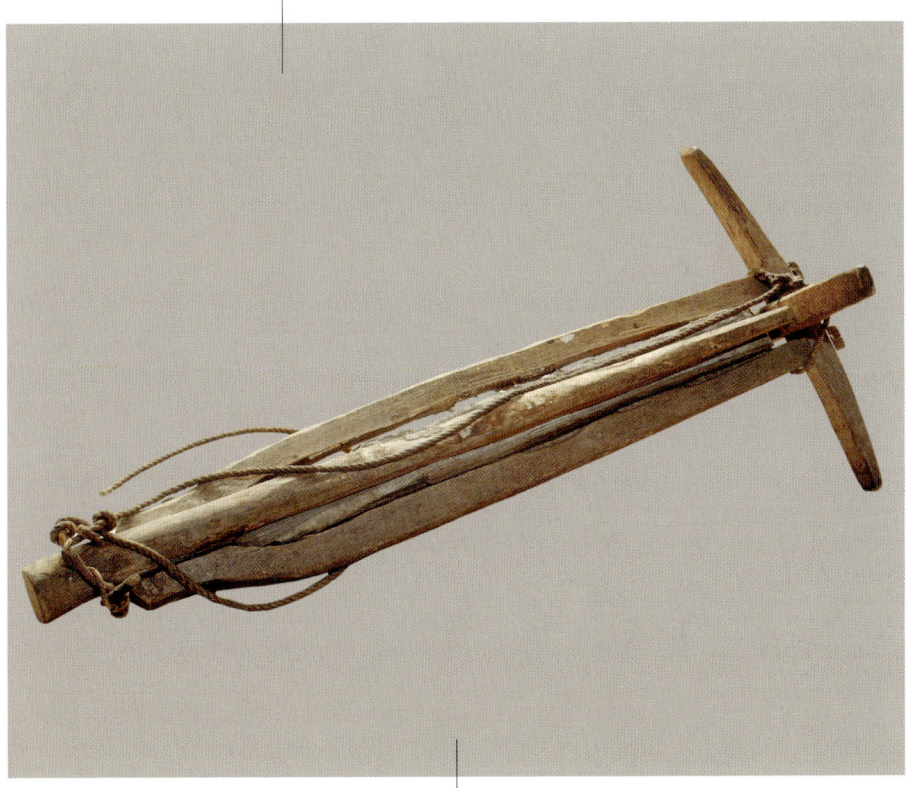

Wikingeranker konnten kreuzförmig und aus Eisen, oder aber aus Holz sein, das mit einem Steinblock beschwert war.

▲ Anker aus einem Wikinger-schiff, Bergen, Sjøfartsmuseum.

»Unsere Grenznachbarn indessen wissen … Gold und Silber wohl
zu schätzen … Tiefer drinnen im Land dagegen treibt man …
Tauschhandel«. (Tacitus)

Münzen

**Weiterführende
Stichwörter**
Lug,
Kunst und Handwerk
Gewichte und Maße
Städte und Dörfer

Sowohl bei Kelten als auch bei Germanen und Wikingern blieb die
Geldwirtschaft in erster Linie auf die größeren städtischen Siedlungen beschränkt, während man auf dem Land weiterhin Tauschhandel betrieb. Außerdem muss man zwischen der Verwendung
fremder Münzen, die mit dem Effektivwert des Metalls zusammenhing, und der Emission eigener Münzen durch eine Zentralregierung unterscheiden: letzteres Phänomen, das stabilere Formen der
Macht und eine komplexere Ökonomie voraussetzt, stellte sich in
der keltischen Welt zu Beginn des 3. Jh. v. Chr. ein, bei den Wikingern um die Mitte des 9. Jh. n. Chr. Für die Kelten kam der Impuls
zu einem Währungssystem durch ihre Kontakte zur hellenistischen
Zivilisation: wenn sie als Söldner in den Dienst mazedonischer
Herrscher traten, kamen sie mit einer Welt in Berührung, in der
Münzen gebräuchlich waren. Die Söldner brachten Münzen in die
Heimat, die dann für viele keltische Emissionen das Vorbild abgaben: der Goldstater Alexanders des Großen und die silberne Tetradrachme Philipps II; auch die Handelskontakte zu den griechischen Kolonien im heutigen Spanien und
in *Massalia* (Marseille) hatten
starken Einfluss auf die keltische Münzprägung. Die
skandinavischen Reiche begannen erst spät, eigene
Münzen zu schlagen. Die
ersten Münzen nordischer
Könige wurden in England
am Ende des 9. Jh. geprägt, während sie in Skandinavien ab dem 11. Jh. hergestellt und oft von englischen
Münzprägern geschlagen wurden.

▶ Goldmünze des
keltischen Stamms der
Parisier, 1. Jh. v. Chr.,
London, British Museum.

Die Doppelspitzbarren stellten mit den schwertförmigen Barren eine der Handelsformen für Rohmetall dar: nach seiner Gewinnung aus dem Erz wurde das Metall in dieser Form getauscht und verarbeitet.

Die keltischen Brennöfen produzierten eine Art poröses Eisen mit unterschiedlichem Reinheitsgrad (Luppe), das anschließend in speziellen Essen wieder erwärmt und zu Eisenbarren mit einem Gewicht von circa 2,5 kg geschmiedet wurde.

Viele Doppelspitzbarren aus Eisen aus dem 5. bis 1. Jh. v. Chr. wurden vor allem in der Schweiz, Österreich, Westdeutschland, Bayern und Böhmen gefunden – ein Hinweis auf die wichtigsten Herkunftsgebiete des wertvollen Metalls.

▲ Keltische Eisenbarren, graviert, 6. Jh. v. Chr., Bad Buchau, Federseemuseum.

Die zu prägende metallene Münzplatte (Schrötling) wurde zwischen den festen Unterstempel und den freien Oberstempel gelegt, sodass sich die auf beiden Stempeln eingravierten Bilder durch einen kräftigen Schlag einprägen konnten.

Der Prägestempel von Avenches besteht aus einem Bronzeeinsatz in einem Korpus aus Eisen: das eingravierte Porträt stellt ein menschliches Profil mit dichter Haartracht und einem ornamentalen Diadem dar, was typisch für die Vorderseite der keltischen Stater war.

Der in der Nähe des helvetischen Oppidum von Mont Vully gefundene Prägestempel ist eines der seltenen Exemplare für diese Art Werkzeug.

Um eine Münze zu prägen, musste man durch Metallguss (Gold, Silber und Bronze mit einem hohen Zinkgehalt) runde Scheibchen herstellen; die so erhaltenen Schrötlinge wurden mit einem Bild auf beiden Seiten gekennzeichnet, was ihnen einen von der Zentralmacht festgelegten Wert gab.

▲ Keltischer Prägestempel aus Bronze und Eisen, 2.–1. Jh. v. Chr., aus Avenches (Schweiz), Zürich, Schweizerisches Landesmuseum.

Der Stater ist eine Währungseinheit für Goldmünzen: in griechischer Umgebung hatte er ein Gewicht von circa 8,7 Gramm. Auf der Waage wog er soviel wie zwei Silberdrachmen, wert war er aber 20 Silberdrachmen.

Keltische Münzen haben einen beträchtlichen künstlerischen Wert, weil die ersten Prägungen, die auf das 3. Jh. v. Chr. zurückgehen, in eine Zeit fallen, in der die Kunst der Eisenzeit ihre reifste und originellste Phase erreicht hatte.

Der auf der Vorderseite der Münze dargestellte Kopf ist eine Bearbeitung des Apollo-Bildnisses auf den Philipperstateren. Auffallend ist die Unverhältnismäßigkeit zwischen dem mit einigen wesentlichen Linien skizzierten Gesicht und der Haartracht, die ohne jede realistische Absicht zum dominierenden Ornament wird.

Das Pferd auf der Rückseite ist eine Neuinterpretierung des Zweigespanns auf den Stateren Philipps II. von Mazedonien: wie beim Kopf des Apollon wird auch das Pferd verändert; befreit von einer realistischen Darstellung scheint es in einem Universum von Symbolen zu schweben.

▲ Keltische Goldmünze, Mitte des 2. Jh. v. Chr., London, British Museum.

Münzen dieses Typs sind die ersten, die in Britannien in Umlauf waren: in Nordfrankreich oder Belgien geprägt, gelangten sie dank der Handelsbeziehungen – oder als wertvolles Geschenk hochrangiger Persönlichkeiten – nach Großbritannien.

*Der bronzene Buddha von Helgö weist
stilistisch Ähnlichkeiten mit im Swat-Tal
in Nordwestindien angefertigten
Exemplaren des 6. Jh. n. Chr. auf.*

▲ *Buddhastatuette,*
5. Jh., aus Helgö,
Stockholm Historiska Museet.

*Die Marktstadt Helgö auf der gleichnamigen
Insel im Mälarsee florierte zwischen dem
5. und 8. Jh.: hier trafen Waren von
weither ein, wie der Fund dieser
indischen Statuette zeigt.*

Erik Blutaxt, ein Sohn des norwegischen Königs Harald Schönhaar, war von 948–954 mit wechselndem Erfolg König von York (England), bis er in der Schlacht starb und York dem Königreich England einverleibt wurde.
Seinen Beinamen verdankt er den Gewalttaten und Verbrechen, die er beging, um an die Macht zu gelangen.

Die Vorderseite der Münze weist die Inschrift ERIC REX (König Erik) auf. In der Mitte ist ein Wikingerschwert dargestellt – ein Symbol für den von Krieg geprägten Aufenthalt Erik Blutaxts in York.

▲ Münze des Wikingerkönigs Erik Blutaxt, 947–954, London, British Museum.

Die von Erik Blutaxt geprägten Münzen spiegeln die Verschlechterung seiner Beziehungen zu den angelsächsischen Herrschern wider: die ersten Emissionen folgen noch deren figurativen Vorbildern, während die späteren Prägungen davon abweichen und die Wikingerherkunft des Königs bekräftigen.

Götter und Religion

◄ Bronzebeschlag einer Holzkanne
aus Brno-Malomerice (Mähren),
3. Jh. v. Chr., Brno/Brünn,
Moravské Muzeum.

»Durch ihr [der Gallier] Land fließt der Fluß Eridanos, an dem die Töchter des Helios das Schicksal ihres Bruders Phaëton beklagen sollen«. (Pausanias)

Sonnenkulte

**Weiterführende
Stichwörter**
Lug, Transportmittel

Die archäologische Forschung legt nahe, dass sich ein Großteil der historischen Völker Europas im Lauf der Bronzezeit zwischen dem 3. und dem 2. Jahrtausend v.Chr. bildete. Gerade in dieser Zeit scheint ihr Weltbild vom Auftauchen mit dem Sonnenkult in Verbindung stehender männlicher Gottheiten geprägt worden zu sein. Das Bildprogramm der Kunst Mittel- und Nordeuropas seit der Bronze- bis zu Beginn der Eisenzeit wirkt ziemlich einheitlich und ist fast ausschließlich auf den Sonnenkult zurückzuführen: Pferde und Wasservögel, jene beiden Tierarten, die für Ortsveränderungen und zyklische Wanderungen stehen, sind mit mehr oder weniger expliziten Symbolen des Himmelskörpers verbunden, wie Swastiken, konzentrischen Kreisen, Triskelen, Rosetten oder Scheiben mit Strahlen. Diese Motive bilden permanent sich wiederholende Kompositionen aus geometrischen Elementen, wie Dreiecken, Rauten, Quadraten und Punkten. Möglicherweise ist das Zusammenspiel von geometrischen Figuren und Sonnendarstellungen nicht nur ein Schmuckmotiv, sondern auch eine Darstellung der Himmelsordnung und der Sternenzyklen. Auch die ältesten griechischen Quellen berichten, die nördlichen Völkerschaften hätten einen Gott angebetet. Das fand in der Ikonografie seinen Niederschlag.

► Verzierung mit Tierfiguren, 7.–6. Jh. v. Chr., aus Faardal, Kopenhagen, Nationalmuseet.

Der Sonnenwagen von Trundholm wurde 1902 in einem Moor an der Nordwestküste der dänischen Insel Seeland entdeckt. Er ist ein außergewöhnlich wertvoller Fund für eine Rekonstruktion der Weltanschauung der nordischen Völkerschaften zur Bronzezeit.

Die Pferdefigur ist aus Bronze und wurde in der Gusstechnik der verlorenen Form angefertigt. Das Pferd, das auf vier Rädern steht, und der Wagen befördern die Sonne auf ihrem täglichen Lauf über das Himmelsgewölbe. Das stimmt überraschend mit Mythen im klassischen Griechenland überein.

Die bronzene Scheibe ist mit Goldblech verkleidet, das mit eingravierten konzentrischen Kreisen verziert ist und das Sonnengestirn abbildet. Die Scheibe ist nur auf einer Seite vergoldet, was vielleicht auf den Wechsel von Licht und Finsternis hinweist.

Der Wagen von Trundholm ist einer der besten Belege für die Existenz von Sonnenkulten in prähistorischer Zeit: tatsächlich symbolisiert er den täglichen Lauf des Gestirns, der die zyklische Wiederholung von Licht und Dunkelheit bestimmt, und er dokumentiert wohl die Bedeutung, die das für die Weltanschauung jener Epoche hatte.

▲ Sonnenwagen,
etwa 1650 v.Chr.,
aus dem Torfmoor in der
Umgebung von Trundholm,
Kopenhagen, Nationalmuseet.

Nach der griechischen Mythologie erhielt Phaeton, Sohn des Sonnen-
gottes Helios und der Nymphe Klymene, vom Vater die Erlaubnis, den
zweirädrigen Wagen zu lenken, mit dem der Gott jeden Tag das Gestirn
über das Himmelsgewölbe beförderte; unfähig, die feurigen Rösser zu
bändigen, wurde Phaeton samt dem Sonnenwagen fortgeschleift und
verursachte schwere Verwüstungen im Himmel und auf der Erde.

▲ Römischer Sarkophag mit einer
Darstellung vom Sturz des Phaeton,
2. Jh. n. Chr., Florenz, Uffizien.

Zeus, der eingriff, um den durch Phaeton und den
führerlosen Wagen verursachten Katastrophen ein
Ende zu bereiten, schleuderte einen tödlichen Blitz
auf den Jungen. Der Körper fiel in die Fluten des
Flusses Eridanus (Po), und seine Schwestern, die
Heliaden, beweinten ihn, bis sich ihre Tränen in
Bernstein und ihre Körper in Pappeln verwandelten.

Die Verbreitung eines Glaubens, zu dessen Symbolen die Sonne zählt, wird dahingehend gedeutet, dass die prähistorischen Völker die chthonischen Aspekte ihrer Kulte aufgaben, um einer stärkeren Transzendenz Raum zu geben.

Die Sonnenkulte werden auch mit der Verbreitung der Einäscherung als Bestattungspraxis in Verbindung gebracht. Demzufolge erwartete man, dass sich der Verstorbene wieder mit dem himmlischen Element vereinigte, nachdem sein Körper vom Feuer zerstört worden war.

Darstellungen von Speichenrädern oder konzentrischen Kreisen in Verbindung mit Wasservögeln sind in ganz Europa während der Bronze- und in der ersten Hälfte der Eisenzeit verbreitet: auch diese Motive werden mit Sonnenkulten in Verbindung gebracht.

▲ Speichenräder und Wasservögel aus der Hallstattzeit, 7.–6. Jh. v. Chr., aus Grab 507 des Gräberfeldes von Hallstatt, Wien, Naturhistorisches Museum.

Seit der Bronzezeit verband die Bernsteinstraße, die von der Ostsee bis zum Mittelmeer führte, unterschiedliche Völkerschaften und Kulturen. Dänemark, woher der wertvollste Bernstein stammte, erhielt im Tausch dafür Zink, Kupfer und Gold aus Mittel- und Südeuropa.

Die kleine Bernsteinfigur stellt eine bärtige Person dar, die möglicherweise als Thor zu deuten ist, der oft abgebildet ist, wie er sich an den langen Bart fasst.

Die älteste Bernsteinstraße dürfte an der Nord- und Ostseeküste begonnen und quer durch Polen geführt haben. Sie folgte vermutlich dem Lauf der March, überquerte die Donau und erreichte die Adria. Von dort aus gelangte der Bernstein dann zu den großen Kulturen des Mittelmeerraums.

▲ Wikingerzeitliche Spielfigur aus Bernstein, Kopenhagen, Nationalmuseet.

Die prähistorischen Völkerschaften schrieben dem Bernstein magische Eigenschaften zu, insbesondere zum Schutz der Schwächeren: in den Gräberfeldern findet sich der Bernstein in den Gräbern von Frauen oder Kindern. Der heilsame Einfluss des Bernsteins hing auch mit seiner warmen Farbe zusammen, die an das Leuchten der Sonne erinnert.

»Furchterregend aber war auch der Anblick und die Bewegung der nackten und im Vordertreffen stehenden Männer in ihrer Jugendkraft und Schönheit«. (Polybios)

Götter und Helden

Weiterführende Stichwörter
Krieger, Fürstengräber, Heiligtümer

In keltischen Epen ebenso wie in den nordischen Sagas ist der Held eine Persönlichkeit von edler Herkunft, die sich durch kriegerische Tapferkeit auszeichnet und mit übernatürlichen Kräften und Zauberwaffen ausgestattet ist, die oft ein Geschenk der Götter sind. In einigen Mythen werden die Helden von einer maßlosen Heftigkeit, einem irrationalen Wutausbruch gepackt, der dem historischen *furor gallicus* der keltischen Krieger vergleichbar ist, wie ihn die antiken Quellen beschreiben. In der Epik hat dieses Verhalten eine religiöse und rituelle Wurzel: eine Initiation verleiht den jungen Männern raubtierhafte Kraft, die nur mühsam unter Kontrolle zu halten ist. Dies ist bei dem irischen Cù Chulainn der Fall, einem Sohn des Gottes Lug, der während seiner Initiationszeit abscheuliche Gewalttaten verübt, bevor er ein geachtetes Mitglied seiner sozialen Gruppe wird. Erst als er den gesamten Weg zurückgelegt hat, wird seine Raserei durch eine Kriegslist besänftigt. Die militärische Initiation, die den Heranwachsenden zum Krieger werden lässt, indem sie ihm das Wesen eines wilden Tieres verleiht, ist ein vielen indoeuropäischen Völkern gemeinsames Merkmal. Über die *Berserker*, Krieger im Dienste Odins, die in einem Zustand visionärer Raserei kämpften, wurde berichtet, sie würden sich während der Schlacht in Bären verwandeln.

► Kopf einer keltischen Gottheit aus Stein, 2.–1. Jh. v. Chr., aus Mšecké Žehrovice, Prag, Národní Muzeum.

Der Krieger trägt auf dem Kopf einen konischen Helm, wie er ähnlich in zeitgleichen Gräbern Südwestdeutschlands gefunden wurde. Auf dem Gesicht ist eine Maske erkennbar, während er um den Hals einen schweren Torques trägt. Er ist mit einem Dolch bewaffnet.

Die Heroisierung der Häuptlinge machte diese zu Halbgöttern, mit denen sich der gesamte Stamm identifizierte; seine direkten Nachkommen legitimierten so ihre Herrschaft.

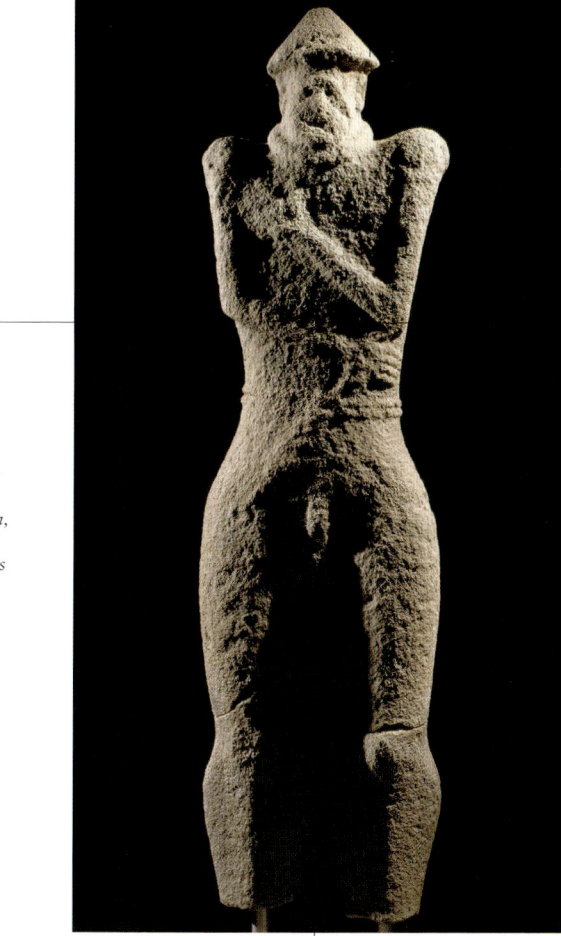

Die Figur beherrschte das Fürstengrab von Ditzingen-Hirschlanden. Sie verweist auf die außerordentliche Bedeutung des Verstorbenen, der durch ein steinernes Bildnis unsterblich gemacht werden sollte.

Die heroische Nacktheit, der statische Charakter und die Proportionen des Körpers erinnern an fremde Vorbilder: es handelt sich um eine Adaptierung des griechischen Kouros, von dem keltische Künstler durch die mittelitalische Kunst Kenntnis erhalten hatten.

▲ Keltische Statue aus Stein, zweite Hälfte des 6. Jh. v. Chr., aus Ditzingen-Hirschlanden, Stuttgart, Württembergisches Landesmuseum.

Die Existenz von Grabmonumenten, die die Person des Verstorbenen durch Statuen idealisieren, bezeugt das Bestehen eines Kults um gesellschaftlich hoch angesehene Persönlichkeiten, vor allem Krieger.

Der Kopf wird von einem Paar großer Lappen gekrönt, die als Darstellung des doppelten Mistelblattes gedeutet werden. Der Helm hat eine halbkugelförmige, mit einer Palmette verzierte Kalotte.

Der Krieger trägt zahlreichen Schmuck: einen Torques mit drei Amuletten um den Hals, einen Armreif am linken Handgelenk und drei auf dem rechten Oberarm.

Die Bewaffnung der Statue ist »all'etrusca«, mit einem von Schulterklappen gehaltenen Panzer und einem Streifenschurz; der Schild hat einen spindelförmigen Schildbuckel.

▲ Statue eines keltischen Kriegers, 5. Jh. v. Chr., aus Glauberg, Hessisches Landesmuseum.

Die Statue wurde beim Hügelgrab zweier hochrangiger Persönlichkeiten gefunden und ist möglicherweise deren Grabstein. Das Hügelgrab hatte einen Durchmesser von circa 50 m; ein 350 m langer und 10 m breiter Heiliger Weg führte darauf zu.

Die Figur trägt einen mächtigen Torques
mit reich verzierten Enden um den Hals.
Der Torques *symbolisiert in der keltischen*
Plastik Helden und Götter.

Die Gesamtform
der Statue, ein
zylindrischer Pilaster,
erinnert an die aus
Holzstämmen
gehauen Exemplare,
die mit Sicherheit
weitverbreitet waren.

▲ Statue einer keltischen Gottheit,
1. Jh. v. Chr., aus Euffigneix,
Saint-Germain-en-Laye,
Musée des Antiquitès Nationales.

Im Arm hält er ein Wildschwein mit
den charakteristischen aufgestellten
Borsten auf dem Rücken. In der
keltischen Welt steht es für Mut
und kriegerische Tapferkeit.

» Von den Göttern verehren sie [die Gallier] hauptsächlich Mercurius. Er ... gilt als Erfinder aller Handwerke und Künste, als Führer auf Weg und Steg«. (Gaius Julius Cäsar)

Lug

Weiterführende Stichwörter
Sonnenkulte,
Kunst und Handwerk

Die ältesten Darstellungen keltischer Gottheiten gehen auf das 5. Jh. v. Chr. zurück. Ihre Formen sind durch das orientalische Bildprogramm beeinflusst, das über die Etrusker zu den Kelten gelangte. Der Lebensbaum, Palmetten und Lotusblumen, menschliche Gesichter mit tierischen Attributen, Greif, Sphinx und Chimären werden von den Künstlern der La Tène-Zeit zur bildlichen Erfassung einer religiösen Welt genutzt, die durch einfache geometrische Kompositionen dargestellt wurde. So nimmt eine Gottheit Gestalt an, die häufig als männlicher Kopf, oft mit Kinn- und Schnauzbart, sowie als Pferd mit Menschenkopf auftritt. Solche Darstellungen werden vom Rad oder der Triskele (Dreiwirbel), dem Kessel des Überflusses, dem Wildschwein als Zeichen für Krieg, Raubvögeln und einem Drachenpaar begleitet; sie verbinden den Gott mit der Sonne und verleihen ihm kriegerischen und königlichen Charakter. Angesichts des Fehlens von Dokumenten, die diesen Darstellungen einen Namen geben, glaubt man sie mit der großen keltischen Gottheit identifizieren zu können, die Cäsar in *De Bello Gallico* dem römischen Merkur gleichstellt, weil er der Erfinder der Künste, Herr der Reisen und Beschützer der Kaufleute ist. Im irischen Epenzyklus wird dieser bedeutende Gott Lug genannt, der Leuchtende, oft in Begleitung des Beiwortes *(sam)ildànach* (in vielen Künsten bewandert); Cäsar nennt den keltischen Merkur *omnium inventorem artium* (Erfinder aller Künste).

► Kopf einer keltischen Gottheit aus Stein, 5. Jh. v. Chr., aus Heidelberg; Karlsruhe, Badisches Landesmuseum.

Der Kopf wird vom Doppelblatt der Mistel überragt, eine Pflanze, die von den Kelten verehrt wurde, weil sie immergrün ist.

Eine der häufigsten Götterdarstellungen ist der männliche Kopf mit Kinn- und Schnauzbart, kugelrunden hervortretenden Augen und platter Nase: man vermutet, dass es sich um den Gott Lug handelt.

▲ Keltischer Pilaster
aus Pfalzfeld, 5. Jh. v. Chr.,
Bonn, Rheinisches Landesmuseum.

Die ältesten bildlichen Zeugnisse keltischer Gottheiten gehören in die Anfangsphase der Kunst der La Tène-Zeit (5. Jh. v. Chr.). Fast alle sind orientalischen und mediterranen Ursprungs.

*Dieser Menschenkopf weist die wichtigsten Merkmale auf,
die den Darstellungen männlicher Köpfe gemeinsam sind:
längliches Gesicht, Bart und Schnurrbart, hervortretende Augen;
die breiten Ohren weisen auf das doppelte Mistelblatt hin.*

*Das Pferd mit
Menschenkopf
auf dem Deckel
einer Kanne aus
Reinheim ist das
älteste bekannteste
Zeugnis dieses
Darstellungstyps
des Gottes Lug.*

▲ Bronzene Figur auf dem
Deckel einer keltischen Weinkanne,
5. Jh. v. Chr., aus Reinheim,
Saarbrücken, Landesmuseum
für Vor- und Frühgeschichte.

*Das Pferd mit Menschenkopf ist ein von
den Kelten erfundenes Ungeheuer und
wird als eine Erscheinungsform des Gottes
Lug gedeutet, einer in der keltischen Kunst
der La Tène-Zeit omnipräsenten Gottheit.*

*Die häufige Darstellung des Gottes als bärtiger Menschen-
kopf auf den Henkelattaschen der Weinkrüge lässt
vermuten, dass er in Verbindung zum rituellen Genuss
dieses wertvollen und berauschenden Getränks stand.*

*Die Gesichtszüge (runde Augen, Backen-
knochen und Kinn stark hervortretend,
langer gestrichelter Schnauzbart) sind von
Voluten eingerahmt, die dem Antlitz einen
stark ornamentalen Charakter verleihen.*

▲ Untere Henkelattasche
einer keltischen Kanne,
Anfang 4. Jh. v. Chr.,
aus Basse-Yutz (Frankreich),
London, British Museum.

Das Pferd mit Menschenkopf ersetzt auf den keltischen Münzen das Zweigespann (Biga) der mazedonischen Vorbilder. Oft dem Rad oder der Triskele beigesellt, erinnert es an den Lauf der Sonne und betont deren Beziehung zur männlichen Gottheit.

Der Gott in Gestalt eines Pferdes mit Menschenkopf kommt in der keltischen Ikonografie vom 5. Jh. bis ins 2.–1. Jh. v. Chr. vor. Es taucht auf den Münzen Nordwestgalliens auf, die vom Stater Philipps II. von Mazedonien beeinflusst sind.

▲ Goldmünze des keltischen Stammes der Aulerci Cenomanes aus der Gegend von Le Mans, 2.–1. Jh. v. Chr., London, British Museum.

»Kennt ihr vom Jäger Horn die alte Sage? Er soll um Mitternacht den ganzen Winter lang um einen Eichbaum gehen, mit großen, zackigen Hörnern«. (William Shakespeare)

Cernunnos

Ab dem 4. Jh. v. Chr. tauchen in der keltischen Welt Darstellungen einer Gottheit auf, deren Kopf von einem Hirschgeweih gekrönt wird und die auf gekreuzten Beinen sitzt: eine lateinische Inschrift aus dem 1. Jh. v. Chr. ermöglicht es, diesem Gott den Namen Cernunnos zuzuschreiben. Der Name enthält die Wurzel des Begriffs »corno« (Horn) und könnte daher »männliche gehörnte Gottheit« bedeuten. In den Darstellungen erscheint Cernunnos oft in Begleitung von Tieren: Hirsche, Schlangen, Wölfe, Ochsen und Stiere. Diese Ikonografie führt zu einer Deutung des Gottes als »Herrn der Tiere« oder »Herrn der Jagd«. Ein weiteres Attribut des Gottes ist ein Reif um den Hals, in der Hand oder auf den Hörnern, sowie ein Beutel mit Münzen – ein Zeichen für Überfluss und Reichtum.

In jüngerer Zeit wurde die Hypothese aufgestellt, Cernunnos sei ein Gott, der seinen Ursprung bei den alpinen Völkern hatte und später von den Kelten aufgegriffen und verbreitet wurde: den Beweis dafür würde der Fund der ältesten Darstellung des Gottes erbringen, eine Felsritzung im Tal von Valcamonica, die ins 6. Jh. bis Anfang 5. Jh. v. Chr. datiert wird. Spuren des Gottes überlebten auch in christlicher Zeit: ein Beispiel dafür ist der Kult von St. Kornély in der Bretagne und der englische Mythos von Herne (Horn) dem Jäger.

Weiterführende Stichwörter
Weihegaben und Opfer

◀ Kalksteinpfeiler der *nautae parisiaci* mit einer Darstellung des Cernunnos-Kopfs, 14–37 n. Chr., gefunden auf der Île de la Cité in Paris, Paris, Musée National du Moyen Âge.

*Der Gott hält in einer Hand einen Torques
mit kugelförmigen Enden, mit der anderen Hand
packt er eine Schlange mit Widderhörnern.*

*Der Gott wird in der
Position mit gekreuzten
Beinen dargestellt,
die für die Darstellung
Cernunnos, aber auch
für die der vergöttlichten
Helden in der keltischen
Plastik Südfrankreichs
typisch ist.*

▲ Keltischer Kessel von
Gundestrup (Detail),
Anfang 1. Jh. v. Chr.,
Kopenhagen, Nationalmuseet.

Der Kopf der Gottheit wird von einem Geweih gekrönt, das dem Geweih des Hirschs neben ihm sehr ähnlich ist: so lässt sich eine Verbindung des Gottes mit seinem Symboltier herstellen.

Unter den rätselhaften Gottheiten, die auf dem Kessel von Gundestrup dargestellt sind, scheint eine Identifizierung des gehörnten Gottes als Cernunnos gesichert: dies ist eines der Argumente, die für den vermuteten keltischen Ursprung des Kessels sprechen, auf dem sich westliche und östliche Stile und Motive vermischen.

Die Kleidung des Gottes taucht bei den Gundestrup-Figuren häufig auf: ein lang-ärmeliges Oberteil und enge Beinkleider bis zum Knie, längsgestreift und in der Taille mit einem raffinierten Gürtel zusammengehalten. Ebensolche Kleider kommen auf einer thrakischen Phalere (Zierscheibe) vor, die in Bulgarien gefunden wurde.

Cernunnos

*Der Gott Cernunnos wird von einem S-förmigen Symbol
begleitet, das jahrelang als Schlange gedeutet wurde: jüngsten
Annahmen zufolge soll es sich hingegen um ein Boot handeln,
dessen Enden die Form eines Vogelkopfes haben, vielleicht
den eines Schwans oder einer Ente. Wasservögel und
Hirsche waren Totemtiere der Kamunen.*

*Der Gott ist
stehend dargestellt,
mit einer langen
Tunika bekleidet;
auf dem Haupt
trägt er ein Hirsch-
geweih, mit der
linken Hand
umfasst er ein
Messer, an eben
diesem Arm trägt
er einen breiten
Armreif.*

*Neben der
Gottheit steht
eine kleine
Figur in betender
Haltung, wie
die erhobenen
Arme beweisen.*

▲ Felsritzung mit der Darstellung
des Cernunnos und eines Betenden,
zweite Hälfte des 6.– Anfang des
5. Jh. v. Chr., Valcamonica,
Naquane (Italien).

*Aus stilistischen Gründen, und weil ein Sonnenschiff mit
Vogelkopfplastiken vorhanden ist, kann der kamunische
Cernunnos in die zweite Hälfte des 6. bis Anfang des
5. Jh. v. Chr. datiert werden. Dies ist daher die älteste
Darstellung dieses Gottes, die man bis heute kennt:
die Kelten könnten den Kult infolge ihrer Kontakte
zu den alpinen Völkern angenommen haben.*

Der Kopf ist sehr sorgfältig ausgeführt: die Frisur besteht aus einzelnen Haarlocken, das erhaltene Auge ist aus Email und verleiht dem Gesicht eine feierliche Starrheit, die durch die Regelmäßigkeit von Nase, Mund und Ohren noch verstärkt wird.

Die Figur trägt um den Hals einen schweren Torques, ein Merkmal, das Helden und Gottheiten auszeichnet.

Während das Gesicht eine große Sorgfalt bei der Wiedergabe der Details aufweist, belegt der stark stilisierte Oberkörper ein geringes Interesse an den Proportionen und dem Gleichgewicht der Komposition.

Der Gott sitzt mit gekreuzten Beinen, und die Füße sind als Hirschhufe gestaltet: diese Einzelheiten lassen annehmen, dass es sich um eine Statue des Cernunnos handelt.

▲ Bronzene Statue einer keltischen Gottheit, Ende des 1. Jh. v. Chr. – 1. Jh. n. Chr., aus Bouray-sur-Juine, Saint-Germain-en-Laye, Musée des Antiquités Nationales.

Die Götterstatue kam 1815 im Flussbett des Juine zum Vorschein. Sie ist 42 cm hoch, aus Bronze, der Kopf ist aus einem Guss, während der Körper aus zwei zusammengeschweißten Hälften zusammengesetzt ist.

Die Darstellungen des Cernunnos zeigen
im Allgemeinen einen mit gekreuzten Beinen
sitzenden Gott, das Haupt von einem Hirschgeweih gekrönt; er trägt einen Torques um
den Hals und ist von Tieren umgeben.

Auf dem Relief
von Reims trägt der
Gott einen Beutel auf
dem Schoß, aus dem
Münzen fallen: es
handelt sich um einen
Hinweis auf Wohlstand
und Fruchtbarkeit,
deren Spender er ist.

Auf diesem Relief
wird der Gott von
den römischen
Göttern Apollo
(links) und Merkur
(rechts) begleitet:
zur Zeit der Romani-
sierung Galliens sind
bildliche Zeugnisse
für eine Ver-
schmelzung der
einheimischen
Gottheiten
mit dem
römischen
Pantheon
häufig.

▲ Römisch-gallisches Relief aus
Reims, 1. Jh. n. Chr., Musée-Abbaye
Saint Rémi.

Zu Füßen des Gottes befinden sich ein Stier und ein
Hirsch, die von den Münzen fressen, die aus dem Beutel
herausfallen, während ganz oben eine Maus zu sehen ist.
Die Anwesenheit von Tieren in den Cernunnos-Darstel-
lungen rücken ihn in die Nähe der Gestalt eines Herrn
der Tiere, einer Waldgottheit, die mit der Fruchtbarkeit
und den Naturabläufen in Verbindung steht.

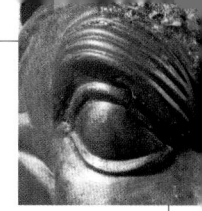

»Froh war, wer mit grässlicher Schlachtung bei dem Unhold Teutates Gnade sucht, bei Esus mit seinem entsetzlichen Barbarenaltar und an der Opferstätte des Taranis«. (Lucanus)

Teutates Esus Taranis

De Bello Gallico von Cäsar stellt die älteste und genaueste Quelle für eine Rekonstruktion der keltischen Religion dar: der Autor listet hier die wichtigsten Götter auf und beschreibt ihre Funktionen, wobei er jedoch nicht die einheimische Bezeichnung, sondern den Namen der entsprechenden römischen Gottheit verwendet. Generell ist man der Ansicht, dass diese Entscheidung von Cäsars Bedürfnis geprägt war, dem gebildeten römischen Publikum zu demonstrieren, dass Gallien keine »barbarische« Welt war, sondern den römischen und mediterranen Bräuchen durchaus angepasst werden konnte. Die in *De Bello Gallico* enthaltene Liste von Gottheiten weist auch für den keltischen Götterhimmel auf eine Entsprechung zwischen den Attributen von Gottheiten und tragenden sozialen Funktionen hin, wie es Georges Dumézil für die indoeuropäischen Gesellschaften angenommen hat: Jupiter, der »der Herr des Himmels ist«, stehe demnach für die heilige Priesterkaste, Mars, der »den Krieg regiert«, für die Krieger, Apollo, der »die Krankheiten vertreibt«, und Minerva, die »die Künste und das Handwerk lehrt«, für die Handwerker und Bauer. Ein Vergleich der Beschreibung Cäsars mit den Zeilen des lateinischen Dichters Lucanus, in denen die keltischen Namen der Hauptgötter erwähnt werden, denen Menschenopfer dargebracht werden, ermöglichen eine Identifizierung von Jupiter mit Taranis, Mars mit Teutates und Apollo mit Esus. Gemeinsam mit dem Gott Lug-Merkur sind dies die wichtigsten pankeltischen Gottheiten, die das gemeinsame religiöse Erbe aller keltischen Völkerschaften bilden.

Weiterführende
Stichwörter
Gesellschaft,
Kunst und Handwerk

▼ Keltischer Kessel von Gundestrup (Detail), Anfang 1. Jh. v. Chr., Kopenhagen, Nationalmuseet.

Wirbelornamente sind in der keltischen Kunst zwar bekannt, ihr Auftauchen auf der Stirne des Stieres ist aber eher für die thrakische Kunst charakteristisch.

Der Kesselboden ist innen mit einer Opferszene geschmückt, in der ein Stier von einem Mann mit einem Schwert niedergestreckt wird.

Der Kessel von Gundestrup wurde 1891 in einem Moor im jütländischen Himmerland gefunden. Er ist aus Silber und wiegt fast neun Kilo: er besteht aus dreizehn Platten, in die, teilweise vergoldete, Reliefs getrieben sind, und ist er eines der bedeutendsten Kunstwerke der europäischen Vorgeschichte.

Das Stierfell ist mit Reihen von Querstrichen in einer typisch thrakischen Gravurtechnik wiedergegeben: der gesamte Kessel erscheint wie eine Mischung aus keltischen und thrakischen Stilen, Themen und Sujets. Eine solche Ambivalenz könnte mit der Herkunft des Kessels aus dem Stamm der keltischen Skordisker erklärt werden, der sich im 3. Jh. v. Chr. in Thrakien niedergelassen hatte.

▲ Keltischer Kessel von Gundestrup, Anfang 1. Jh. v. Chr., Kopenhagen, Nationalmuseet.

Der sogenannte Pariser Nautenpfeiler kam 1711 unter der Kathedrale Notre Dame in Paris zutage: es handelte sich ursprünglich um eine Säule, die die nautac parisiaci *dem Jupiter gestiftet hatten. Diese gildenähnliche Gemeinschaft vereinte die für die Flusstransporte in Gallien Verantwortlichen, insbesondere entlang der Seine.*

Der Gott Esus hat das Aussehen eines bärtigen Mannes, der mit einem kurzen, um die Taille geknoteten Tuch bekleidet ist: er kappt gerade einen Ast mit einer Axt.

▲ Pilaster aus Kalkstein der *nautae parisiaci* aus tiberianischer Zeit (14.–37 n. Chr.), gefunden auf der Île de la Cité, Paris, Musée National du Moyen Âge.

Das Monument trägt auf seinen zwölf Flächen Darstellungen gallischer und römischer Gottheiten, was das Klima eines kulturellen Synkretismus im Gallien des 1. Jh. n. Chr. unterstreicht.

Die Gottheit hält in der linken Hand ein Rad, Symbol der Sonne und des Universums. Wie auch der Blitz, ist das Rad ein Symbol des Gottes Taranis, Gott des Donners (Taran) und der kosmischen Kräfte.

Der Gott ist von Tieren umgeben, darunter eine Schlange mit Widdergehörn und drei Greifen (unten); eine kniende Figur mit einem Hörnerhelm hält ihrerseits das Rad fest.

▲ Keltischer Kessel von Gundestrup (Detail), Anfang 1. Jh. v. Chr., Kopenhagen, Nationalmuseet.

Der Gott ist bärtig und hat eine in Strähnen
unterteilte Frisur; um den Hals trägt er einen
Torques mit kugelförmigem Ende.

Die auf den Kesselplatten dargestellten Waffen
und die Ornamente ermöglichen eine Datierung
des Artefakts auf circa 100 v. Chr.

»Nach ihm verehren sie Apollo, Mars, Iuppiter und Minerva. ... Minerva lehre die Künste und Handwerke, Iuppiter sei der König des Himmels, Mars regiere den Krieg«. (Gaius Julius Cäsar)

Göttinnen und Matronen

Weiterführende Stichwörter
Rolle der Frau,
Selbstbild,
Fürstengräber

Die Verehrung der keltischen Göttinnen, die normalerweise in Dreiergruppen und oft mit einem Füllhorn und Früchten im Schoß dargestellt werden, wird von den römischen Historikern mit dem italischen Matronenkult verglichen: man nimmt an, dass es sich um Gottheiten handelte, die mit der Reproduktion und den Pflanzenzyklen verbunden waren. Die Rolle der Leben spendenden Mutter ist ein Attribut der weiblichen Gottheiten, nicht nur in Bezug auf die Fruchtbarkeit der Natur, sondern auch hinsichtlich der Entstehung von Völkern: die Göttin vereint sich mit dem Schutzgott, um einen Stamm zur Welt zu bringen, wodurch sie gleichzeitig auch die Personifizierung des jeweiligen Territoriums ist. Cäsar erwähnt in *De Bello Gallico* unter den von den Galliern verehrten Hauptgöttern nur eine einzige Göttin, die der römischen Minerva gleichgesetzt wird. Die Wissenschaftler identifizieren sie übereinstimmend mit Brigit, die *Brigit bainfile* (die Erhabene, die Strahlende) der irischen Epen: wie bei Cäsar wird

▼ Keltischer Kessel von Gundestrup (Detail), Anfang 1. Jh. v. Chr., Kopenhagen, Nationalmuseet.

sie in diesen Texten als Beschützerin der Poesie und des Wissens, der Heilkunst und der handwerklichen Fähigkeiten beschrieben. Sie war auch die Schutzgöttin des mächtigen britannischen Stammes der Brigantes, und ihr Name taucht oft auf, was auf eine große Beliebtheit in ganz Westeuropa hinweist. Eine andere pankeltische Göttin war Epona, deren in zahlreichen Inschriften und Reliefs gedacht wird.

*Die Göttin wird von einem
Adler und anderen Tieren
begleitet: jene Gottheiten,
die mit der Fruchtbarkeit
und den Naturzyklen
in Verbindung stehen,
werden oft als Herrinnen
der Tiere dargestellt.*

*Die Göttin wird von einer Dienerin
mit langen Haaren, die mit einem
längsgestreiften, um die Taille
gegürteten Kittel gekleidet ist,
sorgfältig frisiert. Die Proportionen
zwischen Göttin und Dienerin sind
hierarchisch: die Dienerin ist im
Vergleich zur Göttin winzig.*

*Die Anwesenheit von
Dienerinnen hebt hervor,
welche große Bedeutung
kultisch verehrte Frauen in
der keltischen Religion hatten.*

*Die Göttin hat lange Haare, eine
in Strähnen unterteilte Frisur
sowie einen Torques um den
Hals. Die Brüste sind nackt, um
die Weiblichkeit zu betonen.*

▲ Keltischer Kessel von Gundestrup (Detail), Anfang 1. Jh. v. Chr.,
Kopenhagen, Nationalmuseet.

*Der Kessel von Gundestrup ist mit
Bildern schwer identifizierbarer
Gottheiten und Riten geschmückt, über
die zahlreiche Hypothesen existieren.*

Die Göttin, die einen Helm trägt, ist wahrscheinlich als Brigit zu deuten, die in den alten irischen Texten als Schutzpatronin der Poesie und des Wissens, der Heilkunst und der handwerklichen Fähigkeiten beschrieben wird.

▲ Kopf einer weiblichen keltischen
Gottheit in Bronze, 1. Jh. n. Chr.,
aus Kerguilly-en-Dineault,
Rennes, Musée de Bretagne.

Während der römisch-gallischen Epoche wurden sowohl die Attribute als auch die Ikonografie vieler einheimischer Götter denen der Römer angepasst. Ihr Kult hielt sich so hartnäckig, dass er über die römische Eroberung hinaus auch die Christianisierung überlebte. So ist die berühmteste Heilige der irischen Kirche die Heilige Brigida.

Eine pankeltische Gottheit, die in der knappen Liste Cäsars nicht erwähnt wird, ist Epona, die auf einem Pferd oder zusammen mit Pferden dargestellte Göttin der Pferde und der Reiterei.

Zahlreich sind römisch-keltischen Inschriften und Reliefs, die der Epona gedenken, einer Göttin, die der Fruchtbarkeit der Erde verbunden und Beschützerin der Pferde ist; für letztere Funktion wurde sie in den Reihen der römischen Reiterei sehr verehrt.

▲ Relief mit der keltischen Göttin Epona, 50 v. Chr. – 400 n. Chr., aus Gannat, Saint-Germain-en-Laye, Musée des Antiquités Nationales.

Die kopflose männliche Gottheit sitzt mit gekreuzten Beinen und hält in der einen Hand einen Torques, *in der anderen einen Beutel.*

Die Göttin sitzt auf einem Thron und hält ein Füllhorn, Zeichen für Wohlstand und Fülle.

Die auf dem Relief dargestellten Gottheiten folgen zwar einer römischen Ikonografie, aber das Verhalten und die Attribute sind einheimisch. Im keltischen Götterhimmel sind die Fälle von weiblichen Gottheiten, die die Gemahlinnen männlicher Gottheiten sind, sehr zahlreich. Das gibt die Paarung der Muttergöttin mit dem Schutzgott des Stammes oder Volkes wieder.

▲ Keltische Gottheiten, 50 v. Chr. – 100 n. Chr., aus Charente-Maritime, Saint-Germain-en-Laye, Musée des Antiquitès Nationales.

Ein Trio weiblicher Gottheiten war im Götterhimmel der Kelten von großer Bedeutung: die drei Muttergöttinnen, deren Aufgabe die Fruchtbarkeit und die Naturzyklen waren. Diese drei keltischen Muttergöttinnen, vergleichbar den griechischen Moiren und den lateinischen Parzen, waren Herrinnen über das Schicksal der Menschen, sie entschieden über Geburt, Leben und Tod.

Die drei Gottheiten sind ein wertvolles Zeugnis für weibliche Kleidung und Frisuren im Britannien der Römerzeit.

Auch in der germanischen Religion existieren drei weibliche Gottheiten, die das Schicksal der Menschen kennen: die Nornen oder die Schwestern des Schicksals mit den Namen Urd (das Gewordene/Vergangenheit), Verdandi (das Werdende/Gegenwart) und Skuld (das Werdensollende/Zukunft).

▲ Relief aus Cirencester,
1.–2. Jh. n. Chr., Cirencester,
Corinium Museum.

»Die Langobarden …, Reudigner, Avionen, Anglier, Variner, Eudosen, Suardonen und Nuitonen … [verehren] allgemein die Nerthus, das heißt die Mutter Erde«. (Tacitus)

Nerthus

Weiterführende Stichwörter
Göttinnen und Matronen,
Zauberkunst

Nerthus ist laut Tacitus eine Fruchtbarkeitsgöttin, »Mutter Erde«, und wurde besonders in der heutigen Region Schleswig-Holstein verehrt. Tacitus erzählt, dass sich auf einer Insel im Ozean – die dänische Insel Fyn (Fünen) – inmitten eines ihr geweihten Hains ein heiliger Wagen befand, dem sich nur ein Priester nähern durfte, der die Anwesenheit der Göttin spürte. Auf dem von Kühen gezogenen Wagen unternahm Nerthus zyklische Reisen über ihre Ländereien: wohin sie auch kam, hörten die Kriege auf und es herrschten wieder Frieden und Freude. Bei ihrer Rückkehr in den Hain wurden der Wagen und das Bildnis der Göttin in einen See versenkt; die Menschen, die als Helfer am Ritus teilgenommen hatten, wurden als Opfer für die Göttin ertränkt. Die germanische Göttin ist auch in der nordischen Mythologie präsent und wird von den Wissenschaftlern oft mit dem Gott Njörd in Beziehung gesetzt, dem Gott des fruchtbaren Küstenlands und der Beschützer der Seeleute sowie der Schifffahrt. Njörd und Nerthus dürften ursprünglich ein Götterpaar gewesen sein, in dem sich die wirtschaftliche Ausrichtung der skandinavischen Gesellschaft widerspiegelte. Kinder von Njörd und Nerthus sind Freyr und Freya. Später sollte Freya die Rolle der Fruchtbarkeitsgöttin übernehmen, auch sie mit einem Wagen, der allerdings nicht von Kühen, sondern von Katzen gezogen wird.

▼ Blick auf die bestellten Felder entlang der Küste der Insel Fünen, Dänemark.

»Odin war der vornehmste von allen, und von ihm lernten sie alle Künste und Fertigkeiten, denn er war der erste, der sie kannte, und überdies mehr als die anderen«. (Ynglingasaga)

Odin

Ursprünglich war Tyr, »der Strahlende« die oberste Gottheit des Himmels. Später wurde Odin der mächtigste nordische Gott: Herr des Sturmes und des Krieges, Vater der Toten, Gott der Runenweisheit, der Zauber- und der Dichtkunst. Er gehört zum Geschlecht der Asen, der Himmelsgötter, die den Kriegergeist verkörpern: seine Waffe ist eine Lanze, Gungnir, die er über die feindlichen Streitmächte schwingt, um ihnen Furcht einzujagen, und die, wenn sie geschleudert wird, stets in seine Hände zurückkehrt. Oft wird er porträtiert, wie er einen Hengst mit acht Läufen reitet, Sleipnir, der so schnell wie der Wind ist, und er wird von zwei Raben begleitet, Hugin und Munin, die ihm in die Schlacht folgen und sich auf die Leichname der Gefallenen stürzen. Odin wohnt in Walhalla, der Festhalle der im Kampf gefallenen tapferen Krieger und Herrscher. Die Walküren gehören zu seinem Gefolge. Ihre Aufgabe ist es, jene Helden auszuwählen, zu begleiten und zu empfangen, die für Walhalla bestimmt sind. Der Odinkult war vor allem unter den herrschenden Schichten verbreitet, aber als Gott der Dichtkunst war er auch Beschützer der Skalden, der Dichter der epischen Sagas an den Wikingerhöfen. Die Orte, die mit Odins Namen in Verbindung stehen, geben einen Hinweis darauf, dass dieser Gott vor allem im südlichen und östlichen Skandinavien verehrt wurde, und archäologische Funde bezeugen, dass sein Kult bereits in der Vorwikingerzeit einem festgelegten Ritual folgte.

Weiterführende
Stichwörter
Ehre und Rache,
Krieger, Mythen,
Schrift, Jenseits

◀ Patrize (Pressblech), die für die Herstellung von Platten für Wikingerhelme verwendet wurde, 6. Jh., aus Torslund, Stockholm, Historiska Museet.

Im Jahr 1870 wurden in der Pfarre von Torslund zwei bronzene Pressbleche (Patrizen) gefunden, mit denen Helmplatten verziert wurden. Hier sind Szenen aus der nordischen Mythologie dargestellt.

Man nimmt an, dass die Patrize eine mythische Tat des Gottes Tyr wiedergibt: zu Anfang aller Zeiten, als der Fenriswolf zur Welt kam, beschlossen die Götter, ihn zu fesseln, da sie wussten, dass er dazu bestimmt war, sie zu verschlingen; Fenris stimmte der Fesselung zu, verlangte aber, dass einer der Götter als Pfand eine Hand in seinen Rachen legen sollte. Tyr steckte seine Rechte hinein, der Wolf biss sie ab.

Das dargestellte Tier könnte der Fenriswolf sein: sein Fell wurde mit einem außergewöhnlichen Sinn für das die Wirklichkeit transformierende Dekorative gestaltet.

Die dargestellte männliche Figur kann wohl als der Gott Tyr identifiziert werden, ursprünglich der höchste Gott in der germanischen Religion. Später ersetzte Odin ihn, und er wurde zum Verteidiger des Rechts, des Zweikampfs und der Kampfregeln.

▲ Patrize, die für die Herstellung von Helmplatten für Wikingerhelme verwendet wurde, 6. Jh., aus Torslund, Stockholm, Historiska Museet.

Odin wird gewöhnlich als sehr alter Mann dargestellt, mit Bart und Schlitzaugen, die seine Blindheit wiedergeben sollen; er trägt eine kurze Tunika mit Gürtel und einen konischen Hut.

Odin, Gott der Weisheit, opferte ein Auge, um aus Mimirs Brunnen zu trinken, der Quelle der Weisheit. Seit diesem Augenblick ruht das göttliche Auge im eisigen Wasser der Quelle, während der Gott die Fähigkeit erlangt hat, auch die Dinge hinter dem äußeren Schein zu erkennen.

▲ Statue des Wikingergottes Odin, 10. Jh., aus Lindby, Stockholm, Historiska Museet.

*Die beiden Beschläge sind aus vergoldeter Bronze:
mit besonderer Sorgfalt sind der krumme Schnabel
und die gekrümmten Klauen der beiden Odin
begleitenden Raubvögel wiedergegeben.*

▲ Wikingerzeitliche Zaumzeugbeschläge, 7. Jh., aus Vallstenarum,
Stockholm, Historiska Museet.

Odin wird von zwei Raben begleitet, Hugin (Gedanke) und Munin
(Erinnerung): die beiden Vögel erheben sich im ersten Licht der
Morgendämmerung und fliegen zu den entferntesten Gebieten
der Erde. In der Abenddämmerung kehren sie zu ihrem Herrn
zurück und berichten ihm, was sie gehört und gesehen haben.

»[Thor] besitzt noch drei besondere Werkstücke. Das eine ist der Hammer Mjölnir, den die Reifthurse [Eisriesen] und Bergriesen sogleich erkennen, wenn er erhoben wird«. (Snorri Sturluson)

Thor

Weiterführende Stichwörter
Mythen, Kunst und Handwerk

Thor ist der zweitwichtigste Gott im nordischen Pantheon. Er ist Sohn Odins, Gott der Zeit, des Donners, des Windes und des Krieges. Wie Odin gehört er dem Geschlecht der Asenkrieger an. Wenn er den Gürtel enger schnallte und die Zauberhandschuhe trug, konnte er seine Kraft verdoppeln und Mjölnir schleudern, einen Riesenhammer, der immer in seine Hände zurückkehrte. Er war ein unmäßiger Esser und Trinker, die Sagas zeigen ihn oft in unwürdigen oder lächerlichen Situationen: den Großteil der Zeit verbringt er reisend – auf einem von Ziegenböcken gezogenen Wagen – auf der Suche nach Riesen, die er besiegen kann. Um seine Unternehmungen siegreich zu Ende zu führen, zögert er nicht, auf Betrug und Verwandlungskünste zurückzugreifen. Aufgrund dieser Eigenschaften wird er für die Gottheit der kleinen Leute gehalten. Die Herrschaft Thors über die Wetterphänomene lässt ihn zu dem Gott werden, der die guten Ernten schützt: dank des Regens, der für das glückliche Ende der atmosphärischen Schlacht und seines Eingreifens mit dem Hammer steht, kann die Erde ihre Früchte produzieren. Seine große Beliebtheit war das stärkste Hindernis für die Verbreitung des Christentums in den nordischen Regionen: bis in die jüngere Zeit überdauerte auf vielen Bauernhöfen der Kult des »Donnerkeils«, eines Gegenstandes aus der Steinzeit, der als versteinerter Blitz angesehen wurde, der von Thor auf die Erde geschleudert worden war.

► Wikingeramulett in Hammerform, 10. Jh., Reykjavik, Thjodminjasafn.

Thors Äußeres und sein Verhalten machen ihn zum menschlichsten nordischen Gott.

Thor wird als kräftiger Mann mit langem rötlichen Haar und wallendem Bart beschrieben und dargestellt; auf dem Haupt trägt er einen konischen Helm.

▲ Statue des Wikingergottes Thor, um 1000, Reykjavik, Thjodminjasafn.

Thors Attribut ist der Hammer Mjölnir, die unbesiegbare Waffe, die alles, was sie trifft, zertrümmert und immer in die Hände ihres Herrn zurückkehrt.

Mjölnir, der Thorshammer, ist als himmlische Waffe auch
Symbol für den Blitz, Überbringer des segenreichen Regens;
deshalb wurde der Gott besonders von den Bauern verehrt,
die die hammerförmigen Anhänger als Amulette zum Schutz
und als Bitte um Gewogenheit des Gottes verwendeten.

Wenn Thor am Ende der Zeiten dem tödlichen
Hauch der Midgardschlange erliegen wird, werden
seine Kinder Modi und Magni seinen Hammer
aufheben, um mit ihm eine neue Welt aufzubauen.

▲ Wikingeramulett in Hammerform,
10. Jh., aus dem Uppland,
Stockholm, Historiska Museet.

Der Wandteppich wird traditionell als Darstellung des germanischen Götterhimmels gedeutet: Odin (links), Thor (Mitte) und Freyr (rechts). Auch den zeitgenössischen Chronisten zufolge – vor allem laut Adam von Bremen und Saxo Grammaticus – waren dies die Hauptgottheiten, die im 11. Jh. im heidnischen Tempel von Uppsala verehrt wurden.

▲ Schwedischer Wandteppich (Detail), 12. Jh., aus der Kirche von Skog, Stockholm, Historiska Museet.

Adam von Bremen berichtet im vierten Buch der Gesta Hammaburgensis über den Tempel von Uppsala:»In diesem ganz aus Gold gefertigten Tempel verehrt das Volk die Bilder dreier Götter; als mächtigster hat in der Mitte des Raumes Thor seinen Thronsitz. Den Platz rechts von ihm nehmen Wodan [Odin] und Frikko [Freyr] ein«.

*Loki war ein niederträchtiger und sich stets verwandeln-
der Halbgott, der Zwietracht säte und für Verwirrung
sorgte. Er war Odins Blutsbruder und zeugte drei
schreckliche Ungeheuer: Midgard, die Weltenschlange,
den Fenriswolf und Hel, die Herrin der Unterwelt.*

*Die von Loki gezeugte Midgard-
schlange wird Thors schlimmster
Feind. Er versucht bei zahlreichen
Gelegenheiten, sie zu beseitigen, aber
am Ende aller Zeiten unterliegt er ihr.*

*Einer Legende zufolge wettete Loki mit einem
Zwerg, in der Metallbearbeitung geschickter zu sein;
während der Zwerg das Feuer im Ofen anfachte,
verwandelte sich der Gott in eine Fliege, um den
Gegner zu stören: der Zwerg gewann die Wette
dennoch, um Loki zu bestrafen, nähte er ihm den
Mund zu, wie auf dieser Ritzung zu sehen ist.*

▲ Wikingerzeitlicher, geritzter
Stein aus dem Fjord von Horsens
(Detail), 10. Jh., Århus,
Moesgård Museum.

*»Schweige du, Freya! Dich kenn ich vollkommen; nicht Mangel
ist dir an Schmach; von den Ansen und Alfen die innen hier sind,
hat jeder mit dir gehurt«. (Lokasenna)*

Freyr und Freya

Freyr und Freya gehören zum Geschlecht der Wanen, Gottheiten
der Natur, der Fruchtbarkeit, des Friedens und des Wohlstands.
Die Gegenüberstellung von Asen und Wanen in der nordischen
Religion wird oft auf den historischen Gegensatz zwischen der
bäuerlichen Gesellschaft der Jungsteinzeit und der Kriegergesell-
schaft des Metallzeitalters zurückgeführt: der Zusammenstoß bei-
der und die anschließende Überlegenheit der Asen könnte eine
mythische Übertragung der Vorherrschaft jener Gesellschaftsfor-
men sein, die zu einer neuen, rein kriegerischen Kultur gehörten.
Einer anderen Deutung zufolge, die ihren Ursprung in den Studien
Georges Dumézils hat, stellen Asen und Wanen Instanzen dar, die
sowohl individuell im Menschen als auch in der indoeuropäischen
Gesellschaft allgemein vorhanden waren: die bäuerliche und die
kriegerische Komponente. Freyr ist der Gott des Lichts, der Sonne
und der Fruchtbarkeit. Der Chronist Adam von Bremen berichtet,
dass er neben Odin und Thor im großen Tempel von Uppsala
verehrt wurde. Freya ist die Schwester Freyrs und Gemahlin von
Odin: sie ist die Göttin
des Frühlings, des
Glücks, der Fruchtbarkeit
und der Liebe. Wie Thor
waren auch diese Gott-
heiten besonders beliebt
und wurden angerufen,
um die Fruchtbarkeit der
Felder, Glück und Fülle
im täglichen Leben sowie
Glückseligkeit und Wohl-
stand in der Ehe zu erhalten oder günstig zu beeinflussen.

**Weiterführende
Stichwörter**
Gesellschaft,
Heiligtümer

▼ Kleine wikingerzeitli-
che Goldblechplättchen
aus Helgö, Stockholm,
Historiska Museet.

*Der Anhänger zeigt Freya, die die herrliche Kette
Brisingamen trägt, ein Schmuck von unvergleichli-
cher Schönheit in ganz Asgard, der Wohnstatt der
Götter; boshaft erzählt man, Freya habe diese
Halskette erhalten, nachdem sie ein ganzes
Zwergenvolk, die Brisinger, verführt habe.*

*Freya, die Göttin
der Fruchtbarkeit,
beschützte die
Gebärenden; diese
mussten Goldkett-
chen, Kopien von
Brisingamen, zur
Abwehr böser
Einflüsse tragen.*

▲ Anhänger, der die Wikinger-
göttin Freya darstellt, 10. Jh.,
Stockholm, Historiska Museet.

Freyr, Gott des Überflusses und der Fruchtbarkeit, ist durch einen großen Phallus gekennzeichnet. Das empörte die zeitgenössischen christlichen Chronisten besonders. Sie berichten, dass der Gott im großen Tempel von Uppsala cum *ingenti priapo dargestellt war.*

▲ Statuette des Wikingergottes Freyr, 11. Jh., Stockholm, Historiska Museet.

»[Die Gallier ...] meinen, die unsterblichen Götter könnten nur besänftigt werden, wenn man für das Leben eines Menschen wiederum ein Menschenleben darbringe«. (Gaius Juls Cäsar)

Weihegaben und Opfer

Weiterführende Stichwörter
Ehre und Rache, Heiligtümer

Die historischen Quellen sprechen übereinstimmend von Menschenopfern bei den Kelten, Germanen und Wikingern, was auch die Archäologie bestätigt: Funde aus der Erde und den Mooren bestätigen, dass solche Rituale an heiligen Orten unter freiem Himmel stattfanden. Cäsar erzählt in *De Bello Gallico* von kolossalen, aus Weidenruten geflochtenen Statuen, in denen bei einigen gallischen Stämmen lebende Menschen gesteckt und verbrannt wurden: diese Tortur war den in flagranti ertappten Dieben oder Räubern vorbehalten, aber ebenso wenig zögerte man, auch Unschuldige zu opfern. Der Chronist Adam von Bremen schildert eingehend eine große Wikingerzeremonie, die im Tempel von Uppsala abgehalten wurde: neun männlichen Individuen jeder lebenden Art (auch Menschen) wurde die Kehle durchgeschnitten, um die Götter zu besänftigen. Die Leichen wurden in einem Hain in der Nähe des Tempels aufgeknüpft, und jeder Baum wurde durch den Tod und den Zerfall der Opfer heilig. Sehr verbreitet war auch die Praxis, der Gottheit wertvolle Gaben zu opfern: seit der Bronzezeit legte man häufig Waffen in Quellen und Wasserläufen ab. Womöglich wegen der heilenden und regenerierenden Eigenschaften des Wassers, aber auch wegen den unergründlichen Wassertiefen, in denen Götter hausen sollten.

▶ Keltischer Model eines Pferdekopfs aus Bronze, 40–80 n. Chr., aus einem Kultdepot in Stanwick, London, British Museum.

Die Schmuckornamente der Einlagen aus rotem Email und Koralle sowie auf dem Goldblech, das den Helm verkleidet, gehören zu einer »vegetabilischer Stil«, »Pflanzenstil« oder »Waldalgesheim-Stil« genannten Richtung, in der zur typisch keltischen Komposition Elemente hinzukommen, die vom großgriechischen Formenrepertoire beeinflusst sind.

Der Helm wurde im 19. Jh. aus einem toten Arm der Seine geborgen: das absichtliche Versenken von Waffen in Flüssen und Wasserflächen wird als Zeichen eines besonderen Rituals gedeutet, in dessen Verlauf diese wertvollen Güter den Gottheiten dargeboten wurden, die im Wasser wohnten oder durch das Wasser mit der Menschenwelt kommunizierten.

Die Verwendung unterschiedlicher Materialien, die Verzierungen und die Form rücken den Helm in die Nähe von Exemplaren, die in Agris in der Charente (Frankreich) und in Canosa in Apulien (Italien) gefunden wurden. Man nimmt an, dass sie in Italien oder von Handwerkern aus keltisch-italischem Umfeld angefertigt wurden.

▲ Keltischer Helm aus Bronze, Eisen, Goldblech und rotem Email, zweites Viertel des 4. Jh.v.Chr., aus Amfreville, Saint-Germain-en-Laye, Musée des Antiquités Nationales.

Im Jahr 1975 wurde in Gournay-sur-Aronde ein bedeutendes Heiligtum ausgegraben, das dem keltischen Stamm der Belger zugeschrieben wird, die, ursprünglich aus Mitteleuropa stammend, zu Beginn des 3. Jh. v. Chr. hier eingewandert waren.

Das Heiligtum erstreckte sich über ein Areal von etwa 40 m Seitenlänge und war von einem Graben und einer Palisade umgeben; in der Mitte befanden sich neun Gräben, die rund um einen großen Mittelgraben angelegt waren, wo die Opferungen stattfanden.

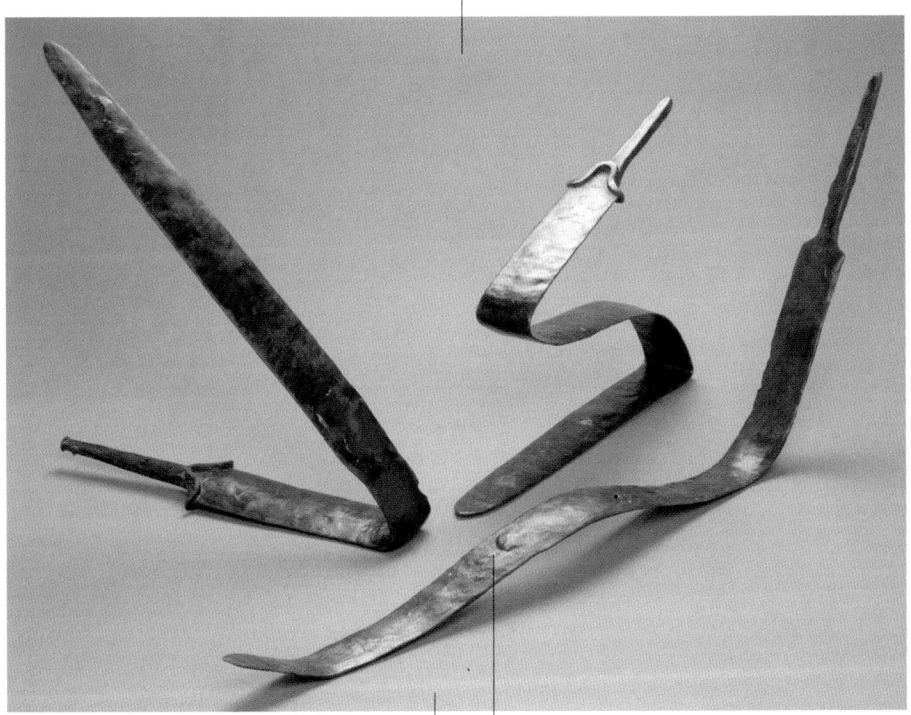

In dem Heiligtum wurden Tiere geopfert, vor allem Ochsen, Schweine und Widder. Die Tiere wurden in einigen Fällen der Göttin als Ganzes dargeboten, in anderen Fällen wurde ein Teil des Fleisches gemeinsam feierlich verzehrt.

Im Heiligtum wurden zahlreiche Waffen gefunden (Schwerter, Scheiden, Ketten zur Aufhängung, Schildbuckel), die verbogen und im Lauf eines Rituals zerstört worden waren, wodurch man wahrscheinlich das Objekt seiner Funktion beraubte, ehe es der Gottheit geopfert wurde.

▲ Keltische Eisenschwerter, 3. Jh. v. Chr., aus Gournay-sur-Aronde, Compiègne, Musée Vivenel.

Die Figur scheint eine zu
einem Zopf geflochtene
Haartracht oder eine
Kopfbedeckung mit
Zipfel zu tragen.

Im Allgemeinen wird diese Szene auf dem Kessel von Gundestrup als Darstellung eines Menschenopfers durch Ertränken
gedeutet: die große Figur, eine Gottheit, hebt einen Menschen
hoch und schickt sich an, ihn in einen Behälter zu stecken,
der vielleicht voller Wasser ist.

Der für den Kessel typischen Ikonografie
zufolge haben die Gottheiten im Vergleich
zu den Menschen riesenhafte Proportionen. In dieser Szene trägt die Gottheit ein
Gewand, das aus einem längsgestreiften
Oberteil und ebensolchen, eng anliegen-
den, knielangen Beinkleidern besteht.

Die antiken Quellen
schreiben den Kelten übereinstimmend die Praxis
des Menschenopfers zu.

▲ Keltischer Kessel aus Gundestrup (Detail), Anfang 1. Jh. v. Chr.,
Kopenhagen, Nationalmuseum.

Die Opferszene wird von einem Zug bewaffneter
Männer begleitet: die Fußsoldaten unten tragen
einen konischen Helm, einen langen Schild und
eine Lanze; oben tragen die Reiter Helme mit aus-
gearbeitetem Helmschmuck (nach unten gerichteter
Halbmond, Raubvögel, Hörner, Wildschweine),
der als Totemzeichen des Stammes interpretiert wird.

*In dieser Szene des Kessels von Gundestrup wird die womöglich die rituelle
Tötung eines Stiers dargestellt. Tieropfer wurden bei den Kelten mit Sicherheit
praktiziert, das beweisen die archäologischen Ausgrabungen. Die den Göttern am
häufigsten geopferten Tiere waren Ochsen, Schweine, Widder und Pferde.*

▲ Keltischer Kessel
aus Gundestrup (Detail),
Anfang 1. Jh. v. Chr.,
Kopenhagen, Nationalmuseum.

*Die Handlung (Tötung des Stieres) und
die dabei Anwesenden (Menschen und
Tiere) kommen gleich dreimal vor.
Das ist typisch für die keltische Kultur.*

Die auf dem Kessel dargestellten Tiere sind oft Fabelwesen oder das Ergebnis einer Vermischung unterschiedlicher Arten: in diesem Fall handelt es sich um Stiere, deren Fell durch Reihen von Querstrichen wiedergegeben ist; im oberen Feld sind Katzen erkennbar, während unten Hunde zu sehen sind.

Der Mann hält ein Schwert und ist bereit, das Tier zu töten; seine Kleidung, ein gestreiftes Oberteil und ebensolche, enge, knielange Beinkleider tauchen auf zahlreichen Szenen des Kessels auf; sie gehören zur thrakischen Tracht.

An der Quelle der Seine befand sich ein wichtiges Heiligtum, das der Flussgöttin Sequana, der Schutzherrin des keltischen Stammes der Sequaner, geweiht war.

Die Holzstatuen stellen Pilger dar, die die Göttin der Quelle anbeten: dies sind Zeugnisse einer Volkskunst, die sich eines gewöhnlichen Materials wie Holz bedient und mit einfachen Zügen die eigene Alltäglichkeit nachzeichnet.

▲ Keltische Weihefiguren aus Holz, 1. Jh. n. Chr., aus den Seine-Quellen in Saint-Germain-Source-Seine, Dijon, Musée Archéologique.

Die Pilger tragen eines der keltischen Basisgewänder, den Mantel, der nach der Beschreibung der antiken Historiker aus gefilzter Wolle sein konnte, um sowohl vor der Kälte als auch vor dem Regen zu schützen.

Der Körper des Tollund-Mannes wurde 1950 zufällig im Hochmoor von Bjældskovdal in der Nähe des Dorfes Tollund in Dänemark entdeckt. Der Körper des Mannes lag unter einer etwa zwei Meter dicken Torfschicht in Fötushaltung. Die Analysen ergaben, dass es sich um einen Mann von ungefähr vierzig Jahren handelte, der 1,60 groß war und um 350 v. Chr. gelebt hatte.

Der Mann trägt einen konischen Hut, der unter dem Kinn festgebunden ist; die Haare sind so kurz, dass sie gänzlich unter der Kopfbedeckung verschwinden: der übrige Körper war unbekleidet.

[Um] den Hals des [T]ollund-Mannes [w]ar eine Schlinge [z]usammengezogen, [di]e aus zwei ge[fl]ochtenen Leder[st]reifen bestand: er [w]ar wahrscheinlich [d]urch Erdrosseln [g]etötet worden, [do]ch die Zerset[z]ung des Körpers [li]eß nicht erkennen, [o]b der Hals [ge]brochen war.

Die Wangen sind sorgfältig rasiert, auch wenn Härchen über den Lippen und auf dem Kinn darauf hinweisen, dass er sich am Todestag nicht rasiert hatte.

Man nimmt an, dass der Tollund-Mann eine hochrangige Persönlichkeit war, die im Verlauf einer rituellen Zeremonie geopfert wurde. Es ist jedoch nicht ausgeschlossen, dass es sich um einen gewöhnlichen Kriminellen handelte, der erdrosselt und ins Moor geworfen wurde.

Der perfekte Konservierungszustand der Stoffe und der inneren Organe ermöglichten eingehende Untersuchungen: die Analyse der Magenreste zeigten, dass der Mann vor seinem Tod eine Gemüsesuppe mit vielen Körnern zu sich genommen hatte. Womöglich handelte es sich um ein eigens zubereitetes rituelles Mahl mit Zutaten, die eine halluzinogene Kraft besaßen.

▲ Gesicht des *Tollund-Mannes*, etwa 350 v. Chr., Silkeborg, Museum.

Der Grauballe-Mann wurde 1952 beim Torfstechen im Kesselmoor in der Nähe des gleichnamigen Dorfes entdeckt. Analysen belegten, dass der Mann circa dreißig Jahre alt war und um 290 v.Chr. gelebt hatte.

Der Körper war in einem ausgezeichneten Erhaltungszustand: Wimpern und Haare sind noch intakt, die Fingerabdrücke noch lesbar.

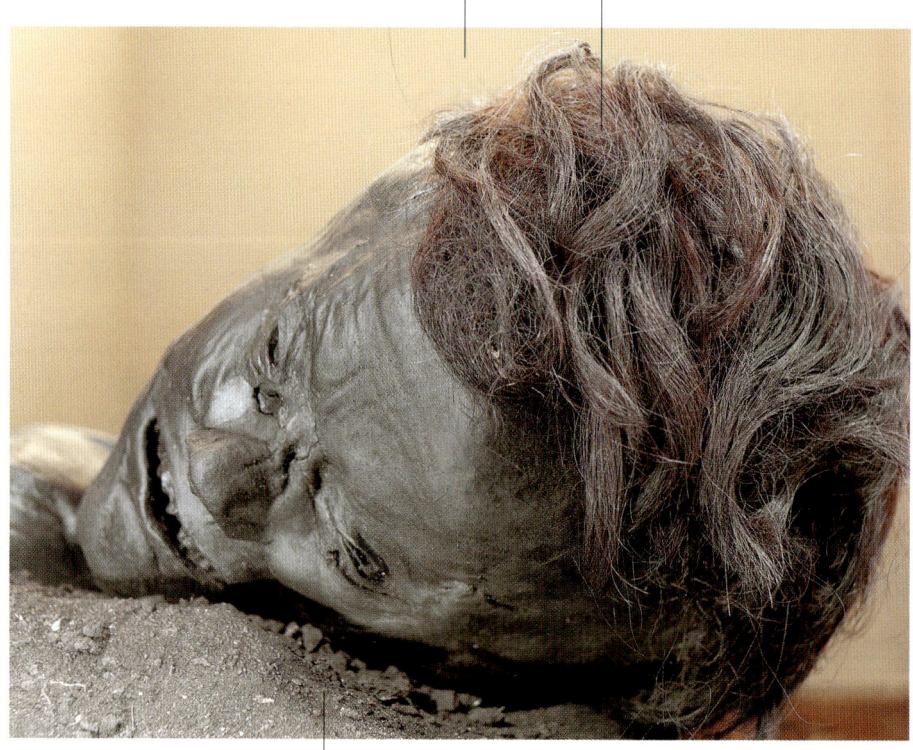

Der Mann starb aufgrund eines Luftröhrenschnittes, aber auch sein Schädel und die Arme waren gebrochen: wie bei anderen Moorleichen auch glaubt man, es habe sich um ein Opferritual gehandelt, doch bleiben Zweifel, ob es sich nicht eher um eine Exekution wegen eines begangenen Verbrechens gehandelt hat.

▲ Kopf des Grauballe-Mannes,
etwa 290 v.Chr.,
Århus, Moesgård Museum.

Die gut erhaltenen Haare des Jungen sind blond und von außerordentlicher Schönheit, aber auf der linken Seite des Kopfes abrasiert.

Ganz in der Nähe des Jungen wurde der Körper eines zuerst erdrosselten und dann ins Moor geworfenen Mannes gefunden: in beiden Fällen glaubt man, es handele sich um rituelle Opfer.

Die Augen waren mit einem braunen Stoffstreifen verbunden.

Der Tod des im Moor von Windeby aufgefundenen Jungen war gewiss tragisch: der Körper war mit einem großen Stein und Birkenzweigen beschwert worden, damit er ertrinke. Die Position des rechten Armes im Moment der Auffindung, den er quer über die Brust gelegt hatte, quasi um sich zu schützen, führt einem das Geschehen lebhaft vor Augen.

▲ Der Junge von Windeby, 1. Jh. n. Chr., Archäologisches Landesmuseum Schloss Gottorf, Schleswig (Deutschland)

Die Betrachtung von Bart- und Schnurrbarthaaren unter dem Elektronenmikroskop ergab, dass diese mit Scheren und nicht mit einer Rasierklinge abgeschnitten worden waren.

Die Radiokarbonanalyse ermöglicht es, den Lindow-Mann *in die Zeit zwischen 2 v.Chr. und 119 n.Chr. zu datieren. Sein Tod wurde durch eine Reihe von gewalttätigen Handlungen verursacht: zuerst wurden ihm drei Schläge auf den Kopf versetzt, dann wurde ihm die Luftröhre aufgeschnitten, und schließlich wurde er mit einer Schlinge erdrosselt.*

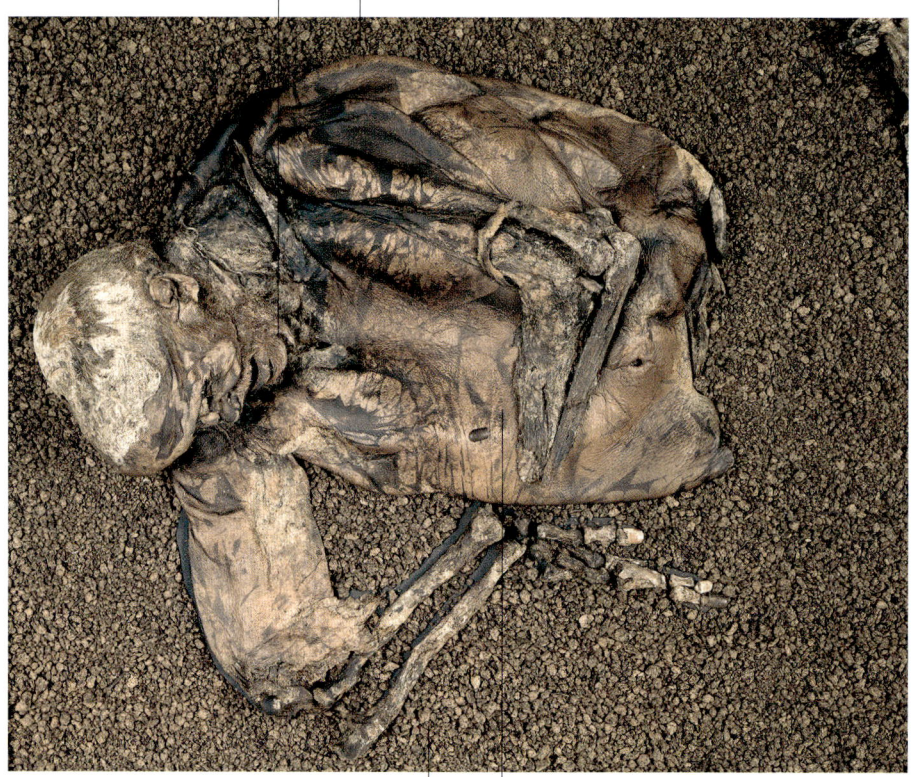

Man vermutet, dass der Lindow-Mann rituell geopfert wurde, was die Zusammensetzung seines letzten Mahles nahelegt, das aus einer Suppe mit Getreidekörnern und halluzinogenen Pflanzen bestand.

Die richtig und gleichmäßig entwickelte Muskulatur legt die Vermutung nahe, dass der Mann keine schwere körperliche Arbeit verrichtet hat, sondern eher einer höheren Schicht angehörte.

▲ Überreste des Lindow-Mannes, Mitte des 1. Jh. n. Chr., London, British Museum.

»Odin war in einer Kunst erfahren … Sie befähigte ihn, das Schicksal des Menschen … vorauszusagen, ja auch … Tod, Unheil oder Krankheit zu bescheren«. (Ynglinga Saga)

Zauberkunst

Sowohl bei den Kelten als auch bei Germanen und Wikingern wurden Menschen, die sich religiösen Kulten widmeten, magische Eigenschaften zugesprochen: es hieß, sie hätten seherische Fähigkeiten und könnten durch geheimnisvolle Zauberformeln Veränderungen bewirken. Frauen widmeten sich besonders der Kunst der Weissagung, ihnen wurde auch in politisch sehr ernsten Situationen das unanfechtbare Recht zuerkannt, über das angemessene Verhalten zu entscheiden. Im Trancezustand, durch Visionen oder durch die Deutung von Naturphänomenen wurden Prophezeiungen gemacht. Die magischen Praktiken waren für die Wikinger unauflöslich an das Geheimnis der Schrift gekoppelt: Odin ist der hellsichtige Gott, der einen Teil seiner irdischen Sinne (ein Auge) opfert, um eine höhere und unantastbare Kenntnis zu erwerben, nämlich das Geheimnis und die Zauberkraft der Runen; nur wer das Geheimnis der Runen kennt, kann die Zauberkunst ausüben und die mächtigsten Geheimnisse der Welt schauen. Auch für die Kelten scheint es eine Beziehung zwischen Zauberkraft und Schrift gegeben zu haben: Gesetze und religiöse Praktiken wurden nicht niedergeschrieben, hingegen gibt es einige Inschriften in keltischer Sprache, die Zauberformeln überliefern. Diese unterschiedliche Tradition scheint auf eine bewusste Unterscheidung zwischen der offiziellen, mündlich überlieferten Religion und der Zauberkunst hinzuweisen.

Weiterführende Stichwörter
Rolle der Frau,
Weihegaben
und Opfer,
Mythen

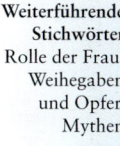

◄ Keltisches »Szepter«
aus Eisen und Bronze,
Ende 6.–Anfang
5. Jh. v. Chr., aus Grab 59
auf dem Dürrnberg bei
Hallein (Österreich),
Hallein, Keltenmuseum.

In Strettweg bei Judenburg in der Steiermark kam 1851 ein monumentales Grab zum Vorschein, das um 600 v. Chr. datierbar ist: hier waren ein Mann und eine Frau begraben, eine bronzene Amphore diente als Aschenurne.

Der Kultwagen dürfte sich auf den männlichen Toten beziehen: in Mitteleuropa wurden Gegenstände dieser Art nur in Männergräbern gefunden. Angesichts der Besonderheit dieses Objekts und der unten dargestellten Szene ist es wahrscheinlich, dass der Verstorbene für den Kult um eine Gottheit zuständig war.

Der Wagen ist aus Bronze, 42 cm lang und 43,3 cm hoch; auf der Wagenbasis stehend, trägt eine große weibliche Figur ein Becken aus Bronzeblech, auf dem eine Verzierung aus Voluten angebracht ist.

Vor und hinter der weiblichen Figur sind zwei Figurengruppen symmetrisch angeordnet, die jeweils aus zwei Männern mit einem Hirsch bestehen, denen ein Mann mit einer Axt und eine Frau mit Goldohrringen folgen, und die von zwei mit Helm, Schild und Lanze bewaffneten Reitern flankiert werden.

Die Szene wird generell als Opferprozession gedeutet: der mit einer Axt bewaffnete Mann schickt sich an, den Hirsch als Opfer für die weibliche Gottheit niederzustrecken.

Dem Grab wurden außer dem Kultwagen auch Waffen beigelegt, Zaumzeugbeschläge von zwei Pferden, Keramik- und Bronzegeschirr sowie einige Spieße.

Die Verbindung Göttin-Hirsch verweist auf eine Herrin der Tiere, der Artemis-Diana vergleichbar. Mit einer solchen Deutung stimmen antike Quellen über die Existenz eines Hirschkultes bei den Norikern seit Beginn der römischen Epoche überein, der in Beziehung zu einer patriarchalen Gottheit stand.

▲ Wagen von Strettweg aus der Hallstattzeit, 7. Jh. v. Chr., Graz, Landesmuseum Joanneum.

Bernstein kommt in eisenzeitlichen Gräbern von Frauen und Kindern sehr häufig vor, oft zusammen mit farbiger Glaspaste: man ist der Meinung, dies sei ein Zeichen für die magische Schutzkraft insbesondere für die schwächeren Mitglieder der Gesellschaft, die diesen Materialien zugeschrieben wurde.

Die Kette besteht aus Hunderten von Perlen in Form von Zylindern oder Doppelkegeln; die Perlenreihen werden von kreisaugenverzierten Knochenschiebern unterbrochen und auf Abstand gehalten.

Der römische Historiker Plinius der Ältere berichtet, dass die indigenen Völkerschaften Norditaliens dem Bernstein wundertätige Eigenschaften zuschrieben: die Frauen trugen Bernsteinketten, um Hals und Atmungsorgane zu schützen.

▲ Keltischer Brustschmuck, 600–520 v. Chr., Grab 67 auf dem Dürrnberg bei Hallein, Hallein, Keltenmuseum.

Der Reiter schwenkt mit einer Hand einen Torques, das Symbol der Helden und Götter.

Die Kelten schrieben Tieren magische Kräfte zu, da diese Vitalität und Fruchtbarkeit besitzen; daher stellten sie Verkörperungen menschlichen Strebens, übernatürlicher Kräfte oder ihres Stammesgeists dar.

Abgesehen davon, dass es die Lebenskraft der Natur repräsentierte, hatte jedes Tier besondere Kennzeichen und Eigenschaften: die Fische verkörperten die Weisheit, die Schlangen und Drachen kündigten Unglück an, die Vögel halfen bei der Kunst der Weissagung, Pferde, Ochsen und Schweine symbolisierten die Fruchtbarkeit.

Auf einigen Münzen gesellt sich zur mythischen Figur des Pferdes mit Menschenkopf das Wildschwein als Symbol für Kraft und kriegerische Tapferkeit.

▲ Keltische Münze, erste Hälfte des 1. Jh. v. Chr., Rennes, Musée de Bretagne.

Sehr wichtig für die Kelten waren die Borsten des Wildschweins, die als Symbol für seine Kraft angesehen wurden: die sagenhaften Wildschweine, gegen die König Artus kämpfen muss, haben Borsten aus Gold und Silber.

Die antiken Historiker berichten, das Wildschwein sei für die Wirtschaft der Kelten ein sehr wichtiges Tier gewesen: Strabo erzählt, dass die Kelten sich mit Vorliebe von Schweine- oder Wildschweinfleisch ernährten, sowohl in gebratener als auch in eingesalzener Form.

Das Wildschwein war für das spirituelle Leben der Kelten sehr wichtig: einige Inschriften erwähnen den Namen einer Gottheit in Schweinegestalt, Moccus, die mit Fruchtbarkeit und Wohlstand in Zusammenhang stand. Wildschweinfiguren sind zahlreich vertreten: abgesehen von Bronzefiguren, auch auf dem Helmschmuck, auf Münzen und auf Kriegstrompeten.

▲ Keltische Wildschweinfigur
aus Bronze, 2.–1. Jh. v. Chr.,
aus Prag-Sárka, Prag,
Národni Muzeum.

Der Kessel von Gundestrup wurde zerlegt und an einer trockenen Stelle im Moor von Himmerland niedergelegt: man nimmt an, dass diese Vorgehensweise einer genau geregelten Zeremonie entsprach, die mit dem magisch-religiösen Wert des Kessels zusammenhing.

In seiner heutigen Form wurde der Kessel 1892 von dem Wissenschaftler Sophius Müller rekonstruiert: er hat eine kugelförmige Basis und einen zylindrischen Korpus, einen Durchmesser von 69 cm und ist 42 cm hoch; die dreizehn Wandplatten sind 21 cm hoch und getrieben und graviert; einige weisen an der Oberfläche eine Vergoldung auf.

Auf der mittleren Platte ist eine männliche Gottheit dargestellt, mit eleganter Haartracht, Kinn- und Schnauzbart; um den Hals liegt ein Torques.

▲ Keltischer Kessel aus Gundestrup,
Anfang 1. Jh. v. Chr.,
Kopenhagen, Nationalmuseet.

Die Szene ist ein Detail der großen geritzten Felsplatte von Fossum, eines der bedeutendsten Beispiele der Felsritzkunst im Fundkomplex von Bohuslän. Auf der Grundlage der Waffentypen sind die Ritzungen in die späte Bronzezeit datierbar, zwischen 1000 und 500 v. Chr.

Das Gebiet von Bohuslän weist eine außergewöhnliche Anhäufung von Felsritzungen auf: menschliche Figuren, Tiere, Schiffe, Waffen, Fußabdrücke und Schalengruben. Die manchmal isolierten, manchmal übereinander gelagerten oder zu narrativen Szenen kombinierten Figuren sind schwer zu deuten, aber es scheint, dass sie sich auf rituelle Zeremonien im prähistorischen Skandinavien beziehen.

Die beiden krummen Zeichen werden als Darstellungen eines charakteristischen Musikinstrumentes gedeutet, der Lure, einer Art Horn.

▲ Felsritzungen auf der großen Felsplatte von Fossum, 1000–500 v. Chr., Bohuslän, Schweden.

Bug und Heck des Schiffes sind aufgebogen und haben tiergestaltige Enden; die vertikalen Striche stellen die Besatzung dar.

Auf dem Schiff sind zwei mit einer Axt bewaffnete Kämpfer zu sehen, an ihren Hüften hängt das Schwert; beide Krieger sind ithyphallisch, ein Detail, das in der Felskunst im allgemeinen mit Kampfes- oder Jagdszenen verbunden ist und als Zeichen von Mut und Tapferkeit gedeutet wird.

Die Axt stammt aus dem äußerst reichen Gräberfeld von Mammen in Dänemark, wo wertvolle Funde aus dem 10. Jh. zum Vorschein kamen.

Der eiserne Keil der Axt ist mit Silberdrähten verziert: offensichtlich handelte es sich nicht um eine Kampfaxt; sie wurde wohl für rituelle Zeremonien oder als Zeichen der Macht benutzt.

Die außergewöhnliche Einlegearbeit des Axtkeils ist ein typisches Beispiel für den Mammen-Stil, der großen Einfluss auf die skandinavische und englische Kunst des 11. Jh. ausüben sollte.

In der Mitte des Axtkeils zeichnen die Silberdrähte die Gestalt eines Fabeltieres mit Vogelkopf, das von einer Schlange oder einem schlangenförmigen Band umwunden wird: die Flanken des Tieres entfalten sich in Spiralen, es hat herabhängende Lippen; der Körper ist von Ranken umgeben, was auf einen künstlerischen Einfluss karolingischen oder englischen Ursprungs hinweist.

▲ Große wikingerzeitliche
Zeremonialaxt aus Eisen,
10. Jh., aus Mammen (Jütland),
Kopenhagen, Nationalmuseet.

Der Mann ist dargestellt, wie er mit einer Lanze, Stock und Schwert bewaffnet tanzt; auf dem Kopf trägt er einen Helm mit Hörnern, die in Vogelköpfen auslaufen.

An der Seite des tanzenden Mannes befindet sich eine Figur mit Wolfsmaske, die mit Schwert und Lanze bewaffnet ist.

Die Patrize (Pressblech) wurde für das Verzieren der Platten verwendet, aus denen die Helme bestanden; sie wurde 1870 zusammen mit drei weiteren Exemplaren gefunden. Auf der Rückseite weist sie als Folge des Formpressens auf Blech mit einer Presse eine charakteristische Wölbung auf.

Die Kleidung der beiden Protagonisten und ihr Verhalten lassen vermuten, dass hier eine magisch-rituelle Zeremonie dargestellt ist, die mit Tapferkeit und Heldentum im Krieg in Zusammenhang steht.

▲ Wikingerzeitliche Patrize, graviert, 6. Jh., aus Björnhovda, Stockholm, Historiska Museet.

Der Begriff stammt vom lateinischen bractea, *was feines Metallblech bedeutet und auf einen besonderen Typus von Anhängern in kreisrunder Form hinweist, der ursprünglich die römischen Münzen imitierte.*

Die Brakteaten wurden wahrscheinlich als Glück bringende Amulette verwendet; die Verwendung von Gold, einem sehr wertvollen Metall, legt die Vermutung nahe, sie könnten Gottheiten geweiht gewesen sein, deren Wohlwollen es zu erhalten galt.

Die aus Gold hergestellten Brakteaten wurden zwischen dem 5. und Anfang des 7. Jh. hauptsächlich in Skandinavien, aber auch im nördlichen Europa und England produziert; anfänglich trugen sie geheimnisvolle Worte oder Runenformeln, aber später wurden die Darstellungen immer abstrakter und kamen aus der Welt der germanischen Mythen.

▲ Goldbrakteat aus Schonen,
5.–7. Jh., Stockholm,
Historiska Museet.

»Im 12. Jahrhundert entdecken die Isländer den Roman ... diese Entdeckung ist ebenso geheim und ergebnislos für den Rest der Welt, wie ihre Entdeckung Amerikas«. (Zit. n. Jorge Luis Borges)

Mythen

Die schriftlichen Quellen, die die skandinavische Religion beschreiben, stützen sich auf mündliche Überlieferungen, die zwischen dem 12. und 13. Jh. niedergeschrieben wurden – Hunderte von Jahren, nachdem die heidnischen Kulte dem Christentum gewichen waren. Die bedeutendste schriftliche Quelle ist die *Ältere Edda (Lieder-Edda)*. Sie umfasst Erzählungen in Versform, die sich auf die Schöpfung und das Ende der Welt, auf die Mythologie, Heldentaten und die Regeln des Lebens beziehen. Eine weitere Quelle ist die *Prosa-Edda* des Snorri, eine Sammlung von Mythen und Königssagen. Das Werk sollte eine Art Handbuch für die Hofdichter sein, die den Adel und die Herrscher damit unterhielten, dass sie ihre Unternehmungen priesen und sie mit den alten Helden in Zusammenhang brachten. Die Figur des Helden hat feststehende Eigenschaften: er ist adelig, mutig und tapfer, aber argwöhnisch. Die Götter sind oft launenhaft, ihren Leidenschaften unterworfen, unmäßig und ohne einen Moralkodex, der dem des Christentums vergleichbar wäre. Die an Alliterationen und Ellipsen reiche Sprache der Hauptgedichte offenbart deren rein mündliche Natur: da die Runenschrift sich für die Abfassung langer Texte wenig eignete, mussten die Erzählungen im Gedächtnis behalten und aufgesagt werden. Erst mit der Einführung des Lateinischen sollte eine Sprache gefunden werden, die sich zur Transkription eignete, ohne dass es hier jedoch möglich gewesen wäre, den Geist der Erzählungen in seiner Ursprünglichkeit wiederzugeben.

Weiterführende Stichwörter
Formen der Macht, Krieger, Götter, und Helden
Schrift, Musik

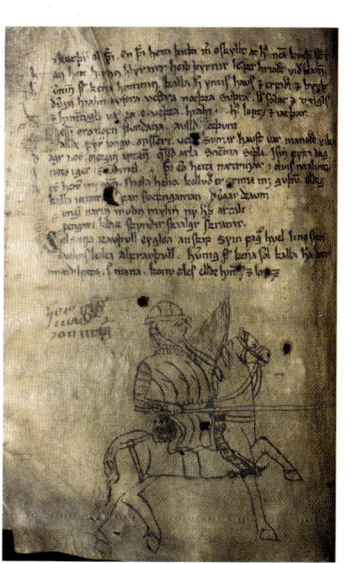

◀ Seite aus dem Manuskript der *Prosa-Edda* von Snorri Sturluson, 14. Jh., Uppsala, Universitetsbibliotek.

*Gylfi unternimmt seine
Reise nach Asgard, verkleidet
als Bettler und unter dem
falschen Namen Gangleri
(der vom Gehen Müde).*

*Snorri Sturluson setzt im ersten Teil der Prosa-Edda die
Gestalt des Gylfi ein, um den Leser in die norwegische
Mythologie einzuführen. Der schwedische König unternimmt
eine Reise nach Asgard, dem Wohnsitz der Götter, wo er drei
geheimnisvollen Gestalten begegnet, die ihm den gesamten
Weisheitsschatz der nordischen Mythen zur Verfügung stellen.*

*Nachdem die Erzählung von den drei Weisen zu Ende
war, hörte Gylfi einen Donner und wurde gewahr,
dass er sich nicht mehr im Reich der Götter befand,
sondern auf einer Fläche aus gestampfter Erde. Snorri
erzählt: »Da wanderte er seiner Wege, kam heim in
sein Reich und erzählte, was er gesehen und gehört
hatte; ihm haben es dann andere nacherzählt.«*

*Gylfi erhält durch drei Personen
auf drei Hochsitzen, die als »der
Hohe«, »der Gleichhohe« und
»der Dritte« bezeichnet werden,
Kenntnisse über die nordischen
Mythen: sie werden als drei
Personifizierungen Odins gedeutet.*

▲ Seite aus dem Manuskript der
Prosa-Edda von Snorri Sturluson,
14. Jh., Uppsala, Universitetsbiblioteket.

Die Bildsteine sind als Flachrelief in den Stein gemeißelt und waren ursprünglich sicher schwarzweiß oder rotweiß bemalt; die größeren sind mehr als drei Meter hoch. Die Bilder sind auf mehreren, übereinander gelagerten Ebenen in Sequenzen aufgeteilt und folgen einem Schema, das an die heutigen Comics erinnert.

Auf dem oberen Teil des Bildsteins sind Szenen dargestellt, die sich auf Odin und das Totenreich beziehen.

Die Bildsteine aus Gotland, die auf das 8.–9. Jh. zurückgehen, weisen ein sehr reiches Repertoire an Szenen aus der Mythologie auf und sind ein wertvolles Zeugnis für die Phantasiewelt der Wikinger.

In der Mitte des Bildsteins ist ein typisches Wikingerboot dargestellt.

Hier sind die beiden enthaupteten Leichen der Königssöhne dargestellt.

Wieland der Schmied flieht, nachdem er das Aussehen eines Vogels angenommen hat. Die Figur an der Seite ist die von ihm vergewaltigte Königstochter.

Die Esse des Schmieds ist an den Zangen und Hämmern erkennbar.

▲ Wikinger-Gedenkstein, 8. Jh., Stockholm, Historiska Museet.

Unten auf dem Bildstein wird die Geschichte von Wieland dem Schmied erzählt. Er war so geschickt in seiner Arbeit, dass der König befahl, ihm die Kniesehnen durchzuschneiden, um ihn nicht zu verlieren. Wieland rächte sich, indem er den beiden Söhnen des Königs das Haupt abschlug und aus den Schädeln zwei Kelche für den Monarchen anfertigte. Dann vergewaltigte er die Tochter des Königs und entkam schließlich, nachdem er mit Flügeln das Aussehen eines Vogels angenommen hatte.

Auf der Stirnseite des Wagens ist eine komplexe Szene dargestellt, in der ein Mann abgebildet wird, der gegen ein Knäuel von Schlangen kämpft, während eine krötenähnliche Kreatur ihn in die linke Hüfte beißt.

Ein Mann kämpft gegen eine vierfüßige Bestie, während andere Tiere wie Schlangen und Vögel miteinander kämpfen.

Die Schnitzereien des Osebergschiffs sind wahre Meisterwerke aus der Mitte des 9. Jh. In einigen Fällen handelt es sich um rein dekorative Motive, in anderen Fällen erzählen sie Geschichten aus der nordischen Mythologie.

Man glaubt, dass die auf dem vorderen Brett des Wagens dargestellte Szene sich auf die Geschichte von Gunnar (Gunther) in der Schlangengrube bezieht, eine Episode aus der Nibelungensage.

▲ Wagen aus der wikingerzeitlichen Bootsbestattung von Oseberg (Detail), um 850, Oslo, Vikingskiphuset.

Die Kirche von Urnes geht auf die Mitte des 11. Jh. zurück und wird als die älteste Stabkirche Norwegens angesehen: die ersten skandinavischen Kirchen wurden aus Holzbrettern errichtet, die senkrecht ins Erdreich getrieben wurden.

Der Doppelsinn der Formen führte zu vielen Deutungen: im allgemeinen glaubt man, dass es sich um einen Löwen handele, Symbol für die Kraft des Guten, der gegen einen Drachen, die Verkörperung des Bösen, kämpft und ihn besiegt. Der Löwe, der seit Jahrhunderten in der Wikingerkunst präsent ist, wird vom Christentum als Symbol für Christus übernommen.

Der Künstler kennzeichnet den Übergang zwischen Brust und Gliedmaßen mit einer kurzen Spirale: dieses Detail ermöglicht es, einen zweifüßigen Drachen als das Tier zu identifizieren, gegen das der Löwe kämpft.

Die Holzschnitzereien der Kirche sind ein Meisterwerk der Wikingerkunst und geben einem Kunststil den Namen, der sich durch feine Formen, große Eleganz und Dekorativität auszeichnet: der Urnesstil.

Das Tier mit den schlanken und beweglichen Formen stellt einen Löwen dar, der sich in einen zweifüßigen Drachen verbeißt, der sich mit seinen Windungen um das gesamte Portal schlingt.

▲ Stabkirche von Urnes (Detail), um 1150, Norwegen.

Die hölzerne Stabkirche von Hylestad besitzt ein holzgeschnitztes Portal mit Szenen aus dem Mythos, der die Abenteuer von Sigurd (Siegfried) erzählt.

Sigurd schwingt sein äußerst scharfes, unbesieg-bares Schwert Gramr, das Regin, der unschlag-bare Schmied, geschmiedet hatte.

Dem von Regin überredeten Sigurd gelang es mit einer List, Fafnir zu töten, jenen Drachen, der den Schatz hütete. Sigurd verdiente daher den Beinamen »Drachentöter«.

▲ Kirche von Hylestad (Detail), 12. Jh., Oslo, Universitetets Oldsaksamling.

Das Sigurd-Epos beginnt mit einem verfluchten Schatz: als die Götter Odin, Loki und Hoenir durch die Welt schweiften, fingen sie eines Tages einen Otter, um ihren Hunger zu stillen; im Haus von Hreidhmarr, eines zauberkundigem Bauern, entdeckten sie, dass sie dessen Sohn getötet hatten. Um ihn zu entschädigen mussten sie ihm einen unermesslichen Schatz übergeben, den sie dem Zwerg Andvari entrissen, der ihn darauf-hin verfluchte. Um in Besitz des Schatzes zu kommen, ermordeten die Söhne des Bauern, Regin und Fafnir, ihren Vater, und Fafnir, der sich in einen Drachen verwandelte, zog sich mit dem Gold in eine Höhle zurück.

Als er dem Gesang der Vögel lauschte, erfuhr Sigurd, dass Regin ihn töten wollte, um sich des Goldes zu bemächtigen.

Nachdem Sigurd den Drachen getötet hatte, befolgte er die Befehle Regins, schnitt das Drachenherz heraus und briet es: Regin wollte so die Zauberkräfte seines Vaters erlangen.

Sigurd berührte das heiße Herz Fafnirs und verbrannte sich: als der den Daumen in den Mund steckte, kostete er vom Fleisch des Drachens und erlangte magische Kräfte; nun war er imstande, die Sprache der Vögel zu verstehen.

▲ Kirche von Hylestad (Detail), 12. Jh., Oslo, Universitetets Oldsaksamling.

Nachdem Sigurd den Drachen besiegt und Regin getötet hatte, begab er sich in das Reich der Nibelungen, wo er Gudrun, die Tochter des Königs, zur Gemahlin erhielt, und den Schwägern Gunnar und Högni Bruderschaft schwor. Dank seiner Tapferkeit und Zauberkraft half Sigurd seinem Schwager Gunnar, Brünhilde zu erobern. Kaum am Hofe der Nibelungen angelangt, geriet Brünhilde mit Gudrun sofort derart in Streit, dass sie ihren Mann und ihren Schwager überredete, Sigurd zu töten, um sie für die empfangenen Schmähungen zu rächen.

Sigurd, der von den mörderischen Absichten Regins erfuhr, überraschte ihn im Schlaf und tötete ihn.

▲ Kirche von Hylestad (Detail), 12. Jh., Oslo, Universitetets Oldsaksamling.

Die beiden Schwäger, von der Verschlagenheit Brünhildes und der Gier nach dem Schatz verleitet, entwarfen einen Plan, Sigurd zu vernichten, wobei sie wussten, dass der Held, der durch das Bad in Fafnirs Blut unverwundbar war, einen einzigen Schwachpunkt hatte: ein Hautstreifen unter den Achseln, der durch ein Blatt geschützt worden war. Sigurd wurde ermordet, und die beiden Schwäger bemächtigten sich des verwünschten Goldes.

Nach dem Tode Sigurds versuchte Atli (Attila), der neue Gemahl Gudruns, in den Besitz des Goldes zu kommen und ließ deshalb die beiden Brüder seiner Gemahlin gefangen nehmen. Gunnar versprach zu verraten, wo der Schatz verborgen läge, wenn ihm das Herz seines Bruders Högni gebracht würde: diese Szene zeigt, wie Högni das Herz aus der Brust geschnitten wird.

▲ Kirche von Hylestad
(Detail), 12. Jh., Oslo,
Universitetets Oldaksamling.

»Die Tempel der Götter dieses Volkes sollten nicht zerstört werden, sondern eher die Götter darin; man weihe Wasser und besprenge damit die Tempel«. (Beda)

Christentum

Weiterführende Stichwörter
Thor, Weihegaben und Opfer, Heiligtümer

Die Kirche wurde zum eigentlichen Stützpfeiler des Römischen Reiches in jenen Völkerschaften der Kelten, Germanen und Wikinger, die nicht von Rom erobert worden waren; sie ließ diese an der kulturellen *Koine* teilhaben, die ganz Europa umfasste. Die Verbreitung des Christentums in den herrschenden Schichten begünstigte Einigung und Konsolidierung der Reiche, was eine Anpassung an westeuropäische Modelle mit sich brachte. Die Einführung des Lateinischen ermöglichte eine Kenntnis von Philosophie, Literatur, Recht und Technik der Antike. Die Verbreitung der Schrift hielt das kulturelle Erbe fest, das bis dahin nur mündlich weitergegeben worden war. Die kirchlichen Hierarchien veränderten die Machtbeziehungen innerhalb der Gesellschaft. Die Klöster wurden zu Zentren der Kultur und der technischen sowie ökonomischen Entwicklung. Während viele germanische Stämme das Christentum und seine verschiedenen Ausprägungen ab dem 4. Jh. n. Chr. angenommen hatten, setzten die nordischen Völkerschaften seiner Verbreitung Widerstand entgegen, eben weil sie in ihrer heidnischen Religion und deren mythischem Gepräge eine einigende Kraft sahen. In Dänemark konvertierte Harald Blauzahn um 965. Als Olaf Trygvason im Jahr 1000 starb, bestand das Christentum in Norwegen nur dem Namen nach als Religion, de facto wurde es das aber erst mit dem Tod des Heiligen Olaf im Jahr 1035. Das schwedische Königshaus war das letzte, das die neue Religion übernahm; erst um 1100 wurde der große heidnische Tempel in Uppsala zerstört.

► Das sogenannte *Cross of the Scriptures* (Detail), 9. Jh., Clonmacnoise in der Grafschaft Offaly.

Das Christentum setzte sich in Britannien bereits im 4. Jh. durch. In Irland existierte im 5. Jh. eine christliche Gemeinde, sodass der Papst 431 n.Chr. Palladius zum Bischof der Iren ernannte.

Zu Beginn des 9. Jh. entwickelte sich die Tradition der Hochkreuze mit Ring: charakteristisch sind die Anordnung der Szenen und der ornamentalen Motive in getrennten Quadraten. Der Ring scheint eine Triumphgirlande zu Ehren es Erlöserkreuzes zu sein.

Die Tradition der Ringkreuze bestand das ganze 10. und 11. Jh. hindurch; im 12. Jh. setzten sich unter romanischem Einfluss Hochkreuze ohne Ring durch, die in der Form großer Kruzifixe gemeißelt waren: sie repräsentierten den Triumph der Römischen Kirche über die einheimischen Klöster.

In alle vier Seiten des Kreuzes sind Reliefs mit biblischen Szenen gemeißelt; unten gibt es eine Jagdszene mit Tieren und Wagen.

▲ Das sogenannte *Cross of the Scriptures*, 9. Jh., Clonmacnoise in der Grafschaft Offaly.

Auf Palladius folgte der Heilige Patrick, ein Britannier, der als Junge in Irland als Sklave gewesen war: seine Mission hatte großen Erfolg, und seine Kirche erlangte das Primat. Im 6. Jh. erfuhr das Mönchstum eine begeisterte Verbreitung, was eine Folge britannischer und gallischer Einflüsse war.

Der Fund einer Gussform, mit der gleichzeitig christliche Kreuze und Thorshämmer hergestellt wurden, belegt, dass einige Symbole in der Form eines religiösen Synkretismus weiterlebten, der von der offiziellen Kirche allerdings sicherlich bekämpft wurde.

Bei den Wikingern überdauerten heidnischer Glauben und Kultformen noch lange nach Ankunft des Christentums.

▲ Wikingerzeitliche Gussform für christliche Kreuze und Thorshämmer, 10.–11. Jh., Kopenhagen, Nationalmuseet.

Das Kloster von Lindisfarne, eine kleine Insel vor der Ostküste Englands, wurde 793 von den Wikingern zerstört: das ist das Datum, das für gewöhnlich dem Beginn der Wikingerzeit gegeben wird.

Der auf der Insel gefundene Bildstein könnte an eben dieses Ereignis erinnern, das für die angelsächsische Gemeinde, die von der Unvorhersehbarkeit, der Schnelligkeit und der Grausamkeit des Wikingerangriffs überwältigt wurde, tragisch war.

Die plündernden Wikinger schwenken wild ihre Schwerter, Dolche und Äxte: diese Darstellung vermittelt den Schrecken, den die Überfälle der Nordmänner verbreitet haben dürften.

▲ Bildstein von Lindisfarne, Ende des 8. Jh., Lindisfarne.

*Die Kirche von Fagusnes ist die am besten
erhaltene Stabkirche Norwegens. Sie wurde wahrscheinlich Ende des 12. Jh. erbaut, als die bauliche
Struktur der skandinavischen Kirchen komplexer
wurde und mehrere Stockwerke aufwies.*

*Die Kirche weist
eine besondere
Mischung von
heidnischen und
christlichen
Symbolen auf:
Kreuze und
Drachenköpfe
bekrönen das
Dach, um die
Gläubigen vor
dem Bösen zu
beschützen.*

▲ Kirche von Fagusnes (Detail),
um 1150, Fagusnes (Norwegen).

*Skandinavien wurde ab Beginn des 11. Jh.
vom Erzbistum Bremen aus missioniert;
dessen Oberhaupt wurde der geistliche
Führer der skandinavischen Christen.*

Die Auferstehungseier aus glasierter Keramik sind innen hohl und enthalten ein kleines Ei, ebenfalls aus Keramik. Sie sind in das 11. Jh. datierbar.

Diese Objekte wurden aus Südrussland nach Skandinavien importiert, wahrscheinlich aus dem Gebiet um Kiew. Ein Großteil der Exemplare wurde in den Handelsplätzen von Birka und Sigtuna in Schweden gefunden, Zentren, in denen viele Waren aus dem Orient zusammenkamen.

Diese Keramikeier wurden als Symbol der Auferstehung den Wikingergräbern beigelegt: es handelt sich um einen Ritus byzantinischen Ursprungs, der über die Vermittlung der Rus nach Skandinavien kam, jener Wikinger, die sich in Russland niedergelassen hatten. In einigen Gräbern wurden auch richtige Hühnereier gefunden, denen der gleiche symbolische Wert wie den Keramikeiern zugeschrieben wurde.

▲ Auferstehungseier aus der Wikingerzeit, 11. Jh., Stockholm, Historiska Museet.

Alltagsleben

Ernährung
Kleidung
Selbstbild
Kunst und Handwerk
Transportmittel
Schrift
Gewichte und Maße
Zeitmessung
Musik
Spiele

◀ *Eimer von Aylesford,* Detail
der bronzenen Henkelattasche
in Form eines Menschengesichts,
Ende 1. Jh. v. Chr.,
London, British Museum.

*»Schön ist der Abhang des Hügels, und erschien in meinen Augen
nie schöner; die Kornfelder sind hell … und die Wiese ist frisch ge-
mäht; und nun will ich zurückkehren in mein Haus … «.* (Njals Saga)

Ernährung

**Weiterführende
Stichwörter**
Lug, Odin,
Städte und Dörfer,
Bauernhöfe

In Mittel- und Nordeuropa war die Gerste aus klimatischen Gründen das am häufigsten angebaute Getreide, das sich jedoch wegen
des geringen Stärkegehalts nicht zum Brotbacken eignete: Bedeutung hatte die Gerste für die Zubereitung von Suppen und Getränken. Weitere angebaute Getreidesorten waren Emmer, Dinkel, Ha-
fer und Roggen, mit denen auch die Brotherstellung möglich war;
in den skandinavischen Ländern sehr geschätzt war der *Grautr*, eine dem heutigen *Porridge* ähnliche Hafersuppe. Die Getreidesup-
pen wurden mit Gemüse angereichert: Bohnen, Linsen und Erbsen;
zur Wikingerzeit kannte man auch Rüben und Kohl, und auf Island ernährte man sich gelegentlich auch von Algen. Eine wichtige
Ergänzung für den Speiseplan der Kelten, Germanen und Wikinger
bildeten Milch und Milchprodukte wie Butter und Käse. Bei den
nördlichen Völkerschaften wurde *Skir* hergestellt, eine Art Rahm.
Fleisch und Fisch, die es vor allem im Norden in Fülle gab, wurden

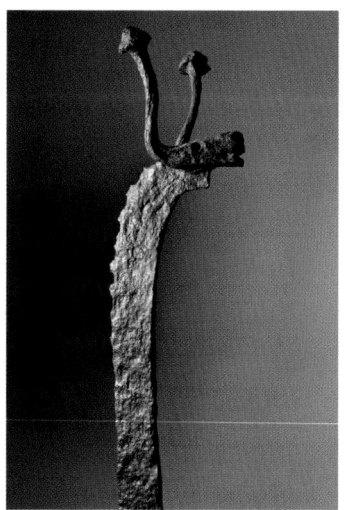

vorwiegend getrocknet oder
geräuchert verzehrt, wäh-
rend Wildbret vor allem
über dem Feuer gegart wurde. Unter den Getränken
nahm der gegorene Honig-
Met einen wesentlichen
Platz. Er spielte nicht nur für
die Ernährung, sondern
auch in gesellschaftlicher
Hinsicht eine wichtige Rolle.
In der nordischen Mythologie genoss er hohes Anse-
hen, da er als göttliches Getränk galt, das Poesie und
Weisheit spendet.

► Keltischer Feuerbock
aus Schmiedeeisen in Form
eines Rindes (Detail),
1. Jh. n. Chr., aus Welwyn,
London, British Museum.

Der oberste Streifen wurde nach außen gebogen und durch einen röhrenförmigen Wulst verstärkt, der den Rand bildet; die ringförmigen Henkel sind mit Nieten am Rand befestigt.

Der Kessel besteht aus sieben Platten aus Bronzeblech, die sorgfältig aneinandergefügt und mit Nieten verbunden wurden, die so regelmäßig angeordnet sind, dass sie dekorativ wirken.

Der Kessel war ein Behältnis, das in der Eisenzeit zum Garen von Fleisch bei den Festgelagen der Adeligen verwendet wurde: die elegante Machart und das wertvolle Material machten ihn zu einem Prestigeobjekt.

▲ Kessel von Battersea,
800–700 v. Chr., British Museum.

Auf dem bronzenen Rohr sitzen zwei Rabenvögel und eine Gruppe von Wasservögeln einander gegenüber; möglicherweise handelt es sich um Schwäne, zwei erwachsene und drei Jungtiere; diese Vögel dürften eine besondere Geltung im Weltbild der prähistorischen Völker gehabt haben, wie ihre häufige Darstellung auf Prestige- oder Zeremonialobjekten zeigt.

Dieses Stück wurde 1829 im Moor von Dunaverney gefunden: man hat lange über die Bedeutung dieses Gegenstandes diskutiert, heute meint man, es könnte sich um einen Haken handeln, der beim Fleischschmoren eingesetzt wurde.

▲ Fleischhaken aus Bronze, 1000–800 v. Chr., aus Dunaverney (Nordirland), London, British Museum.

Der Doppelhaken diente dazu, das Fleisch zu fassen, das während der Zubereitung des Bratens in den Kesseln schmorte; diese Speise dürfte einer der Hauptgänge bei rituellen Mählern oder Festbanketten von Adeligen gewesen sein.

Bei seiner Auffindung steckte das bronzene Artefakt, das aus röhrenförmigen Elementen besteht, auf einem langen Holzstiel: die Entdecker berichteten, dass er eine Gesamtlänge von 1,2 m hatte; der dünnere Teil des erhaltenen Holzes ist mit fischgrätförmig angeordneten Streifen aus Bronzeblech beschlagen.

Der Henkel keltischer Machart weist in der Wahl der Tierdarstellung auf einen orientalischen Einfluss hin: ein Wolf oder ein Hund mit aufgestellten Ohren und einem Fell, das durch kleine geritzte Striche dargestellt ist.

Ab dem 4. Jh. wurde das aus Importen stammende Weinservice, das in den Gräbern hervorragender Persönlichkeiten beigelegt wurde, allmählich durch Stücke ersetzt, die zwar von den Vorgängermodellen angeregt, in Entwurf und Ausführung aber keltisch waren.

Die untere Henkelattasche weist eine Figur mit Kinn- und Schnauzbart auf, über dem Kopf befindet sich ein Palmettenmotiv, die Augen sind mit Korallen inkrustiert: man nimmt an, dass es sich um die Darstellung einer männlichen Gottheit handelt, die mit dem Lebensbaum in Zusammenhang steht.

Der überhöh. Schnabel der Kann weist an der Bas eine Palmettenve. zierung auf, e. übliches Motiv . der keltische Kunst, obwohl . mediterrane Ursprungs ist; a. dem Ende hingege. sitzt eine Ente, e. Sujet, das in d. europäischen Kun. seit der Bronzeze. vorkomm.

Die Kanne ist mit Einlagen aus roter Koralle (inzwischen zu Weiß verblasst) und rotem Email verziert: möglicherweise beziehen sich die Farbgebung und die Wahl der Materialien von orientalisch-mediterraner Herkunft gerade auf den Wein, ein wertvolles Getränk, das von den Kelten von der Südseite der Alpen importiert wurde.

Die Schnabelkan. ist ein Gefäß z. Ausschenken v. Wein, das . etruskisc. Umgebu. hergestellt, Prestigeobjekt v. den keltisch. Adeligen importi. und in der Folge v. einheimisch. Handwerk. angefertigt wur.

▲ Schnabelkanne von Basse-Yutz (Frankreich), Anfang des 4. Jh. v. Chr., London, British Museum.

Das Gräberfeld von Aylesford wurde 1890 von Arthur Evans ausgegraben. Die Keramikgegenstände sowie das Ritual der Verbrennung belegen, dass Südengland im Laufe des 1. Jh. v. Chr. von einem keltischen Stamm besiedelt worden war, der aus der Gallia Belgica stammte. Die Kultur, die sich aus den Kontakten der einheimischen Bevölkerung mit den Neuankömmlingen ergab, wurde schließlich als »Aylesford-Kultur« bezeichnet.

Die Henkelatta-schen sind aus Bronze und stellen eine männliche Figur mit Helm dar, der von einem halbmondförmigen, nach unten weisen-den Helmschmuck bekrönt ist.

Der hölzerne Eimer ist mit Bändern aus Bronzeblech beschlagen, die mit getriebenen Rosetten und gebogenen, in Voluten endenden Motiven verziert sind.

In Behältnissen dieser Art befanden sich bei Festbanketten Getränke. Von den antiken Historikern wissen wir, dass die Kelten puren Wein zu trinken pflegten, im Gegensatz zu den mediterra-nen Völkern, die den Wein mit Wasser verdünnten.

Der Eimer gehört zu der Grabausstattung eines Brandgrabs; zu den Grabbeigaben gehörten auch eine Kanne und eine bronzene Pfanne, die den Verstorbenen als hochrangige Persönlichkeit ausweisen.

▲ Eimer von Aylesford,
Ende des 1. Jh. v. Chr.,
London, British Museum.

Gegenstände dieser Art sind nie bei Siedlungsausgrabungen gefunden worden: einige Exemplare stammen aus Gräbern, während der Großteil absichtlich in Sümpfen und Flüssen versenkt worden war.

Der Löffelgriff wurde in einer Gussform gegossen, in die das Zirkelschlagmuster eingraviert war.

Mangels schriftlicher Zeugnisse ist es fast unmöglich, die wirkliche Verwendung dieser Löffel festzustellen; ihre Eleganz und die Verwendung von Bronze schließen aber einen Gebrauch beim Essen im Alltagsleben aus.

Das Loch mit einem Durchmesser von etwa 2 mm wurde in den gegossenen Gegenstand gebohrt. Man nimmt an, dass durch dieses Loch eine rituelle Flüssigkeit in den darunterliegenden Löffel floss.

Diese Art Löffel wurde stets paarweise gefunden: einer hatte ein kleines Loch, der andere eine konkave, vierfach unterteilte Seite. Man nimmt an, dass sie zur Vorhersage der Zukunft verwendet wurden, indem eine Flüssigkeit durch das Loch gegossen wurde, die in den unteren Löffel floss; die Deutung dürfte je nach dem Bild variiert haben, das die gesammelte Flüssigkeit ergab.

▲ Keltischer Bronzelöffel, 50 v. Chr. – 100 n. Chr., London, British Museum.

Der Rand ist mit Silberblech verkleidet, das umgebogen und mit Nieten befestigt ist, die einen Menschenkopf mit hoher Stirn und rundlichen Wangen darstellen; unter dem Rand verläuft ein rechteckiger, mit reliefierten Rosetten geschmückter Streifen, an den kleine dreieckige Bleche anschließen, verziert von Helme tragenden Menschenfiguren mit erhobenen Händen.

Das Horn endet in einer silbernen Spitze in Form eines Vogelkopfes mit gekrümmtem Schnabel, der eine Volute bildet.

Das 44 cm lange Exemplar weist eine reiche silberne Dekoration auf, die es zu einem besonderen Prestigeobjekt macht, das bei Zeremonien oder Festgelagen des Adels verwendet wurde.

Für dieses Trinkhorn wurde das Horn eines Auerochsen, der wilde Vorfahren der heutigen Rinder, verarbeitet. Bereits Tacitus, römischer Historiker aus dem 1. Jh. n. Chr., berichtet, dass es bei den Germanen Brauch war, aus den Hörnern dieses Tieres Trinkbehälter herzustellen.

▲ Angelsächsisches Trinkhorn, Ende des 6. Jh., aus dem Fürstengrab in Taplow (Buckinghamshire), London, British Museum.

Das Schiff, eine Arbeit einheimischer Meister, hat Bug und Heck in Form von Tierköpfen, ein Typus, der später bei Wikingerschiffen wohlbekannt sein sollte.

Das Relief schmückte das Grabmal eines römischen Weinhändlers vom Anfang des 3. Jh. n. Chr.; das Schiff dürfte ein Hinweis auf den Beruf des Verstorbenen sein.

▲ Relief aus der Kaiserzeit, Südwestdeutschland, Anfang des 3. Jh. n. Chr., Trier, Rheinisches Landesmuseum.

Die Form der Fässer einheimischen Typs lässt annehmen, dass das Schiff Wein transportierte, der im Moseltal produziert wurde.

Die Mannschaft besteht aus sechs Ruderern und zwei Steuermännern; aus den Bordwänden des Schiffes schauen zweiundzwanzig Ruder hervor.

> »...vielmehr trägt der Mann [der Rus] ein Gewand, welches die
> Hälfte seines (Körpers) umhüllt... Jede ihrer Frauen hat auf beiden
> Brüsten eine Büchse aus Eisen, Silber, Kupfer oder Gold«. (Ibn Fadlan

Kleidung

**Weiterführende
Stichwörter**
Rolle der Frau,
Selbstbild,
Kunst und Handwerk

Eine Rekonstruktion der Kleidung von Kelten und Germanen ist
dank archäologischer Funde möglich. Schmuck und Gewebereste
aus Gräbern erlauben es, plausible Hypothesen sowohl zu den
Kleiderformen als auch zu den textilen Techniken aufzustellen.
Seltener hingegen sind die Bilddokumente, die oft von Vorbildern
aus dem mediterranen Raum beeinflusst sind. Die aus Quellen gewonnen Beschreibungen sind sehr lückenhaft. Man nimmt an, das
männliche Basisgewand bei Kelten und Germanen bestand aus einem kurzen Kittel und Hosen (lateinisch *bracae*) aus Stoff oder
Leder. Die Frauen trugen einen Kittel bis zum Knie oder den Knöcheln und eine Stola über den Schultern, die eine Art Kapuze bildete. Schon reicher vorhanden sind Bilddokumente, die eine Rekonstruktion der Wikingerkleidung erlauben: die Männer trugen
eng anliegende Hosen und einen langärmeligen Kittel, die Frauen
kleideten sich in lange, manchmal gefältete Unterkleider, die von
einem kürzeren Trägerkleid bedeckt wurden. Sowohl bei den Kelten als auch bei Germanen und Wikingern wurden die Kleider mit
phantasievoll gestalteten Nadeln geschlossen, die durch Einlagen
aus Bernstein und Korallen noch wertvoller wurden. Ledergürtel
mit auffälligen Schießen rafften die Kittel an der Taille zusammen.

Zum Schutz vor
Wetterunbilden
trug man lange
Mäntel aus –
wahrscheinlich
gefilzter – Wolle;
nördlichere Völ-
ker verwendeten
auch mit Fell ge-
fütterte Klei-
dungsstücke.

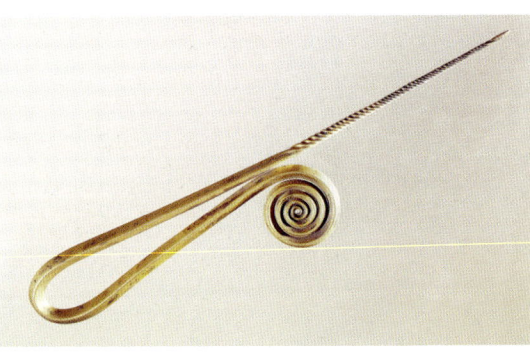

▶ Spiralen-
förmige Ansteck-
nadel aus Gold,
etwa 600 v. Chr.,
aus Roerup,
Kopenhagen,
Nationalmuseet.

Diese Urne, von der hier ein Detail zu sehen ist, wurde im Inneren eines Hügelgrabs gefunden, zusammen mit vielen Keramikgefäßen, Spindeln und Schmuck, die einer reichen Dame aus der Eisenzeit gehörten.

Die Figur ist Teil einer komplexeren Szene, die zwei Frauen beim Spinnen und Weben und einen Lyraspieler zeigt: man nimmt an, dass es sich um eine Darstellung der Tätigkeiten in einem Frauengemach und von Frauen handelt, die der Aristokratie angehören.

Das Gewand ist mit konzentrischen Kreisen geschmückt, die vielleicht als runde Anhänger oder aufgenähte Metallbuckel zu deuten sind.

Die Frau trägt ein glockiges, ärmelloses und knielanges Kleid.

Zeugnisse aus vorgeschichtlicher Zeit, die eine Rekonstruktion der Kleidung dieser Epoche erlauben, sind sehr selten: die Wissenschaftler müssen ihre Hypothesen auf der Grundlage einzelner Funde, spärlicher Bilddokumente und ausnahmsweise erhalten gebliebener organischer Reste aufstellen.

▲ Urne aus der Hallstattzeit (Detail), Ende des 7. Jh. v. Chr., aus Sopron (Ungarn), Wien, Naturhistorisches Museum.

Bei den aufgehängten Gefäßen handelt es sich um Situlen; das rechte Exemplar ist eine Rippensitula, während die Behälter links und in der Mitte dieselbe Form wie die Situla Benvenuti aufweisen. Die rechte Figur, die eine Tasse erhebt, scheint zum Kauf einzuladen. Einer anderen Hypothese zufolge könnte Hausrat mit ausgestelltem Geschirr dargestellt sein, und der Mann könnte zum Festmahl einladen.

Die Situla Benvenuti *ist ein mit reicher Treibarbeit geschmücktes bronzenes Gefäß. Die Darstellungen sind auf Streifen über den gesamten Korpus verteilt. Der oberste Streifen, zu dem diese Szene gehört, stellt ein Fest von Adeligen dar.*

Der Mann trägt einen langen Mantel bis zum Knie, Schnabelschuhe und einen breitkrempigen Hut.

▲ Situla Benvenuti aus dem Etschgebiet (Detail), Ende 7. Jh. v. Chr., Este, Museo Nazionale Atesino.

Dank des Salzes sind organische Fundstücke im Salzberg-werk von Hallstatt, darunter Stoffe, erhalten geblieben: es wurden über hundert Kleidungsreste gefunden.

Zur Herstellung von Kleidern wurden rechteckige Stoff-stücke in Standard-format gewebt, anschließend zerschnitten und zusammengenäht.

Zur Eisenzeit wurden neben einfachen Geweben auch Stoffe in Köperbindung hergestellt, bei denen das Fischgrätmotiv mitunter durch die Verwendung verschieden-farbiger Fäden hervorgehoben wurde.

▲ Fragment eines keltischen Wollstoffes, 8.–3. Jh. v. Chr., aus dem Salzbergwerk in Hallstatt, Wien, Naturhistorisches Museum.

Kleidung

Ab der späten Bronzezeit setzt sich bei den europäischen Völkerschaften in der Kleidung der Gebrauch der Fibel durch, eine Anstecknadel ähnlich der heutigen Sicherheitsnadel, die zum Schließen von Mänteln, Schultertüchern und Teilen des Kittels verwendet wurde.

Die Fibel hat ein Ende in Form eines Tierkopfs, wahrscheinlich ein Pflanzenfresser. Die auffälligeren Fibeln gehörten zur weiblichen Tracht.

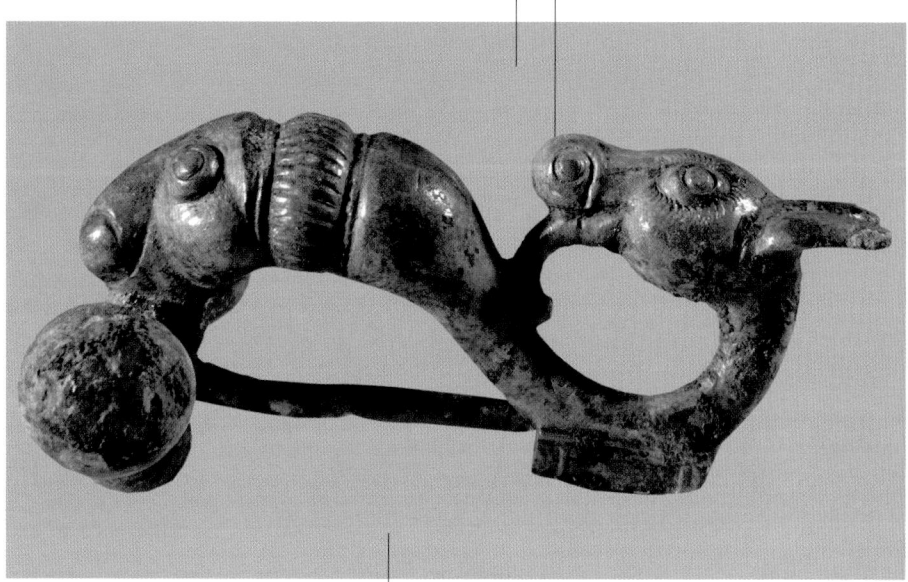

Die Fibeln, die vor allem aus Bronze und Eisen, seltener aus Silber oder Gold waren, wiesen je nach Mode sehr unterschiedliche Formen auf: genau deshalb stellen sie eine wichtige Hilfe für eine zeitliche Einordnung vorgeschichtlicher Kulturen dar.

▲ Keltische Bronzefibel, erste Hälfte des 5. Jh. v. Chr., Hallein, Keltenmuseum.

Ein wichtiges Accessoire der eisenzeitlichen Kleidung waren die Gürtelhaken; man schloss mit ihnen Gürtel, mit denen man jene Kittel an der Taille raffte, die zur Grundgarderobe der Zeit gehörten.

Der Gürtelhaken ist in der Mitte mit einer anthropomorphen Figur verziert; diese wird von kurvigen Linien eingerahmt, die in Vogelköpfen enden.

Die Gürtelhaken waren an Stoff- oder Ledergürteln befestigt; die raffinierter gearbeiteten Stücke gehörten zu den Frauenkleidern.

▲ Keltischer Gürtelhaken aus Bronze, 4. Jh. v. Chr., aus Hölzelsau (Deutschland), München, Prähistorische Staatssammlung.

Der Torques, *ein steifer Halsring unterschiedlichster Ausführung, ist ein typischer Schmuck bei den keltischen Völkerschaften; er taucht um das 6. Jh. v. Chr. auf.*

Der Reifenteil ist mit dreidimensionalen geschwungenen Voluten und trichterförmigen pflanzlichen Bögen verziert, kombiniert mit Spiralen von Schneckenhäusern; der Untergrund ist ein Netz von Zirkelschlagbögen, die sich überschneiden.

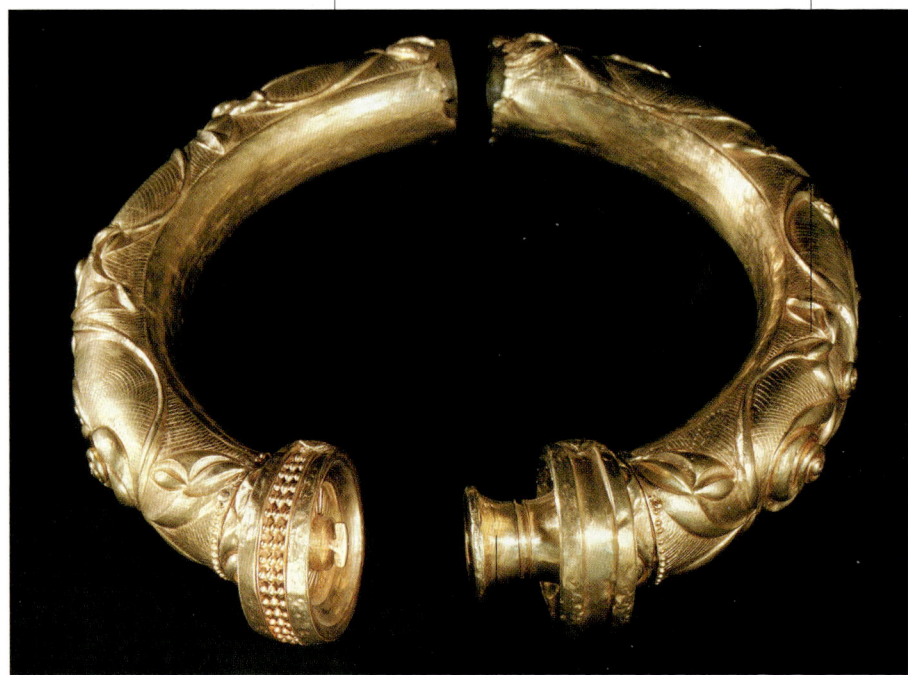

Der Torques *hat Pufferenden, die durch das Einführen eines hervorstehenden T-förmigen Zapfens in ein kleines, rechteckiges Zapfenloch geschlossen werden.*

▲ Keltischer *Torques* aus Gold, 1. Jh. v. Chr., aus Broighter, Dublin, National Museum of Ireland.

Die Statuette zeigt eine weibliche Figur, die einen kurzen Rock mit Schnüren trägt. Ein solcher Rock ist in der bildenden Kunst der Bronzezeit sowie durch den außergewöhnlichen Fund von Egdvedt dokumentiert, wo sich ein Exemplar in einem Eichenstammsarg erhalten hat.

Der Rock besteht aus Stoffstreifen, die von einem bandförmigen Rand ausgehen; die Frau trägt außerdem einen auffälligen Halsring und einen Armreif.

Die vergoldeten Augen und die Position der Figur scheinen darauf hinzuweisen, dass es sich um die Abbildung einer Frau in Gebetshaltung während einer religiösen Zeremonie handelt.

▲ Weibliche Statuette aus Bronze, germanisch, 800–400 v. Chr., Kopenhagen, Nationalmuseet.

Die Streifen dürften unter Verwendung eines kleinen horizontalen Brettchenwebstuhls angefertigt worden sein, der aus quadratischen, an den Ecken gelochten Brettchen aus Holz oder Knochen bestand, durch die die Kettfäden liefen; wurden die Brettchen um eine Vierteldrehung gedreht, entstand das Geflecht.

*Die beiden Anhänger zeigen zwei reich gekleidete Wikinger-
frauen; die linke Figur ist als Walküre gedeutet worden,
weil sie in den Händen ein Horn hält, wie die Dienerinnen
Odins, die den gefallenen Kriegern Met anboten.*

*Die beiden Frauen tragen ein langes,
rippenverziertes Gewand mit dreieckiger
Schleppe; die Haare sind lang und über dem
Nacken zu einem Knoten zusammengefasst.*

*Die Frau trägt über dem Kleid
einen langen Mantel, der mit
Kreisen, vielleicht aufgenähten
Metallbuckeln, verziert ist.*

▲ Wikingerzeitliche Anhänger
aus Silber, 10. Jh., aus Birka,
Stockholm, Antikvarisk
Topografiska Arkivet.

*Die Enden der Plakette sind mit geschnitzten Pferde-
köpfen verziert, die Augen und die Details der Mäuler
sind eingraviert. Die Pferdehälse und der rechteckige
Teil der Plakette sind mit geometrischen Motiven geschmückt: kleine, konzentrische Kreise und Dreiecke.*

*Gegenstände wie
dieser finden sich
normalerweise in
reichen Frauen-
gräbern in Nor-
wegen, seltener
auch in Irland
und Schottland.*

*Man nimmt an, dass Wikingerfrauen mit
diesem Gerät Leinenstoffe bügelten, mit Hilfe
von Glaskugeln, die das Gewebe glatt und
glänzend machten.*

▲ Wikingerzeitliche Plakette
aus Knochen, 11. Jh.,
aus Lilleberge (Norwegen),
London, British Museum.

*Die ovalen, konkaven Broschen setzten sich in der
Wikingertracht um das 10. Jh. durch; sie sind ein typischer
Schmuck der Frauenkleidung. Von ihrer Lage in den
Gräbern her kann man feststellen, dass sie über der Brust
zum Befestigen der Träger eines Kleids verwendet wurden,
das die darunterliegenden Kleidungsstücke bedeckte.*

*Die ovalen Broschen bestehen aus zwei Schichten:
eine untere, die dank der Durchbrucharbeit der
oberen sichtbar wird, und eine obere, die tiergestaltige Motive und Vorsprünge aufweist.*

▲ Ovale wikingerzeitliche
Broschen, 10. Jh., aus dem
Romsdalfjord (Norwegen),
London, British Museum.

Die beiden Teile des Rings sind beweglich: um die Fibel
zu befestigen, wurde die Nadel in den Stoff gestochen,
dann wurde der Ring so abgesenkt, dass er die Nadel
blockierte und eine Drapierung im Stoff schuf oder
zwei einzelne Stoffzipfel miteinander verband.

Die Enden des
Ringes sind mit
kurvigen Motiven
und farbigem
Email verziert:
diese Fibeln hatten,
abgesehen von
ihrer praktischen
Funktion, auch
einen dekorativen
Wert.

Ringfibeln dienten in der Wikingertracht
zur Befestigung schwerer Mäntel, mit
denen sich sowohl Männer als auch
Frauen vor der Kälte schützten.

▲ Emaillierte Ringfibel, 6.–7. Jh.,
gefunden im Fluss Shannon in der
Grafschaft Westmeagh, Dublin,
National Museum of Ireland.

Der Anhänger hat eine silberne Fassung; der Haken, der in einer doppelten Spirale endet, diente dazu, ihn an einer Kette oder Schnur aufzuhängen.

Die Wikingerkaufleute kamen bis nach Konstantinopel: die Form der Perle ließe vermuten, dass sie im Vorderen Orient angefertigt wurde, und nur die Fassung das Werk nordischer Handwerker sei. Der Fund einer Werkstatt für die Herstellung solcher Perlen aus Bergkristall hingegen bestätigt, dass sie von Wikingern angefertigt wurden.

Der Bergkristall (Quarz) wurde von den Wikingern wahrscheinlich vom Schwarzen Meer importiert.

Die Perle hat eine elliptische Form mit Eigenschaften, die den heutigen Linsen vergleichbar sind; man hat sogar die Hypothese aufgestellt, diese Anhänger dienten in Wirklichkeit als optische Instrumente.

▲ Wikingerzeitlicher Anhänger, 10.–11. Jh., aus Lilla Rone (Insel Gotland), Stockholm, Historiska Museet.

Dieser Armreif mit offenen Enden wurde wahrscheinlich um den Oberarm getragen; an den Enden befinden sich zwei Drachenköpfe mit aufgesperrtem Rachen, hervortretenden Augen und geblähten Nüstern.

Sowohl die archäologischen Funde als auch die Quellen erzählen, dass die Wikinger auffälligem Schmuck liebten; das Tragen von Gold und Silber war ein Zeichen von Ansehen.

Der Armreif ist aus mehreren gewundenen und miteinander verflochtenen Metallstäbchen gefertigt; eine aufgelötete Metallperlenschnur lässt ihn graziler wirken.

▲ Wikingerzeitlicher Armreif mit Drachenköpfen, Ende 11. Jh., aus Lilla Rone (Insel Gotland), Stockholm, Historiska Museet.

Früher hielt man dieses Gewebefragment für eine Manschette; heute nimmt man hingegen allgemein an, dass es sich um den Teil eines Schultertuchs handelt, das wahrscheinlich über einem Kittel getragen wurde.

Durch den Kontakt mit der Erde ist der Stoff heute dunkelbraun, ursprünglich dürfte er hingegen bunt eingefärbt gewesen sein.

Für die Wikinger war die Seide eine sehr wertvolle Ware und Zeichen von Macht und Reichtum; sie wurde wahrscheinlich aus Byzanz oder aus dem Vorderen Orient importiert.

Das Gewebe ist mit Silberfäden bestickt, die ein fortlaufendes, kurviges S-förmiges Motiv bilden: diese stilisierte Pflanzenverzierung scheint sich an byzantinischen oder nahöstlichen Stilen zu orientieren.

▲ Fragment eines Seidenstoffes mit Silberfäden, 10. Jh., aus Grab 12 des Wikinger-Gräberfeldes von Välsgärde, Uppsala, Museum Gustavium.

Die Schuhe der Wikinger waren normalerweise Ziegenleder und bestanden aus zwei Teilen: Oberleder und Sohle. Die Sohle hatte an der Ferse einen dreieckigen Fortsatz, der in eine entsprechende Vertiefung im Oberleder gesteckt wurde.

Nachdem die Lederstücke in geeigneter Weise zerschnitten wurden, nähte man sie mit einem Faden aus Wolle oder Leinen zusammen; in beide Lederstreifen wurde mit einer metallenen Ahle ein Loch gebohrt, dann ließ sich der Faden durchfädeln.

Die Schuhe der Wikinger konnten am Rist oder an den Knöcheln mit einem Schnürriemen geschlossen oder auch seitlich mit einer Lederschlaufe an einem Hornknebel befestigt werden.

▲ Angelsächsische Schuhe aus Leder, 5.–10. Jh., Oxford, Ashmolean Museum.

Selbstbild

Weiterführende Stichwörter
Rolle der Frau,
Krieger

Antike Quellen überliefern ein ambivalentes Bild von der körperlichen Beschaffenheit der Kelten, Germanen und Wikinger: einerseits werden ihre Bestialität, Flegelhaftigkeit, Unmäßigkeit und ihr vernachlässigtes Äußeres hervorgehoben; andererseits lassen viele Autoren Bewunderung für ihre Stattlichkeit und körperliche Stärke durchblicken. Die Bildzeugnisse und die Funde von kompletten Toilettengarnituren in Grabausstattungen rücken das Stereotyp des Barbaren mit langem Haarwust und struppigem Bart zurecht: Rasiermesser, Scheren und Pinzetten deuten auf den Brauch hin, die Länge von Haaren, Kinn- und Schnauzbärten sorgfältig zu regulieren. Das Vorhandensein von Hautschabeeisen zur Schweißentfernung deutet auf Körperpflegegewohnheiten hin, wie sie für die mediterrane Welt typisch waren. Die archäologischen Funde belegen auch einen reichlichen Gebrauch von persönlichem Schmuck, unter denen bei den keltischen Männern der *Torques* hervorsticht, ein massiver metallener Halsreif, Zeichen für Macht und Ansehen. Die Frauen verfügten über eine größere Vielfalt an Accessoires, darunter reiche Halsketten aus Bernstein und Glasfluss sowie Armreifen, Fesselreifen, Ohrringe und metallene Zopfringe.

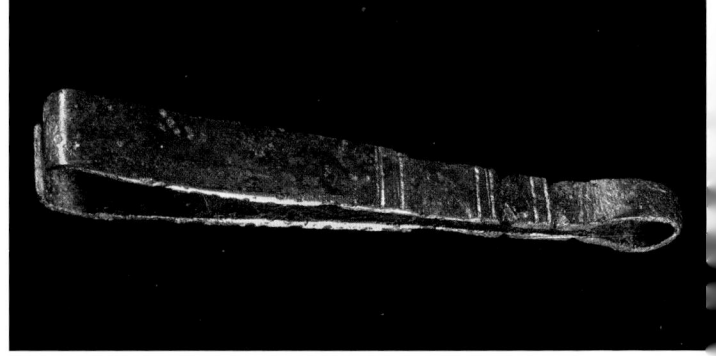

► Angelsächsische Pinzette, Kupferlegierung, 5.–6. Jh., aus Kempston, London, British Museum.

Die 8,8 cm große, bronzene Fibel ist ein bedeutendes Zeugnis für Menschendarstellungen der Kelten in der zweiten Hälfte des 5. Jh. v. Chr.

Das Gesicht ist mit erbitterten Zügen gezeichnet: kugelförmige und starre Augen, gerade Nase, gekrümmter Mund, hervortretendes Kinn; die Haare sind kurz und gleichmäßig nach hinten gekämmt.

Die Arme und der obere Teil des Körpers sind kaum angedeutet, quasi atrophisch.

Der Mann trägt ein knielanges Röckchen, vielleicht eine Tunika, mit reicher Verzierung: in den kreisförmigen Vertiefungen befanden sich ursprünglich Einlagen aus Koralle oder Bernstein.

Der Mann trägt spitzes Schuhwerk nach etruskischer Mode: sowohl die Kleidung als auch die Entscheidung, die gesamte menschliche Figur darzustellen, könnten bei dieser Fibel auf einen Einfluss mittelitalischer Kunst hinweisen.

▲ Anthropomorphe Fibel
aus Bronze, keltisch, etwa
450 v. Chr., aus Manětín-Hrádek,
Prag, Národní Museum.

Das Gesicht hat sehr lineare, ernste und feierliche Züge: die Augenbrauen sind gebogen, die Nase ist gerade und spitz, der Mund schmal und fein; großes Gewicht haben die Augen, durch ihre Größe und die ursprünglich vorhandenen, heute verlorenen Einlagen aus einem anderen Material.

Die Haare sind mit einem deutlichen Mittelscheitel frisiert und hängen weich über die Schultern, wo sie sich in einer wohlgeordneten Rolle wellen.

Der römische Historiker Plinius der Ältere berichtet in der Natur-kunde, *dass die Kelten die Erfinder des »Sapo« waren, mit dem die Haare rot gefärbt wurden: er bestand aus mit Tierfett vermischter Asche, der wertvollste wurde aus Buchenholz-asche und Gänse-fett hergestellt. Diese Zusammen-setzung wurde auch bei den Germanen verwendet.*

Der Menschenkopf schmückt die innere Platte eines Kessels aus Bronzeblech, der im Moor von Rynkeby gefunden wurde.

Die dargestellte Persönlichkeit, wahrscheinlich eine Gottheit, trägt um den Hals einen schweren Torques *mit Pufferenden.*

▲ Menschlicher Kopf auf einem keltischen Kessel, etwa 100 v.Chr., aus Rynkeby, Kopenhagen, Nationalmuseet.

Der nur fragmentarisch erhaltene Kessel von Rynkeby ist mit dem bekannten Kessel von Gundestrup vergleichbar: sie haben etwa dieselbe Größe, bestehen beide aus Platten, die die zylindrischen Wände dekorieren, und die Menschenbüsten weisen viele Ähnlichkeiten auf.

Auch wenn sie von kontinentalen Vorbildern beeinflusst ist, weist die Kunst der britannischen Kelten eigene originelle und besondere Züge bei der Herstellung von Spiegeln auf, die mit Zirkelschlagmustern und eingravierten Motiven verziert sind. Die ersten Exemplare aus Eisen entstehen um 300 v. Chr., aber die Hauptproduktion ist zwischen 75 v. Chr. und 50 n. Chr. anzusiedeln.

Die Schraffierungen erzeugen Lichteffekte, die die Komposition hervorheben.

Die Dekoration zeichnet sich durch kurvige Linien aus, die sich winden und schlängeln und eine in der anderen auflösen.

Die Spiegelscheibe wird von einer bronzenen Leiste umsäumt.

Diese Gegenstände haben einen separat gegossenen und durchbrochenen Griff, der seinerseits wieder an die geschwungene Verzierung der Spiegelscheibe erinnert.

Die Spiegel wurden aus stark polierten oder auf der Spiegelseite versilberten Bronzescheiben hergestellt; die Verzierung wurde in die Rückseite graviert.

▲ Keltischer Bronzespiegel mit Gravurdekor, 50 v. Chr.–50. n. Chr., aus Desborough (Northamptonshire), London, British Museum.

Die Haare des Mannes waren an einer Schläfe zusammengefasst und zu einem Achtknoten verschlungen, ohne Verwendung eines Bandes, das sie zusammenhielt: diese Frisur wird als Suebenknoten bezeichnet.

Für Tacitus waren alle Germanen aus dem Ostseegebiet und entlang des Elbelaufs Sueben.

Im Moor wurde ein Teil des menschlichen Gewebes konserviert, besonders die Haare, die heute durch die Bodensäure eine rötliche Farbe haben.

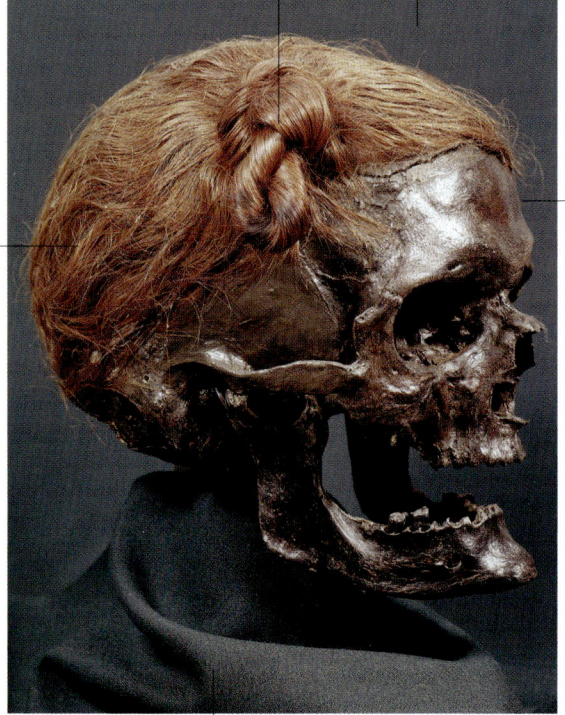

In seiner Beschreibung der Sitten der Germanen berichtet der römische Historiker des 1. Jh. n. Chr. über die Gewohnheit der Sueben, »obliquare crinem nodoque substringere«, das heißt, das Haar seitwärts zu streichen und in einem Knoten hochzubinden (Germania, 38).

Im Jahr 1948 wurde im Köhlmoor nahe Osterby ein Menschenkopf gefunden, der in Hirschleder gewickelt war; die Suche nach dem restlichen Körper verlief negativ; man nimmt an, dass der Mann von Osterby im Verlauf einer religiösen Zeremonie enthauptet, und sein Kopf zu rituellen Zwecken im Moor versenkt wurde.

▲ Kopf eines Toten mit geknotetem Haar, 1. Jh. n. Chr., Schleswig, Holsteinische Landesmuseen.

Der Mann trägt einen Helm oder eine sehr eng anliegende lederne Kopfbedeckung, an die eine Halsbrünne anschließt, die den Nacken bedeckt.

Im Gedicht Völuspá *heißt es, dass Odin sich als Zeichen der Trauer um den Tod seines Sohnes Baldur die Haare nicht mehr wusch. Daher wurde der Verzicht auf Körperpflege bei den Wikingern als Zeichen für ein katastrophales Ereignis empfunden.*

Die mittelalterlichen Chroniken, unter ihnen die Zeugnisse von Ibn Fadlan, heben hervor, dass die Wikinger unter den europäischen Völkerschaften Körperhygiene besonders schätzten.

Kinn- und Schnauzbart sind sorgfältig geschnitten und rahmen das Gesicht elegant ein.

Ibn Fadlan berichtet, dass die in Russland siedelnden Wikinger, die Rus, die Gewohnheit hatten, ihren Bart mit gelbem Safran zu färben; möglicherweise färbten sie auf die gleiche Weise auch die Haare.

▲ Wagen aus der Bootsbestattung von Oseberg (Detail), etwa 850 n. Chr., Oslo, Vikingskipshuset.

Die beiden Anhänger wurden aus Silber angefertigt, ihre Einzelheiten in Filigranarbeit und Granulierung ausgeführt.

Die grimmigen Züge von Augen und Mund scheinen Furcht bei dem erregen zu wollen, der sie betrachtet: vielleicht, weil die Anhänger eine Schutzfunktion ausüben sollten.

Die Gesichter sind einander ähnlich, mit runden Augen, gerader Nase und gebogenem Mund.

Augenbrauen und Schnauzbart sind durch gekrümmte, reliefierte Streifen hervorgehoben; der Bart wird durch die Streifen- und Lockenmotive der Filigranarbeit zu einem dekorativen Element.

▲ Wikingerzeitliche Anhänger aus Silber, 800 – 1000, aus Birka, Stockholm, Historiska Museet.

»Diese Farben, sagt man, schmelzen die Barbaren am Okeanos auf glühendes Erz; diese erstarren, werden hart wie Stein und bewahren das aufgemalte Ornament«. (Philostratos)

Kunst und Handwerk

Die Handwerker der Kelten, Germanen und Wikinger erreichten einen hohen Grad der Spezialisierung. Bei einigen Gegenständen entwickelten sie eine Form, die sich für die entsprechende Funktion so gut eignete, dass sie bis in unsere Tage fast unverändert blieb. Das Aufkommen eines spezialisierten Handwerks setzt einen bestimmten Grad der sozioökonomischen Entwicklung voraus. Daher konzentrierten sich die wichtigsten Werkstätten vorwiegend auf die stadtähnlichen oder städtischen Zentren, wo die Rohstoffe angeliefert wurden und wo der Austausch vielfältiger war. In den keltischen *Oppida* wurde ebenso wie in den Wikingerstädten eine große Menge an serienmäßigen Tonwaren und Gegenständen aus Knochen und Horn sowie aus Holz angefertigt. Besonders wichtig in der Hierarchie der Handwerker waren die Schmiede, die die Aufgabe hatten, Prestigeobjekte wie Waffen und Schmuck, aber auch grundlegende Gerätschaften wie Ackergeräte, Waagen, Geschirr und Küchengefäße, Zaumzeugbeschläge und Wagen herzustellen. Eine außergewöhnliche Geschicklichkeit erlangten sie in der Goldschmiedekunst. Aufgrund der Originalität und der emotionalen Kraft der Motive kann man hier eher von Kunstwerken als von einfachen Handwerksprodukten sprechen. In der Wikingergesellschaft nahmen die Zimmerleute eine wesentliche Rolle ein, die für den Schiffsbau zuständig waren und auch herrliche Schnitzarbeiten ausführten, mit denen die Schiffe oder Häuser verziert wurden.

Weiterführende Stichwörter
Gesellschaft, Münzen, Kleidung, Gewichte und Maße, Städte und Dörfer, Bauernhöfe, Bergwerke

▼ Keltische Schmiedewerkzeuge, 110 v. Chr.–100 n. Chr., gefunden im Fluss Lea, London, British Museum.

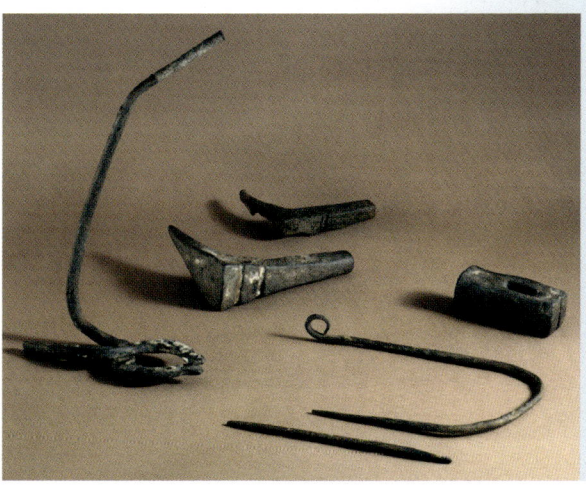

Seit der Bronzezeit verbreitet sich der Brauch, eine Reihe von Metallgegenständen zu vergraben, was in der Archäologie als Depotfunde bezeichnet wird. In einigen Fällen handelt es sich um Güter, die aus Furcht vor Diebstählen versteckt wurden, in anderen Fällen handelt es sich um das gesamte Arbeitsmaterial von Metallhandwerkern.

Die Depots, die auf Schmiede zurückzuführen sind, kann man am Metallschrott, den Barren, halbgefertigten Geräten, Schmelzschlacken und den zu ihrem Beruf gehörenden Utensilien erkennen.

Der Schmied war hauptsächlich ein wandernder Handwerker, der seine Arbeit anbot, indem er von Dorf zu Dorf zog; in vorgeschichtlichen Gesellschaften nahm er daher die wichtige Funktion eines kulturellen Vermittlers ein.

▲ Depotfund von Metallgegenständen, 12. Jh. v. Chr., Monneron, Saint-Germain-en-Laye, Musée des Antiquités Nationales.

*Aus Eisen wurden zahlreiche Werkzeuge herge-
stellt, darunter die Geräte, die von den Schmieden
selbst verwendet wurden: Hammerköpfe für den
Hammer sowie Zangen zum Anpacken der
Schmelztiegel und der glühenden Objekte.*

*Die Metallurgie entwickelte sich in
der keltischen Welt vor allem ab dem
4. Jh. v. Chr. auch dank der Impulse, die
sich aus den Kontakten mit mediterranen
und orientalischen Völkerschaften ergaben.*

▲ Keltische Schmiedewerkzeuge
aus Eisen, 6. – 5. Jh. v. Chr.,
aus der Byci Skala-Höhle
(Tschechische Republik),
Wien, Naturhistorisches Museum.

*Die Kelten bedienten sich hauptsächlich
zweier Typen von Schmelzöfen: großer
Kuppelöfen mit einem Durchmesser von
circa 1,20 m, sowie Rennöfen mit einem
Durchmesser von circa 35 cm und einer
Decke in Form eines Kegelstumpfs.*

Der Schmelztiegel, ein Gefäß, das in den Ofen gestellt wurde, um das geschmolzene Metall aufzunehmen, ist klein (die Aufnahmekapazität liegt bei etwa 40 ccm) und hat eine dreieckige Form mit abgerundetem Boden.

Die Matrize, die Gussform, in die das geschmolzene Metall gegossen wurde, wurde zur Herstellung von Radnaben verwendet; tatsächlich stehen sämtliche Matrizen von Gussage-All-Saints mit Wagenelementen und Zaumzeug-beschlägen in Zusammenhang.

In die Endphase der Besiedlung des Fundortes um das 1. Jh. v. Chr. gehört ein Abflussgraben, der Schichten von Asche, Kohlen, Abfälle aus dem Schmelzofen, Schmelztiegel, Eisen- und Bronzestücke sowie Fragmente von Matrizen beinhaltet. Der Graben bezeugt, dass es in dem Dorf eine sporadische, aber sehr intensive Metallverarbeitung gab.

Die Trense ist gelenkig und besteht aus drei Elementen: ihre Größe lässt sie für kleine Pferde geeignet sein. Osteologische Befunde haben ergeben, dass die Pferde von Gussage-All-Saints etwa 1,02–1,45 m hoch waren; die Knochen mit Anzeichen von Osteo-arthritis bestätigen, dass sie als Zugtiere verwendet wurden.

▲ Keltische Schmelzutensilien, 1. Jh. v. Chr., aus Gussage-All-Saints (in Dorset), London, British Museum.

Die Ansiedlung von Gussage-All-Saints entwickelte sich zwischen dem 5. Jh. v. Chr. und dem 1. Jh. n. Chr.; das Dorf war von einer Umfriedung umgeben, innerhalb der es Häuser mit rundem Grundriss und Gruben für die Konservierung von Getreide gab.

Die Spateln aus Knochen wurden von den Metallhandwerkern verwendet, die in Gussage-All-Saints arbeiteten, um das Wachs und den Ton bei der Herstellung von Matrizen für den Guss in verlorener Form zu modellieren; ein Großteil der Verzierungen wurde direkt auf dem Wachsmodell ausgeführt.

Nach dem Brennen der Gussform blieb anstelle des Modells ein Hohlraum mit seiner Form übrig, und in diesen wurde das geschmolzene Metall gegossen; wenn das Metall abgekühlt war, wurde die Matrize zerstört, damit man den Gegenstand herausnehmen konnte.

▲ Keltische Spateln aus Knochen, 1. Jh. v. Chr., aus Gussage-All-Saints (in Dorset), London, British Museum.

Beim Guss in verlorener Form wird ein Bienenwachsmodell des Gegenstands geformt, den man herstellen will; dieses wird mit Ton umgeben, in dem man ein Loch lässt. Die Form wird erhitzt, sodass der Ton hart wird, wohingegen das Wachs schmilzt und aus dem Loch austritt: daher kommt der Begriff »Guss in verlorener Form«.

Im 1. Jh. v. Chr. entstanden in East Anglia in Großbritannien bedeutende Torques aus Gold. Die wichtigsten Exemplare stammen aus den Depots von Snettisham und Ipswich.

Der Halsring besteht aus acht Goldstäbchen, jedes mit einem Durchmesser von 1,9 mm, die einzeln gedreht, dann gelötet und umeinandergewunden wurden, um einen einzigen großen Ring mit einem Durchmesser von 20 cm herzustellen.

In Snettisham gab es 1948, 1959 und 1990 zahlreiche kleine Schatzfunde, wobei goldene Torques, Armreifen, Gold- und Zinnbarren sowie Münzen zum Vorschein kamen.

Die ringförmigen Enden wurden getrennt in einer Form gegossen, dann wurde der hohle Teil auf die Stäbchen des Halsreifs gelötet.

Die Verzierung der Enden besteht aus reliefierten Motiven auf einem Untergrund von ziselierten Geflechten, die in einer Technik ähnlich wie bei den Spiegeln angefertigt wurden.

Dieser Torques wurde 1950 im Depot von Snettisham gefunden und stellt eines der Meisterwerke keltischer Goldschmiedekunst dar; er wurde aus Gold mit einem erhöhten Silberanteil gefertigt und hat das beträchtliche Gewicht von 1080 g.

▲ Keltischer *Torques* aus Gold, circa 75 v. Chr., aus Snettisham, London, British Museum.

Die Kelten verzierten ihre Metallarbeiten gerne mit rotem Email; dieses wurde oft zusammen mit roter Koralle eingesetzt. Früher meinte man, in der keltischen Kunst habe das Email die Koralle wegen der Knappheit dieses Materials ersetzt; jüngere Studien zeigten jedoch, dass rotes Email und Koralle gleichzeitig auftraten.

Das rote Email besteht aus Quarzglas mit Zusätzen von Blei und Kupfermonoxyd.

Das Email wurde angebracht, indem man es in halbgeschmolzenem Zustand in die Vertiefungen goss.

Die Plakette ist mit S-förmigen Linien verziert, die sich überschneiden; einige Zwischenräume sind mit gestanzten Punkten verziert.

▲ Keltische Plakette aus Bronze und Email, 1. Jh. n. Chr., aus Paillard, Breteuil, Musée Archéologique de la Region de Breteuil.

Die Kelten verwendeten zwei Techniken zur Anbringung von Email: das Email konnte in halbgeschmolzenem Zustand in dafür vorgesehene Vertiefungen gegossen werden, die zur besseren Haftung aufgeraut waren, oder aber das erstarrte Email wurde über das Metall gelegt und mit Stiften befestigt.

Das Gefäß wurde nach einem Verfahren ähnlich der rotfigurigen Vasenmalerei der griechischen Töpfer bemalt: das Gefäß wurde, noch ungebrannt, mit einem »Lack« verziert, der aus einer Verbindung auf der Basis flüssiger Tonerde bestand. Dann wurde es dreifach gebrannt: zuerst unter Zufuhr von Sauerstoff, damit es die rote Farbe annahm; dann ohne Sauerstoff, damit die Verbindung aus flüssigem Ton sich schwarz färbte; und schließlich von Neuem unter Zufuhr von Sauerstoff, damit die Teile mit der natürlichen Tonfarbe rot wurden, während die »lackierten« Darstellungen schwarz blieben.

Die Verzierung besteht aus Voluten, die sich um den Korpus des Gefäßes dreimal wiederholen; ihre Regelmäßigkeit setzt exakte Abmessungen beim Zeichnen der Motive voraus.

Ab dem 5. Jh. v. Chr. verbreitete sich der Gebrauch der schnellen Töpferscheibe für die Herstellung von Tongefäßen: man ging so von einer kleinen Produktion für den Hausgebrauch zu einer handwerklichen Produktion über, die für den Markt bestimmt war.

Das Gefäß wurde auf der Töpferscheibe produziert und ist eines der ersten in dieser Technik hergestellten Exemplare in Nordfrankreich.

Vor der Einführung der Töpferscheibe wurden die Gefäße mit der Hand modelliert: der Ton wurde in lange Wülsten gerollt, die, kreisförmig übereinander gelegt, den Korpus des Gefäßes bildeten; die Wülste wurden dann so geglättet, dass man eine gleichmäßige Wand erhielt. Mit dieser Technik sahen die Gefäße oft auffällig unsymmetrisch und unregelmäßig aus.

▲ Bemaltes keltisches Gefäß, zweite Hälfte des 4. Jh. v. Chr., aus Prunay (Frankreich), London, British Museum.

Die Töpferscheibe bestand aus einer hölzernen Scheibe, die auf einem Zapfen befestigt war, der sie mit einem kleineren Rad verband; wenn man es betätigte, übertrug sich die Drehbewegung auf die Scheibe, auf der die zu formende Tonmasse lag; mittels der Zentrifugalkraft konnte durch die Tätigkeit der Töpferhände ein Gefäß mit regelmäßiger Form entstehen.

Das Menschenantlitz wurde schematisch mit deutlichen Axthieben ins Holz gehauen, was die charakteristischen langen und dünnen Kerben des Schlages hinterließ.

Für die keltische Kultur dürfte Holz sowohl als Baumaterial als auch für Hausrat, Werkzeuge, Transportmittel, kunsthandwerkliche Arbeiten sowie für Gegenstände zu religiösen Zwecken eine außerordentlich große Bedeutung besessen haben.

Den holzgeschnitzten Menschenfiguren, die in den Mooren gefunden wurden, werden allgemein für Weihegabe gehalten; wenn sie in der Nähe von Straßen gefunden wurden, nimmt man an, es könne sich um Gottheiten handeln, die zum Schutz vor gefährlichen Passagen aufgestellt wurden.

Holz als organisches Material bleibt selten erhalten und wird bei archäologischen Grabungen nur dann gefunden, wenn es verkohlte oder in feuchter Umgebung, ohne Sauerstoff oder in sehr trockener Umgebung lagerte.

Der Körper wurde mit Absicht vernachlässigt; man beschränkte sich darauf, den Baumstamm zu entrinden und zuzuhauen.

▲ Männliches Götterbild aus Eichenholz, keltisch, etwa 1. Jh. v. Chr., gefunden in Ralaghan in der Grafschaft Cork, Dublin, National Museum of Ireland.

In keltischer Zeit wurden die Bäume vor allem mit Äxten, aber auch mit Sägen und Keilen gefällt, um daraus anschließend Pfähle, Balken und Bretter herzustellen. Um die Holzelemente miteinander zu verbinden, arbeitete man mit der Nut-Feder-Technik sowie mit Löchern, in die Holznägel gesteckt wurden; um die Bretter zu verbinden, verwendete man Klammerbänder aus Eisen.

*Der Verschluss des Hals-
schmucks befindet sich hinten:
die Enden der röhrenförmigen
Elemente links sind so gestaltet,
dass sie in die Enden rechts
hineingesteckt werden können.*

*Der Halsschmuck besteht aus
fast reinem Gold (22 Karat)
und wiegt 612 g: er wurde
1827 zufällig von einem
Bauern gefunden, der Steine
aus dem Boden klaubte.*

*Die Motive des Dekors weisen
einen naturalistischen Stil auf
und bestehen sowohl aus
menschlichen, tierischen als
auch geometrischen Motiven:
insgesamt sind es 105 Sujets.*

*Der Halsschmuck besteht aus drei
hohlen, röhrenförmigen übereinander
befindlichen Elementen, von denen jedes
jeweils aus drei, fünf und sieben Teilen
besteht, sodass der Durchmesser sich
von oben nach unten vergrößert.*

▲ Germanischer Halsschmuck
aus drei Ringen in Filigranarbeit
mit granulierten und gravierten
Figuren, 6. Jh., gefunden in Alleborg,
Stockholm, Historiska Museet.

Das Portal der Kirche von Hylestad ist ein Meisterwerk der wikingerzeitlichen Kunsttischlerei: auf ihm sind die wichtigen Szenen der Völsunga Saga dargestellt, die den Stoff für das Nibelungenlied bilden sollte.

Die Wikingerschmiede machten die Schwertklingen solider, indem sie den Kern aus Eisenbarren schmiedeten, die gehämmert, aufgekohlt und gefaltet wurden; die Schneide der Klinge wurde separat geschmiedet und mit dem Kern verschweißt, damit sie fein und scharf wurde.

Der Schmied Regin hatte Sigurds unbesiegbares Schwert geschmiedet: seine Klinge war so scharf, dass sie, so der Mythos, einen Wollfaden in der Flussströmung zweiteilen konnte.

Der Held Sigurd hatte die Macht seines Schwertes bewiesen, indem er kraftvoll auf den Amboss in der Werkstatt Regins schlug; das Schwert wurde nicht schartig, während der Schmiedeblock in zwei Teile zersprang.

▲ Relief des Portals der Kirche von Hylestad (Detail), 12. Jh., Oslo, Universitetets Oldsaksamling.

Wie in den vorgeschichtlichen Gesellschaften auch, dürfte bei den Wikingern die Figur des Schmieds eine gewisse Bedeutung innerhalb der Handwerkerschicht genossen haben, da er Wertgegenstände schuf, vor allem Waffen, die die Krieger groß machten.

In der nordischen Mythologie hüteten die Zwerge die Geheimnisse der Metallurgie: so lieferten zum Beispiel diese Geschöpfe Thors unbesiegbare Waffen.

In der Wikingerzeit und im Mittelalter war die Insel Gotland ein bedeutendes Zentrum für die Herstellung von Taufbecken aus Sandstein.

Auf dem Relief ist ein Zwerg in seiner Schmiede dargestellt, der einen Hammer in der Faust hält.

In der nordischen, aber auch in der indischen oder klassischen Mythologie werden die Wesen, die sich der Metallurgie widmen, oft von physischen Deformationen, Fremdheit oder einer Existenz am Rande gekennzeichnet: Beispiele dafür sind die Zwerge, Hephaistos, die Zyklopen oder Tvastri.

▲ Taufbecken (Detail),
12. Jh., von der Insel Gotland,
Stockholm, Historiska Museet.

In den vorgeschichtlichen Gesellschaften ebenso wie bei den Wikingern widmeten sich Frauen einen Teil des Tages dem Spinnen und dem Weben am senkrechten Webstuhl, der an die Hauswand gelehnt wurde; die Anfertigung der gewöhnlichen Stoffe war eine Tätigkeit, die autark innerhalb der Familie ausgeübt wurde.

Um zu vermeiden, dass die Kettfäden einzeln angehoben werden mussten, um den Schussfaden durchzulassen, wurden zwei oder mehrere Litzenstäbe verwendet, an die die Kettfäden mit Schlingen geknotet waren: legte man die Litzenstäbe abwechselnd nach vorne, zogen sie die angeknoteten Fäden automatisch mit, und so konnte der Schussfaden besser durchgezogen werden.

Auf dem senkrechten Gewichtswebstuhl wurden die Kettfäden durch Gewichte aus Ton oder Stein, an die sie unten geknotet waren, straff gespannt und parallel gehalten.

Die Schussfäden ließ man horizontal abwechselnd zwischen die Kettfäden gleiten: so konnte ein Gewebe entstehen.

▲ Rekonstruktion eines senkrechten Gewichtswebstuhls, Asparn/Zaya (Österreich), Museum für Vorgeschichte.

»Genau gegenüber … befindet sich in offener See eine Insel namens Basileia. An deren Strand spült der Wogengang in großen Mengen das sogenannte Elektron (Bernstein) heraus«. (Diodorus Siculus)

Transportmittel

Die von den Kelten, Germanen und Wikingern verwendeten Fortbewegungsmittel waren Pferd und Wagen für das Festland sowie Schiffe, um Binnengewässer und Meere zu durchqueren. Besonders die Wikinger bewegten sich bevorzugt auf Schiffen fort, während sie im Winter, wenn der Schnee das holprige Gelände bedeckte und die Wasserläufe vereist waren, Ski, Schlitten und Eislaufschuhe benutzten, und um zu Fuß vorwärts zu kommen, bedienten sie sich geeigneter Schneeschuhe. Die größeren Schlitten wurden von Pferden gezogen, die, um auf dem Eis nicht zu rutschen, mit eisernen Stollen an den Hufen ausgerüstet waren.

Besonders kompliziert waren die Reisen, die zur Versorgung mit einem so wesentlichen Rohstoff wie Zinn unternommen wurden. Da sich die reichsten Vorkommen dieses für die Herstellung von Bronze wesentlichen Erzes in Galicien, in der Bretagne und Cornwall befinden, muss man ein dichtes Netz von Kontakten zwischen Atlantik und Mittelmeer annehmen.

► Pferdekummet (Detail), 10. Jh., aus Sollested, Kopenhagen, Nationalmuseet.

Das Gräberfeld vom Dürrnberg besteht aus mit Erde bedeckten hölzernen Grabkammern. Die 1x2 m bis 3x3 m großen Konstruktionen waren aus Brettern errichtet, und in Bezug auf die Feldoberfläche nicht sehr tief. Es handelte sich hier sowohl um Körperbestattungen als auch um Brandbestattungen; in ein und derselben Kammer konnten mehrere Menschen beigesetzt sein.

Die Toten des Gräberfeldes waren mit ihren Kleidern und ihrem Schmuck begraben worden; die Männer trugen ihre Waffen mit sich. Im Grab waren auch Speisen niedergelegt: Rippenstücke vom Rind, Keulen von Schwein, Schaf oder Ziege; in einigen Fällen war ein ganzes, am Spieß gebratenes Schwein vorhanden. Es fehlte auch nicht an Getränken in metallenen Behältern: fermentierte Beerensäfte für das gewöhnliche Volk, importierter Wein für die Elite.

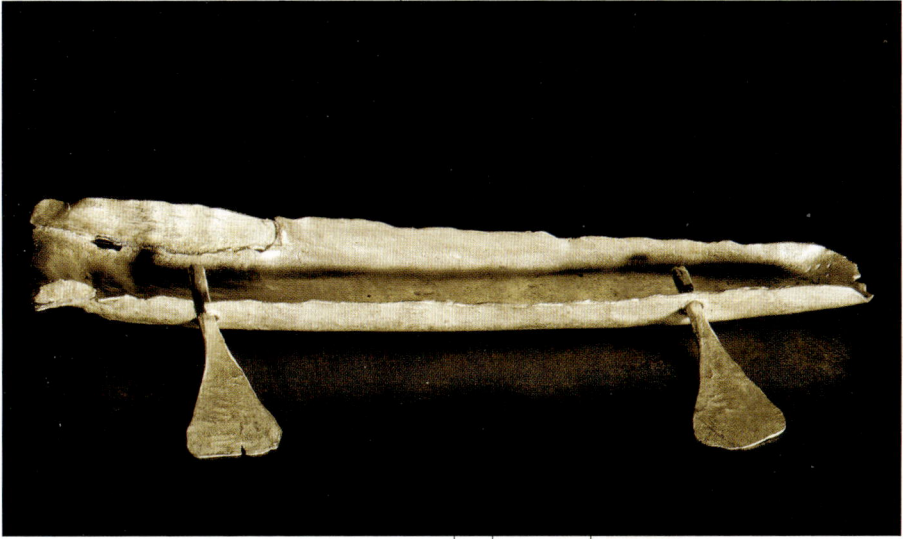

Grab 44/2 enthielt den Leichnam eines Kriegers, der auf einem zweirädrigen Kampfwagen beigesetzt worden war; seine Bewaffnung bestand aus einem Bronzehelm, einem eisernen Schwert, Pfeil, Bogen und drei Lanzen. Zur Grabausstattung gehörten eine Holzkanne mit Bronzebeschlägen, eine Bronzeflasche mit trommelförmigem Körper, die 17 Liter Wein fasste, der aus dem Süden über die Alpen importiert wurde, und eine Situla, in deren Innerem sich eine attische Kylix befand, die auf etwa 470 datierbar ist.

Unter den Grabbeigaben aus Grab 44/1 wurde dieses kleine, 6,6 cm lange Boot aus Goldblech mit zwei Rudern gefunden; es ist anzunehmen, dass es Bezug nimmt auf die Reise des Verstorbenen ins Jenseits.

Der am besten dokumentierte Typus des prähistorischen Bootes ist das hölzerne Kanu, das aus einem massiven Baumstamm gebaut wurde; die ältesten Zeugnisse stammen aus dem Mesolithikum, als steinerne Äxte aufkamen, die geeignet waren, Baumstämme von beträchtlichem Umfang auszuhöhlen. Aufgrund ihrer Robustheit, Regelmäßigkeit und der Dimensionen ihres Stammes eignete sich die Eiche dafür am besten.

▲ Kleines keltisches Boot aus Gold, Mitte des 5. Jh. v. Chr., aus Grab 44/1 des Gräberfelds vom Dürrnberg (Österreich), Hallein, Keltenmuseum.

*Die Kelten stellten je nach Notwendigkeit
verschiedene Wagentypen her; in technischer
Hinsicht empfingen sie bemerkenswerte
Impulse aus den Kontakten mit der italischen
Kultur; es gab Kriegswagen, Reisewagen und
Wagen für den Transport schwerer Lasten.*

*Im Hügelgrab der Fürstin von Vix
stand der Wagenkasten in der Mitte
der Grabkammer, in seinem Inneren
war der Körper der Verstorbenen
beigesetzt worden, die abmontierten
Räder lehnten an der Wand.*

*Die lange Deichsel,
an der die Pferde
eingespannt waren,
legte man in den
Wagengräbern
unter den
Wagenkasten.*

*Der Wagenkasten,
der Raum, der
die Passagiere
beherbergte, hat
eine lange und
schmale Form.*

*Die Speichenräder
sind groß und
haben massive
Naben.*

*Der Reichtum der bronzenen
Verzierungen und die Qualität der
Zaumzeugbeschläge lassen
erkennen, dass solche Wagen
nicht im Alltag benutzt wurden,
sondern Paradewagen waren,
Symbole für Macht und Ansehen.*

*Die den keltischen Fürstengräbern des 6. Jh. v. Chr.
beigelegten Wagen sind vom vierrädrigen Typus, der
für Kontinentaleuropa charakteristisch war und
Erbe einer Tradition ist, die auf die Bronzezeit
zurückgeht; in mediterraner Umgebung wurden
hingegen zweirädrige Wagen verwendet, die später
auch von den Kelten übernommen werden sollten.*

▲ Rekonstruktion des Wagens aus
dem keltischen Grab der Fürstin
von Vix, Châtillon-sur-Seine,
Musée Archéologique.

Als Cäsar in De Bello Gallico *den keltischen Stamm der Veneter beschreibt, der sich am Atlantik niedergelassen hatte, erzählt er, dass diese sehr viele Schiffe besaßen, mit denen sie Britannien erreichten und alle anderen Völker in der Schifffahrtskunst übertrafen.*

Das Schiff aus Goldblech ist das Modell eines Segelbootes mit neun Ruderbänken und den entsprechenden Rudern.

Das Depot von Broighter, das ausschließlich aus Gegenständen aus Gold besteht, wurde am Rand einer Meeresbucht in einem Salzwassersumpf gefunden, der periodisch sowohl vom Meer als auch vom Fluss Roe überschwemmt wird.

Die Gegenstände, aus denen das Depot besteht, sowie ihr Fundort lassen annehmen, dass es sich um eine Weihegabe handelt, die eine Meeresgottheit günstig stimmen sollte, wahrscheinlich Manann mac Lir.

▲ Modell eines keltischen Schiffs,
1. Jh. v. Chr., aus Broighter
(Grafschaft Derry), Dublin,
National Museum of Ireland.

Der Wagenkasten hat eine halbrunde Form mit reich geschnitzten Seitenwänden; die Bretter, aus denen er zusammengesetzt ist, sind eingezapft und mit Eisennieten gesichert.

Bei den Verzierungen mischen sich Tier- und Menschengestalten mit pflanzlichen Motiven: auf dem Stirnbrett sind zwei Menschen dargestellt, die von Ungeheuern, Schlangen und Vögeln angegriffen werden; es könnte sich um die mythische Episode von Gunnar in der Schlangengrube handeln.

An den Seitenwänden ist eine Vielzahl von Tieren im Profil dargestellt, die sich gerade untereinander packen und zerfleischen.

Auf dem oberen Brett der rechten Seite ist eine schwer zu deutende Szene dargestellt: ein Reiter, ein weiterer Mann, der ein Pferd an den Zügeln hält und ein Schwert umklammert, sowie eine Frau, die ihn am Handgelenk zurückzuhalten scheint.

Die Räder sind aus Buchenholz und haben sehr massive Radreifen, während die Speichen sehr dünn sind.

Der Wagenkasten ruht auf zwei bogenförmigen Trägern, deren Enden mit geschnitzten Menschenköpfen verziert sind.

▲ Wagen aus der wikingerzeitlichen Bootsbestattung von Oseberg, um 850, Oslo, Vikingskiphuset.

Unter den Grabbeigaben aus dem Hügelgrab von Oseberg befand sich ein herrlich geschnitzter Wagen: die Gesamtlänge inklusive Deichsel beträgt 5,50 m, die Höchstbreite 1,50 m und die Höhe 1,2 m. Reichtum und Überfülle der Verzierungen lassen annehmen, dass der Wagen im Verlauf religiöser Zeremonien verwendet wurde.

In der Bootsbestattung von Oseberg wurden drei Schlitten gefunden, die circa 3 m lang, 70 cm breit und 65 cm hoch sind; auch die Schlitten sind, wie der Großteil der aus diesem Grab stammenden Holzgegenstände, reich verziert.

Die Schlittschuhkufen bestanden zur Wikingerzeit aus Knochen, gewöhnlich aus dem Mittelfußknochen von Rind oder Pferd; sie wurden mit Lederbändern, die durch Löcher an den Enden liefen, an den Kufen befestigt.

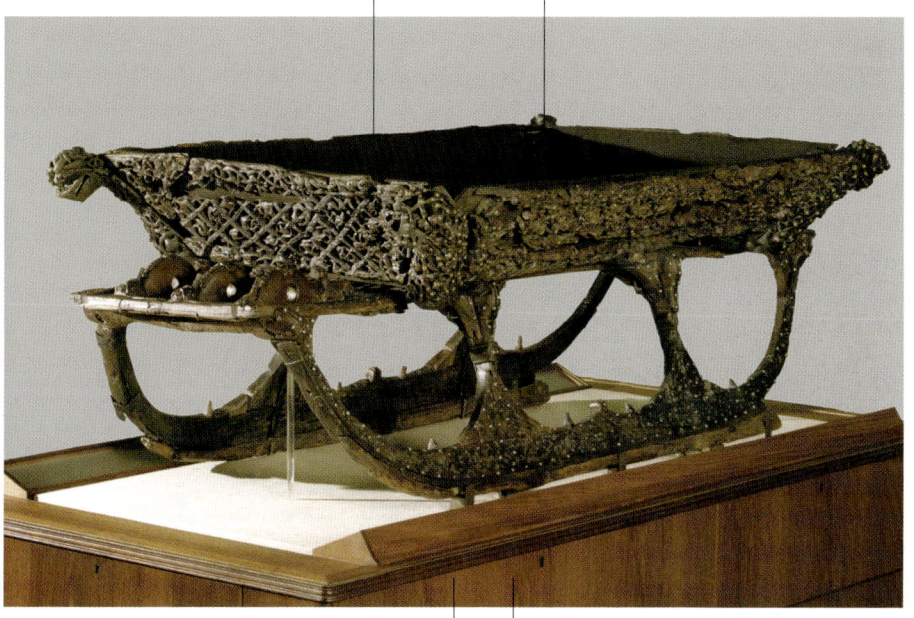

Die nordischen Völker klügelten Transportmittel aus, um sich auch bei Schnee fortbewegen zu können: abgesehen von den Schlitten hatten sie auch Ski und Schlittschuhe. Die Schlittschuhe nannten die Wikinger »Eisbeine«.

Die Schlitten wurden von zwei Pferden gezogen, die zur Wikingerzeit gedrungen (etwa 1,50 m) und robust waren: man vermutet, dass sie den heutigen Islandponys ähnelten.

▲ Schlitten aus der Bootsbestattung von Oseberg, um 850, Oslo, Vikingskiphuset.

Das eigene Pferd herauszuputzen, war für den Reiter ein Zeichen von Ansehen, Macht und Reichtum; diese gebogenen Kummete waren ein für Dänemark typisches Pferdegeschirr.

Der Bügel war aus Holz und wurde durch metallene Beschläge verschönert, die normalerweise aus vergoldeter Bronze waren.

Dieser Typus eines gebogenen Geschirrs wurde auf dem Rücken des Pferdes angelegt, die Zügel wurden durch das zentrale Loch geführt, um zu verhindern, dass sie sich verheddern.

▲ Wikingerzeitliches Pferde-kummet, 10. Jh., aus Sollested, Kopenhagen, Nationalmuseet.

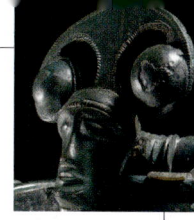

»Es ist nämlich streng verboten, ihre Lehre aufzuschreiben, während sie in fast allen übrigen Dingen, im öffentlichen und privaten Verkehr, die griechische Schrift verwenden«. (Gaius Julius Cäsar)

Schrift

Die Verwendung der Schrift im gesamten Keltengebiet steht in Zusammenhang mit der Entwicklung der vorurbanen oder urbanen Gesellschaft. Die Kelten erfanden jedoch keine Originalschrift, sondern nahmen die Schriften der Völker an, mit denen sie in Kontakt gekommen waren: die etruskische, griechische, iberische und lateinische Schrift, die sich alle vom phönizischen Prototyp herleiteten. Erst spät entwickelten sie in Großbritannien ein originales Schriftsystem, Ogam-Alphabet genannt. Die Inschriften sind im Allgemeinen sehr kurz und enthalten vorwiegend Patronymika und Personennamen. Das älteste keltische Schriftzeugnis stammt aus dem Gebiet der Kultur von Golasecca, benannt nach dem gleichnamigen lombardischen Ort: es handelt sich um eine Adaptierung des etruskischen Alphabets und ist ins Ende des 7. Jh. v. Chr. zu datieren. Auch die nordischen Völker entwickelten zu Beginn der christlichen Ära ein eigenes Schriftsystem, die Runen. Der Ursprung des Begriffs »Runen« enthüllt den sakralen Stellenwert: *rûnar* ist ein Wort aus dem Altgermanischen, das zur Bezeichnung magischer Geheimnisse verwendet wurde. Die ersten Inschriften verwendeten ein Alphabet von vierundzwanzig Buchstaben, während es im eigentlichen Wikingerzeitalter auf sechzehn Buchstaben reduziert wurde; der Großteil der Zeichen stammt aus einem oder mehreren Alphabeten Südeuropas, während die übrigen erfunden sind.

Weiterführende Stichwörter
Politische Einrichtungen,
Odin, Mythen

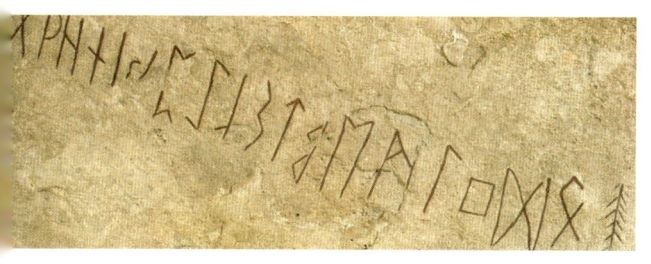

◄ Stein mit Runeninschrift, Stockholm, Historiska Museet.

Die Inschrift ist in einen 3,75 langen Sandsteinblock graviert und umfasst sechs Wörter, die linksläufig geschrieben und durch Interpunktionszeichen getrennt sind; die Buchstaben sind zwischen zwei horizontale Linien (Führungslinien) eingeschlossen, nach einem möglicherweise ursprünglich etruskischen Brauch.

Nach der allgemein akzeptierten Deutung beziehen sich die ersten zwei Wörter auf einen Personennamen, das dritte und vierte auf den Empfänger, das fünfte und sechste auf das Objekt und das Verb: die Inschrift könnte eine Widmung darstellen.

Die Inschrift verwendet das lepontische Alphabet (oder Alphabet von Lugano), das sich aus dem archaischen nordetruskischen Alphabet herleitet.

Die »lepontische« Sprache, die das nordwestliche Italien kennzeichnet, wird von den Wissenschaftlern als keltisch angesehen; es handelt sich um eine vorgallische Sprachstufe, das heißt vor der gallischen Invasion Italiens 388 v. Chr.

Das keltisch-etruskische Alphabet wurde zur Transkription der keltischen Sprache in den transpadanischen Gebieten (jenseits des Po) bis zur vollständigen Romanisierung gegen die Mitte des 1. Jh. v. Chr. verwendet.

▲ Keltische Inschrift aus Prestino, Como, erste Hälfte des 5. Jh. v. Chr., Como, Museo Archeologico Paolo Giovio

Die Steinplatte misst 25x30 cm und enthält eine Widmung: Segomaros, Sohn des Villo[nos], Bürger von Nemausos (Nîmes), hat der Göttin Belesama dieses Heiligtum gestiftet.

Die keltischen Inschriften sind in der Gallia Narbonensis ab dem 3. Jh. v. Chr. und im östlichen Mittelgallien ab dem 1. Jh. v. Chr. in griechischen Buchstaben verfasst, die sich aus dem ionischen Alphabet von Massalia (Marseille) herleiten, einer 600 v. Chr. gegründeten Kolonie der Phoker.

Die vier Buchstaben rechts in der fünften Zeile und die fünf links in der folgenden Zeile bilden den Namen BELESAMIS, das heißt, den Namen der Göttin Belesama, die sowohl in Gallien als auch in Britannien verehrt wird, mit den Gewässern in Zusammenhang steht und Beschützerin der Künste ist: sie wird bisweilen mit der römischen Minerva identifiziert und steht in Zusammenhang mit Brigit.

▲ Gallo-griechische Inschrift, 2.–1. Jh. v. Chr., aus Vaison-la-Romaine, Avignon, Musée Calvet.

Die Inschrift bezieht sich auf den
Gott Uniorix, wie auf der ersten
und einem Teil der zweiten Zeile zu
lesen ist (DEO OVNIORIGI): es
dürfte sich um eine lokale Gottheit
handeln, die vielleicht in Zusammenhang mit der Unterwelt stand.

Die Inschrift für den Gott Uniorix ist in eine
4,9 cm hohe und 7,6 cm breite Bleiplatte graviert;
die Buchstaben sind aus Punkten geformt.

Die lateinische Sprache war die letzte,
die von den Kelten angenommen wurde,
aber sie erfuhr die größte geografische
Ausdehnung, da sie sowohl im östlichen
Mitteleuropa als auch in Gallien, Iberien
und Britannien verwendet wurde.

Die Inschrift ist eine Widmung an
den Gott, wie man der Schlussformel
»EX VOTO« entnehmen kann, was
wörtlich »in Folge eines Gelübdes« bedeutet; sie wurde auf einem Gegenstand
angebracht, der einer Gottheit geopfert
wurde, um sich deren Intervention zu
sichern, oder aber als Zeichen des Dankes.

Sprache und Buchstaben der Inschrift
sind lateinisch: die ältesten Zeugnisse
für eine Verwendung der lateinischen
Schrift dürften der ersten Hälfte des
1. Jh. v. Chr. angehören.

▲ Keltisches Bleitäfelchen,
1. Jh. v. Chr., aus Le Châtelet de
Gourzon, Paris, Musée du Louvre.

Der Thorgrim Stone *befindet sich in der Kathedrale von Killaloe und ist etwa einen Meter hoch: ursprünglich befand er sich außerhalb und war, als Teil eines Hochkreuzes, größer.*

Der Stein weist auf beiden Seiten Ritzungen auf und trägt eine zweisprachige Inschrift, in Altnorwegisch und in Altirisch; auch die verwendeten Buchstaben sind unterschiedlich: Runen für das Altnorwegische und das Ogam-Alphabet für das Altirische.

Die Runeninschrift lautet: »[Þ]URGRIM RISTI [K]RUS ÞINA«, das heißt, »Thorgrim hat dieses Kreuz geritzt«.

Die Inschrift im Ogam-Alphabet besagt:«BEANDACHT [AR] / TOROQR[IM]«, das heißt, »Gesegnet für Thorgrim«.

Das Ogam-Alphabet ist die letzte der von den Kelten verwendeten Schriften: sie ist ausschließlich in den Inselregionen bezeugt, die keinem starken römischen Einfluss unterlagen; es handelt sich um eine Buchstabennotierung durch geritzte Linien, die in Bezug auf eine Kante oder eine vertikale Linie unterschiedlich angeordnet sind.

▲ *Thorgrim Stone* (Detail), Kathedrale von Killaloe, Grafschaft Clare.

Die Runeninschrift auf dem Stein von Rök ist die längste, die uns bis heute erhalten blieb: sie umfasst etwa 800 Runen im moderneren Stil mit 16 Buchstaben, einige allerdings sind vom alten Typ, andere wiederum bleiben unverständlich.

Der Stein, besagt die Inschrift, wurde von Varin zum Gedächtnis an seinen verstorbenen Sohn Vämod geritzt; im übrigen Text wird eine Zusammenfassung heldenhafter und mythischer Unternehmungen gegeben, die auf phantasievolle und poetische Weise beschrieben werden.

Der auf vier Seiten und oben geritzte Stein war beim Bau der Kirche von Rök erneut verwendet worden; in der zweiten Hälfte des 19. Jh. wurde er aus der Mauer gelöst. Die Inschrift ist in das 9. Jh. datierbar und ist die älteste im modernen Runenstil.

▲ Runenstein von Rök, um 800, Kirche von Rök, Schweden.

Der Runenstein von Karlevi wurde zu Ehren eines Anführers namens Sibbe errichtet und ist das einzige Beispiel für eine Inschrift mit einer gereimten Strophe nach der altnordischen Strophenform »Dróttkvætt« (Hofton), dem Versmaß der an den Höfen der Adeligen gesungenen Lieder.

Die in Prosa übertragene Inschrift besagt: In diesem Hügel verborgen liegt der Krieger (»Baum der Thrud der Kämpfe«), dem (die meisten wissen das) die größten Taten folgten. Nicht wird ein kampfstarker, untadeliger See-Krieger (»Wagen-Odin des weiten Grundes des Endill«) über Land in Dänemark herrschen.

▲ Runenstein von Karlevi, 10. Jh., Schweden.

Die Sprache der Inschrift ist voller Anspielungen, sie gebraucht viele Beiworte und formelhafte Ausdrücke, sogenannte Kenningar: der Wagen, um über die Meere zu reisen, ist zum Beispiel das Schiff, während das Reich des Meereskönigs das Meer selbst ist.

Die Inschrift ist in die Mitte des 11. Jh. datierbar: die Runen sind in eine Schlange oder einen Drachen eingeschrieben und müssen vom Kopf her gelesen werden, um beim Schwanz zu enden; dieser Kompositionstyp ist charakteristisch für die aufwendiger ausgearbeiteten Runensteine.

Die Inschrift erinnert an die Wikinger, die während eines Orient-Feldzugs im Kalifat starben; man glaubt, dass hier Bezug auf das glücklose Unternehmen genommen wird, das den Schweden Ingvar 1036–1042 gegen Persien führte.

Das 11. Jh. stellt besonders im Gebiet des Mälarsees in Schweden den Höhepunkt in der Entwicklung der Runen dar; zu einem Großteil handelt es sich um Gedenksteine zu Ehren Verstorbener.

Der Stein wurde von Tula für ihren Sohn Harald, Bruder des Ingvar, errichtet; man vermutet, dass Tula eine Konkubine von Ingvars Vater war, und dass Harald und Ingvar nur Halbbrüder waren.

Der Text der Inschrift enthält einen Kenning: um auf die Tötung vieler Feinde in der Schlacht hinzuweisen, sagt man, dass die Teilnehmer des Feldzuges »den Adler genährt haben«: tatsächlich wurden die auf dem Schlachtfeld gebliebenen Leichname zum Fraß für die Vögel.

▲ Runenstein von Gripsholm (Detail), 11. Jh., Schloss Gripsholm in Mariefred, Schweden.

»O mein Herr (Gott), ich bin aus weitem Lande gekommen und habe…Mädchen und…Zobelfelle … Ich wünsche, dass du mir einen Kaufmann besorgst, der viel Dinare und Dirhems hat«. (Ibn Fadlan)

Gewichte und Maße

Die Kaufleute der Wikinger verwendeten als Tauschwährung Silber nach Gewicht: der Wert eines Gegenstandes wurde auf der Basis einer bestimmten Menge dieses Metalls festgesetzt, das mit kleinen tragbaren Waagen gewogen wurde. Die häufigen Funde von Waagen und Silbergewichten in skandinavischen Gräbern weisen auf die große Bedeutung hin, die der Handel in der Wikingergesellschaft einnahm. Die Händler akzeptierten im Tausch auch fremdes Geld, wie die Münzen des Karolingerreiches und die arabischen Dirham, wobei sie deren Wert ebenfalls nach Gewicht schätzten; erst um das 10. Jh. begannen die Wikinger, eine eigene Währung zu prägen. In Handelszentren wie Haithabu oder Birka kamen Waren jeder Art zusammen: Gewürze und Seide, die über die russischen Flüsse verschifft wurden, das Gold kam von der Donau, die Waffen aus den Frankenreichen, die Weine vom Rhein. Ihrerseits exportierten die Wikinger Sklaven, Trockenfisch, Felle und Daunen; Island tauschte Wolle gegen Holz, während es in Norwegen und Grönland eine bemerkenswerte Produktion von Elfenbein aus Walrosszähnen gab. Die Handelszentren der Wikinger unterlagen Gesetzen zum Schutz der Händler. Ein Vertreter des Königs sorgte für die Einhaltung der Gesetze. Er war auch beauftragt, die Steuern einzutreiben, die aus einem Teil der Handelseinnahmen oder aus den Waren selbst bestanden.

Weiterführende Stichwörter
Münzen,
Städte und Dörfer

▼ Reste einer Waage mit einigen Bronze- und Eisenmünzen, 2.–1. Jh. v. Chr., aus dem keltischen *Oppidum* von Stradonice, Prag, Národní Museum.

Der Fund einer Waage aus einer Wikinger-
siedlung ist ein Zeichen dafür, dass diese
ein Handelszentrum war; diese Art von
Grabfunden ist typisch für Kaufleute.

Die Waagebalken
waren gelenkig,
sodass sie zusam-
mengelegt und in
einem Kästchen
verstaut werden
konnte.

Die Waagschalen
wurden von
Kettchen ge-
halten, die in
den Löchern
am Rand ein-
gehakt waren.

Solche Waagen wurden von den Händlern
verwendet, um das Rohmetall oder die
Münzen abzuwiegen, die sie zur Bezahlung
der verkauften Ware bekamen; der Wert
wurde auf der Basis einer bestimmten
Menge Silbers festgesetzt.

▲ Wikingerzeitliche Waage,
10. Jh., aus Birka, Uppsala,
Museum Gustavium.

*»Alle Gallier ... bestimmen ... alle Zeiträume ... nach der Zahl der
... Nächte; Geburtstage, Monats- und Jahresanfänge berechnen sie
so, dass die Nacht zum folgenden Tag zählt«.* (Gaius Julius Cäsar)

Zeitmessung

Weiterführende
Stichwörter
Politische Ein-
richtungen,
Schrift

Ein Beleg für das Verständnis von Zeitmessmethoden bei den Kelten ist der auf eine Bronzetafel geritzte Kalender, der 1897 in Coligny gefunden wurde: das lateinisch beschriftete Dokument aus dem 2. Jh. n. Chr. stellt einen traditionellen keltischen Kalender dar. Der Kalender von Coligny enthält einen Zyklus von fünf kompletten Mondjahren, jedes zwölf Monate lang, die abwechselnd 29 oder 30 Tage hatten; der Zyklus wird ergänzt durch zwei zusätzliche Schaltmonate. Jeder der aufgelisteten Monate begann mit der Nacht des ersten Viertelmonds. Die 30 Tage langen Monate werden als *mat* klassifiziert, das heißt als günstig, während die Monate mit 29 Tagen *anmat*, also ungünstig sind; eine Ausnahme ist der Monat *Equos*, der ein Monat *anmatu* ist, obwohl er 30 Tage dauert. Die ersten 15 Tage des Monats, während derer der Mond zum Vollmond wurde, galten als Lichtzeit, während die zweiten 15 Tage für eine Zeit des Dunkels gehalten wurden; die beiden Perioden werden durch den Begriff *atenoux* (Rückkehr zum Dunkel) getrennt. Der Kalender von Coligny entspricht einem sehr komplizierten System, das eine genaue Kenntnis der Bewegungen und Zyklen der Gestirne voraussetzt: die Zeitmessung basierte grundsätzlich auf den Mondphasen, und die Korrektur in Bezug auf das Sonnenjahr erfolgte durch das Einfügen zusätzlicher Monate innerhalb einer Fünfjahresperiode: das keltische Jahr konnte daher 355 oder 385 Tage haben, infolge der Einfügung eines Monats von 30 Tagen alle 30 Monate.

◄ Keltischer Kalender
von Coligny (Detail),
2. Jh. n. Chr, aus
Coligny, Lyon, Musée
de la Civilisation
Gallo-Romaine.

»Es gibt bei ihnen auch noch weitere Lieder, durch deren Wiedergabe…, sie ihren Mut anfeuern und den Ausgang eines bevorstehenden Kampfes allein schon aus dem Klang deuten«. (Tacitus)

Musik

Weiterführende Stichwörter
Gesellschaft, Krieger, Mythen

Die Rekonstruktion der keltischen Klangwelt geschieht zu einem großen Teil anhand von Bilddokumenten und Beschreibungen der Historiker, während Funde von Musikinstrumenten sehr selten sind. Die Darstellungen auf den bronzenen Situlen des venetischen Gebietes und auf den Tongefäßen des östlichen Mitteleuropas berichten von vier Arten von Instrumenten: Panflöte, Lyra, Einzel- oder Doppelflöte und Horn; sie begleiten das Festmahl und den Tanz, vielleicht im Zusammenhang mit religiösen Zeremonien. Angesichts der Typologie der Instrumente erscheint es wahrscheinlich, dass die Kelten, als sie die Gebräuche der mediterranen Völker nachzuahmen begannen und Luxusgüter und Weine für ihre Gelage importierten, auch die klassischen Instrumente annahmen, die die Gastmähler begleiteten. Die antiken Historiker hingegen befassten sich mit der Kriegsmusik, die dazu benutzt wurde, die Feinde in Schrecken zu versetzen: dazu verwendete man die *Karynx*, die keltische Trompete, die oft mit tiergestaltigen Schalltrichtern geschmückt war, vor allem in Form von Wildschweinköpfen; das Wildschwein wurde von den Kelten mit Krieg und Heldentod assoziiert. Auch bei den Wikingern waren die gebräuchlichsten Instrumente die Flöte, die Lyra sowie die Lure, ein metallenes Blasinstrument, das sich aus einem Vorläufer aus Tierhorn entwickelte. Diese Instrumente dürften religiöse Zeremonien und die Vorträge der Skalden, der Hofpoeten, begleitet haben.

► Goldmünze des keltischen Stammes der Katuvellauner, etwa 1. Jh. v. Chr., London, British Museum.

Auf den Behältnissen der frühen Eisenzeit sind Musiker dargestellt, die bei Festgelagen aufspielen und Prozessionen oder zeremonielle Tänze begleiten.

Das Fürstengrab vom Kröllkogel, das in die Zeit zwischen 620 und 550 v. Chr. datierbar ist, enthielt mindestens drei Personen, die mit reichsten Beigaben bestattet worden waren, darunter zahlreiche Gefäße aus Bronzeblech.

Die Figur entstand, indem man in die Rückseite des Bronzeblechs kleine Punkte für die Umrisse stanzte; der gesamte Dekor weist eine Kombination aus Punkten und getriebenen Buckeln auf.

Der Musiker spielt eine Doppelflöte, die den griechischen und etruskischen Aulòi vergleichbar ist. Unter den seltenen keltischen Instrumentenfunden befinden sich einige Knochenflöten, kugelförmige Flöten aus Ton und ein Horn mit sorgfältig geschnitztem Mundstück.

Im östlichen Mitteleuropa, in Norditalien und an der oberen Adria waren Musik und Tanz zur frühen Eisenzeit eng mit dem aristokratischen Bestattungsritual verbunden, wie die Gravuren auf den Bronzebehältern und Keramikgefäßen beweisen, die reichen Gräbern beigelegt sind.

▲ Hallstattzeitliches Gefäß aus Bronzeblech (Detail), 650–550 v. Chr., vom Kröllkogel bei Kleinklein, Graz, Landesmuseum Joanneum.

Die Szene ist Teil einer komplexeren Komposition, die auf der linken Seite mit der Darstellung eines Menschenopfers für eine Gottheit weitergeführt wird; ihr gegenüber defiliert eine Prozession von Fußsoldaten und Reitern vorbei, die von drei Kriegstrompetenbläsern begleitet wird.

Die keltischen Trompeten, die von den antiken Historikern beschrieben und auf einigen Bilddokumenten dargestellt sind, werden mit dem spätgriechischen Terminus Kàrynx bezeichnet, der ursprünglich dazu verwendet wurde, ein Horn oder eine Trompete aus Tierhorn zu benennen.

▲ Keltischer Kessel von Gundestrup (Detail), Anfang 1. Jh. v. Chr., Kopenhagen, Nationalmuseet.

Die Trompeten haben ein gerades Schallrohr und enden
mit einem Schalltrichter in Form eines Wildschweins mit
aufgerissenem Rachen: das Wildschwein ist für die Kelten ein
Tier, das Tapferkeit und Unbesiegbarkeit im Krieg verkörpert.

Die drei Musiker
tragen ein auf dem
Kessel von Gunde-
strup häufig vorkom-
mendes Kostüm:
Oberteil und enge,
knielange Hosen mit
vertikalen Streifen
sowie einem breiten
Gürtel um die Taille;
auf dem Kopf tragen
sie Helme mit kugel-
förmiger Kalotte.

Sowohl die schriftlichen und bildlichen Quellen als
auch die erhaltenen Instrumente machen deutlich,
dass die keltischen Hörner nicht eingesetzt wurden,
um Musik zu machen, sondern um dem ohnehin
furchterregenden Schlachtenlärm noch zu verstärken.

Auf diesem Gefäß begleitet der Lyraspieler zwei Frauen, die mit Spinnen und Weben beschäftigt sind, sowie zwei weitere Frauen mit erhobenen Händen, die vielleicht tanzen; die Musik ist hier also mit einer Szene aus dem Alltagsleben der Adelsschicht verbunden.

Diodorus Siculus, ein griechischer Historiker aus dem 1. Jh. v. Chr., berichtet, dass die »Bardoi« genannten Dichter der Gallier sangen und sich dabei mit einem Saiteninstrument – wahrscheinlich der Lyra – begleiteten.

Die Lyra hat vier Saiten, und der Musiker hält sie vor sich; auf den Szenen mit den Festmählern hingegen sitzen die Lyraspieler für gewöhnlich. In der Kunst der frühen Eisenzeit war die Lyra das vorherrschende Instrument, meistens in der Version mit vier Saiten, wie im homerischen Griechenland.

Der Musiker trägt ein weites Gewand, das mit Querstreifen auf schräg schraffiertem Untergrund verziert ist; der Kopf ist mit zwei kleinen konzentrischen Kreisen nur symbolisch wiedergegeben; die Glieder sind steif und schematisch.

▲ Urne aus der Hallstattzeit, Ende des 7. Jh. v. Chr., aus Sopron (Ungarn), Wien, Naturhistorisches Museum.

Auf spätkeltischen Darstellungen hat die Lyra eine U- oder V-Form, ähnlich der griechischen Kithara. Es handelt sich vor allem um Abbildungen auf Münzen oder um kleine Statuen, auf denen eine Gottheit dargestellt ist, die mit dem Bild des Instrumentes verbunden ist: man deutet diesen Gott als einen keltischen Apollo, Beschützer der künstlerischen Kreativität.

Diese als Lure *bezeichneten Instrumente gehen auf die Bronzezeit zurück und tauchen gewöhnlich paarweise in Mooren auf: man vermutet, dass es sich um Instrumente für Zeremonien handelt.*

Das Ende des Horns ist wie bei einem modernen Blasinstrument ausgeweitet, sein Ton ähnelt dem einer Posaune; manchmal ist die Schallöffnung mit Gravuren oder getriebenen Metallbuckeln verziert.

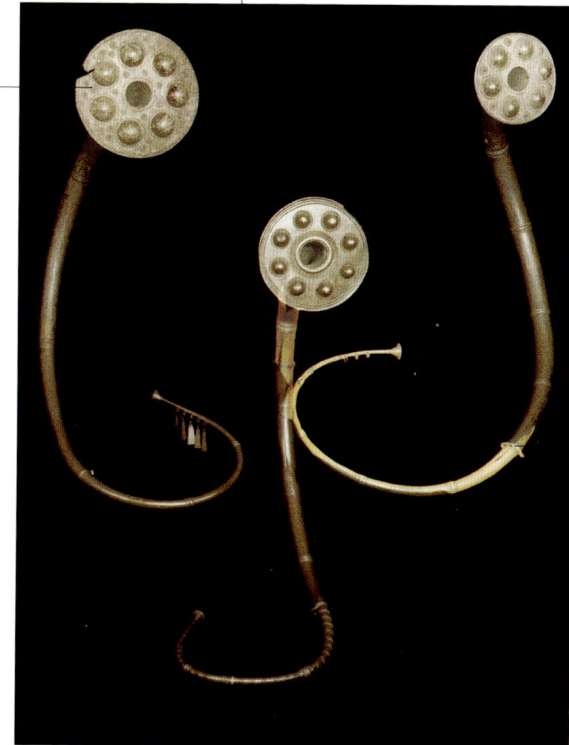

Der Korpus ist stark S-förmig gebogen und besitzt keine Löcher für die Finger; die Gesamtlänge beträgt etwa 2 m; sind die Instrumente paarweise, ist die Krümmung spiegelbildlich.

Mit dem Begriff Lure *werden auch Holzinstrumente bezeichnet, die in den Wikingerschiffen gefunden wurden. Hier handelt es sich um etwa 1m lange, röhrenförmige Hörner aus Holz mit ausgeweiteter Schallöffnung. In den nordischen Sagas werden sie als Instrumente für den Krieg bezeichnet, die verwendet wurden, um in den Truppen Ordnung zu schaffen und den Feind zu erschrecken.*

▲ Blasinstrumente,
1500–800 v.Chr.,
Kopenhagen, Nationalmuseet.

Das Portal der Kirche von Hylestad mit seiner großartigen Schnitzerei stellt die wichtigsten Szenen der Völsunga-Saga dar, deren Stoff Richard Wagner in der zweiten Hälfte des 19. Jh. im Ring des Nibelungen vertonen sollte.

Gunnar (Gunther) wird mit an den Rücken gefesselten Händen in die Schlangengrube geworfen.

Gunnar wird nach dem Tod seines Schwagers Sigurd mit seinem Bruder Högni von Atli, dem neuen Gemahl der Schwester Gudrun, Sigurds Witwe, gefangen gehalten. Atli hat die beiden Brüder mit einer List in sein Reich gelockt und gefangen genommen, um zu erfahren, wo die beiden Sigurds immensen Schatz versteckt haben.

Atli lässt den betrügerischen Gunnar in eine von Schlangen wimmelnde Grube werfen.

Plötzlich geschieht ein Wunder: in der Schlangengrube taucht eine Harfe auf, und Gunnar gelingt es, sie mit den Zehen zu spielen: die sanfte Melodie lähmt die Reptilien und lässt sie einschlafen.

Gunnar und sein Bruder haben das Gold Sigurds (Siegfrieds) irgendwo entlang des Rheinlaufs versteckt; wie der unglückselige Held hatten auch sie keine Ahnung von dem Fluch, mit dem der Zwerg Andavari den Besitzer des Schatzes belegt hat.

▲ Kirche von Hylestad, (Detail), 12. Jh., Oslo, Universitetets Oldaksamling.

Gunnar, der von Atli (Attila) gefangen genommen wird, gibt vor, das Versteck des Schatzes enthüllen zu wollen, wenn ihm das Herz des Bruders gebracht werde: die Kerkermeister kommen seiner Bitte nach, aber Gunnar verkündet, dies sei eine List gewesen, um zu verhindern, dass der Bruder den Ort preisgebe, an dem das Gold versteckt wurde.

Nach einiger Zeit erwacht eine Schlange und beginnt, sich dem Bauch Gunnars zu nähern: es ihr gelingt ihr, sich durch die Gedärme des Gefangenen zu fressen und seine Leber zu verschlingen, womit sie seinen Tod verursacht. So kann sich niemand in den Besitz des Nibelungenschatzes bringen, der von da an »Rheingold« genannt wird.

»Einige Edelleute kämpfen in den Turnieren … / andere singen Reigen und schöne Lieder / wieder andere schleudern im Freien Pfeile / und andere …spielen miteinander Schach«. (Raimbert de Paris)

Spiele

Weiterführende
Stichwörter
Formen der Macht,
Gesellschaft, Jenseits

Im Hinblick auf Zeitvertreib und Spiele bei den Wikingern messen die Quellen den bei den Adeligen beliebten Brettspielen besondere Bedeutung bei. Vor der Einführung des Schachspiels um das 11. Jh. waren Spiele verbreitet, die allgemein mit dem Begriff Tafl bezeichnet wurden, der sich vom lateinischen Tabula herleitete und auf das Brett bezog, auf dem man spielte. Eines der beliebtesten war das sogenannte *Hnefatafl*, Brett des Königs, bei dem ein Spieler acht Figuren hatte, um den König vor den sechzehn Figuren des Gegners zu retten. Das Schema der Herausforderung stand in der Tradition zahlreicher mittelalterlicher Spiele, bei denen die Gegner einander mit ungleichen Waffen gegenüberstanden. Gespielt wurde nach Regeln, die die Kontrahenten im Hinblick auf Figurenzahl, Bewegungsmöglichkeiten und Zielsetzungen voneinander unterschieden. Ein Vorläufer für Hnefatafl scheint das griechische Spiel *Penthe grammai* gewesen zu sein, ein Würfelspiel, bei dem die Figuren sich auf einem Brett mit fünf Linien bewegten. Erkennbar ist auch eine Verbindung zu dem antiken römischen Spiel *Latrunculi*, bei dem eine Figur gefangen genommen wurde, wenn sie von zwei Feinden auf einer Linie oder einer Reihe des Bretts umgeben war. Im Laufe der Jahrhunderte wurde das Schema von *Hnefatafl* vereinfacht, was zum Entstehen des Spieles namens *Tablut* führte, bei dem die Figuren auf die Kreuzungen der Linien und nicht in die Felder des Brettes standen.

◀ Wikingerzeitliche
Spielfigur aus Glasfluss
und Glas, 10. Jh.,
aus Birka, Stockholm,
Historiska Museet.

257

Diese Spielsteine gehören zu einer Gruppe von 24 Steinen, die in einem reichen Grab, wahrscheinlich eines Stammesführers, gefunden wurden: die Grabausstattung enthielt viele Gefäße für Festbankette aus Ton und Metall.

Glasfluss ist normalerweise hellgrün; um das Blau-Violett zu erhalten, fügte man Kobalt, für die blau-rote Farbe Kupfer und Zinn hinzu; um besondere Farbeffekte zu erzielen, brachte man auf den Untergrund unterschiedlich gefärbten Glasfluss an.

Der Glasfluss ist ein undurchsichtiger, glasartiger Werkstoff, den man bei einem unvollständigen Glasentstehungsprozess bei einer Schmelztemperatur um 850°C erhält.

Um diesen »Augen«-Effekt zu erzielen, hat man auf die Oberfläche des Objektes zu Spiralen gedrehte Tropfen angebracht, die dann gepresst und geschliffen wurden, um dem Spielstein Glätte zu verleihen.

Es ist unmöglich festzustellen, für welches Spiel diese Figuren verwendet wurden, zu denen vielleicht ein verloren gegangenes Holzbrett gehörte; aber sicherlich hat dieses Spiel mit den Erwartungen an ein Leben im Jenseits in Zusammenhang gestanden.

▲ Keltische Spielfiguren aus Glasfluss, etwa 40–20 v.Chr., aus Welwyn Garden City, London, British Museum.

Die Angelsachsen liebten Brettspiele sehr, wie die häufigen Funde von Würfeln oder Figuren in Männergräbern zeigen.

Die Figuren von Taplow stammen aus einem reichen Männergrab; sie wurden ordentlich aufgestellt gefunden, vielleicht weil sie auf einem Schachbrett oder in ihrer Schachtel aufgereiht worden waren.

Die 2,5 cm hohen Figuren mit einem Durchmesser von 3 cm bestehen aus Zylindern, die aus langen Knochen geschnitten und mit einer Knochenscheibe abgedeckt waren, die mit einer Niete aus vergoldeter Bronze befestigt war.

▲ Angelsächsische Spielsteine aus Knochen, 6. Jh., aus Taplow (Buckinghamshire), London, British Museum.

Der Begriff Hnefatafl, *Brett des Königs, ist eine Präzisierung des* Tafl *genannten Spieles, die in der späten Wikingerzeit notwendig wurde, als sich das Schachspiel,* Skakatafl, *verbreitete.*

In der nordischen Mythologie wurden Brettspiele von den Göttern während des Goldenen Zeitalters gespielt.

Die Spielsteine in kugelig-konischer Form sind aus Walrosselfenbein, während die menschliche Figur, der König, aus Walfischelfenbein ist.

▲ Wikingerzeitliche Spielfiguren, 10. Jh., aus Baldursheimur, Reykjavik, Thodminjasafn.

Ab dem 11. Jh. verbreitete sich das Schachspiel in ganz Europa; ursprünglich aus Indien, kam es über Vermittlung der Araber in den Okzident.

Schach wurde im Mittelalter vor allem von Adeligen gespielt.

Das Schachspiel von Lewis ist ein fein gearbeitetes Schnitzwerk aus Walross- und Walfischelfenbein.

In der Mitte befindet sich ein Bischof mit Hirtenstab und Missale in der Hand; an den Seiten des Bischofs zwei Fußsoldaten; unten der König (links) und die Königin (rechts); oben zwei Reiter.

▲ Schachfiguren, etwa 1150–1200, aus der Bucht von Uig (Insel Lewis), wahrscheinlich norwegisch, London, British Museum.

Totenkult

◄ Rekonstruktion eines keltischen
Hügelgrabs aus dem 6. Jh.v.Chr.
in Kilchberg, Deutschland

»Ihre Hauptlehre ist, die Seele sei nicht sterblich, sondern gehe von einem Körper nach dem Tod in einen anderen über«.
(Gaius Julius Cäsar)

Jenseits

Weiterführende Stichwörter
Krieger, Odin, Mythen

Um einen Begriff von den Jenseitsvorstellungen keltischer Bestattungen zu bekommen, helfen einige aufschlussreiche Textstellen antiker Autoren. Der Lehre der Druiden zufolge wurde das Leben der Seele durch den Tod des Menschen nicht unterbrochen. Zwei Daseinsformen konnte es nach dem Tod geben: in einer anderen Welt, getrennt von den Lebenden, mit denen man in der Nacht von Samain (1. November) in Kontakt trat, oder auf der Erde, aber in einem neuen Körper, in dem sich die Seele des Verstorbenen reinkarnierte. Die reichen Grabausstattungen der keltischen Elite scheinen sich auf den ersten Typus der Jenseitsvorstellung zu beziehen, in der der Mensch in der anderen Welt die Objekte und Symbole behält, die in der irdischen Welt für ihn charakteristisch waren. Man vermutet, dass die Seelenwanderung hingegen einer beschränkten Gruppe Eingeweihter vorbehalten war, nach dem Beispiel exklusiver Bruderschaften wie den Orphikern und Pythagoräern; mit dieser Vorstellung scheinen die neuen Bestattungsbräuche in Zusammenhang zu stehen, die ab dem 2. Jh. v. Chr. verbreitet waren. Der Verstorbene wurde eingeäschert und direkt in der Erde beigesetzt. Eine reiche Dokumentation zu den Todesvorstellungen der Wikinger stellen die gemeißelten Bildsteine dar: sie enthalten oft Bezüge zu den Jenseitsvorstellungen. Obwohl eine Deutung schwierig ist, ist es durch den Vergleich mit der Mythologie doch möglich, einige der dargestellten Geschichten zu rekonstruieren.

► Wikinger-Gedenkstein (Detail), 8. Jh., von der Insel Gotland, Stockholm, Historiska Museet.

Die Bildsteine der Insel Gotland stellen ein einzigartiges Dokument für eine Rekonstruktion der Vorstellungen dar, die die Wikinger vom Totenreich hatten: sie zeigen viele Bilder von Menschen, Göttern, Tieren, Schiffen und Symbolen, die als Flachrelief gemeißelt und ursprünglich schwarz, rot, braun und weiß bemalt waren.

Die auf den bemalten Steinen dargestellten Szenen sind in parallelen Streifen übereinander in einer Technik angeordnet, die an moderne Comics erinnert. Viele Darstellungen sind schwierig zu deuten, aber in einigen Fällen ist eine Rekonstruktion ihrer Bedeutung möglich, indem man sie mit den Mythen oder den nordischen Liedern vergleicht.

Die drei oberen Bilder zeigen Szenen von Krieg und Tod: zwei Männer in einem Haus kämpfen miteinander, während in der Mitte und rechts der Kampf zwischen mit Schwertern bewaffneten Kriegern und einem Reiter tobt; zwischen den Beinen des Pferdes liegt ein toter Kämpfer auf dem Boden; oben machen sich die Adler die Leichname der Gefallenen streitig.

Die ältesten gemeißelten Steine auf Gotland werden ins 5. Jh. datiert, die jüngeren ins 11. Jh.; die feiner ausgearbeiteten Werke stammen aus dem 8. Jh.; ein bemerkenswertes Beispiel unter diesen ist der Bildstein von Tängelgarda.

Der Bildstein von Tängelgarda ist 2,1 m hoch; die Szenen sind in vier übereinanderliegenden Reihen angeordnet und mit großem Detailreichtum, aber auch viel Eleganz und Ausgewogenheit in der Komposition der Sujets, in einem regelmäßigen Erzählrhythmus dargestellt.

▲ Wikingerbildstein von Tängelgarda, 8. Jh., Stockholm, Historiska Museet.

In den drei oberen Feldern des Bildsteins von Tängelgarda sind Szenen dargestellt, die untereinander zusammenzuhängen und somit eine Abfolge von Geschichten zu bilden scheinen.

Ein in der Schlacht gefallener Krieger wird auf dem Rücken von Sleipnir, dem achtbeinigen Pferd Odins, das der Gott den tapferen Verstorbenen für ihre Reise ins schickt, ins Totenreich transportiert.

Die mit Schwertern bewaffneten Krieger tragen knielange Puffhosen und halten Goldringe in den Händen, Symbole für die in der Schlacht eroberte Kriegsbeute.

▲ ► Wikingerbildstein von Tängelgarda (Detail), 8. Jh., Stockholm, Historiska Museet.

Eine Frau in weiter Tunika empfängt den Sieger mit einem Trinkhorn, um seine Tapferkeit zu ehren. Eine häufige Darstellung auf den gemeißelten Steinen ist die Begegnung zwischen einer weiblichen Figur, einer Walküre, und dem verstorbenen Helden, der soeben ins Jenseits gekommen ist, und dem sie ein Getränk reicht.

Der Sieger der Schlacht, auf dem Pferd, hält in einer Hand einen Goldring, ebenso wie die Männer seines Gefolges, um auf die reiche Beute aus dem Sieg hinzuweisen; der Krieger hat einen Rundschild, der mit einem Wirbelmotiv verziert ist.

Oft finden sich auf den Bild- steinen Motive mit unentziffer- barer, vielleicht symbolischer, vielleicht aber ausschließlich dekorativer Bedeutung.

Auf vielen gemeißelten Steinen ist ein Schiff dargestellt, das Bezug auf das Bestattungsritual der Wikinger nimmt, bei dem das Schiff zum Grab hochrangiger Verstorbener wird.

Auf dem ins 8. Jh. datierten Stein ist ein Boot dargestellt, mit aufgebogenem Bug und Heck und mit Spiralen verziert; das Auftauchen eines rechteckigen Segels sowie Mast und Kiel weisen darauf hin, dass die Wikinger im 8. Jh. jene technischen Perfektion erreicht hatten, die ihre Schiffe unbesiegbar machte.

Die Männer der Besatzung halten Ruder in den Händen, haben einen kugelförmigen Helm und einen Spitzbart.

▲ Bildstein von Tängelgarda (Detail), 8. Jh., Stockholm, Historiska Museet.

Der liegende Mann stellt einen in der Schlacht gefallenen Helden dar: in der nordischen Mythologie waren die im Kampf gestorbenen Krieger für Walhalla bestimmt, jenen paradiesischen Wohnsitz, der sie dafür entschädigte, ihr Leben in der Schlacht geopfert zu haben.

Der Reiter, vielleicht Odin, reitet das mythische achtbeinige Schlachtross Sleipnir, ein außergewöhnlicher grauer Hengst, der sowohl auf Erden als auch im Himmel galoppieren kann und schneller als der Wind ist.

Die Frau, die dem Helden ein Trinkhorn reicht, ist eine der Walküren, halbgöttliche Gestalten, die mit Lanze und Schild bewaffnet sind und während der Schlachten an der Seite Odins durch die Lüfte reiten, bereit, die Seelen der kämpfenden Helden einzusammeln. Die Walküren sind im Totenreich die Mundschenke der Krieger.

Der fragmentarische Gedenkstein zeigt im oberen Feld eine Szene, die im Totenreich angesiedelt ist, im unteren ist ein Schiff mit rechteckigem Segel abgebildet.

▲ Wikinger-Gedenkstein
von der Insel Gotland, 8. Jh.,
Stockholm, Historiska Museet.

*Walhalla ist als halbrundes
Gebäude mit drei bogenförmigen
Eingängen dargestellt, über denen
es sieben Öffnungen gibt.*

*Die verstorbenen
Kämpfer bereiteten sich
darauf vor, die Götter
in der höchsten und
letzten Schlacht zu
verteidigen, die das
Ende aller Zeiten
bedeuten sollte,
Ragnarök (»Schicksal
der Götter«, bei
Wagner: »Götter-
dämmerung«). Im
Zusammenstoß
zwischen den Kräften
des Chaos und den
Gottheiten sind die
Götter dazu bestimmt
zu unterliegen; erst
nach der totalen
Zerstörung wird eine
neue Welt erstehen.*

▲ Wikinger-Gedenkstein aus Ardre
(Detail) auf der Insel Gotland, 8. Jh.,
Stockholm, Historiska Museet.

Oberhalb von Odin ist der Verstorbene mit gekrümmtem Körper dargestellt, das Schwert noch in Händen. Die Einwohner Walhalls wurden »Einherier« genannt, das heißt, »der allein Kämpfende«, weil sie ihre Tage kämpfend verbrachten, während sie in den Nächten mit Odin tafelten und Met und Bier tranken, dargeboten von den Walküren.

Odin reitet sein achtbeiniges Schlachtross Sleipnir und begleitet einen Verstorbenen ins wohlverdiente Walhalla.

Walhalla (wörtlich »Wohnstatt der Gefallenen«) war das Reich, das die tapferen Helden empfing, die in der Schlacht gestorben waren; es befand sich inmitten des Göttersitzes Asgard; im Inneren befand sich Odins Thron.

»Die Leichenbegängnisse sind … prächtig und aufwendig;
alles, was ihrer Meinung nach den Lebenden lieb war, werfen sie
ins Feuer«. (Gaius Julius Cäsar)

Fürstengräber

Weiterführende
Stichwörter
Formen der Macht,
Rolle der Frau,
Krieger, Götter und
Helden,
Transportmittel,
Heiligtümer

▼ Armband und *Torques*
aus Gold, 6. Jh. v. Chr., aus
einem keltischen Hügel-
grab in Allenlüften, Bern,
Historisches Museum.

Ab dem 3. Jahrtausend v. Chr. tauchen in Europa einzelne Gräber auf, gewöhnlich große Hügelgräber aus Erde und Steinen, die sich durch den Reichtum der Beigaben auszeichnen. Das Vorhandensein von Waffen unter den Gegenständen des Verstorbenen lässt darauf schließen, dass sich innerhalb der bronzezeitlichen Gesellschaft eine dominante Kriegerelite etabliert hatte, der man außerordentliche Ehren erwies. Gleichzeitig schien sich nach dem Tod eines adeligen Kriegers ein Prozess der Verklärung zu vollziehen. In der keltischen Gesellschaft des 7.–6. Jh. v. Chr. hatte die Kriegerelite nunmehr eine gefestigte Machtrolle; die hervorragenden Familien hatten eine dauerhafte Vorherrschaft inne, und das Amt des *Fürsten* war wahrscheinlich erblich. Auch für das Bestattungsritual, das den bedeutenden Verstorbenen vorbehalten war, hat sich vermutlich eine Art Zeremonie mit festen Regeln entwickelt, deren Abläufe sich rekonstruieren lassen, nicht aber ihre genaue Bedeutung. Ein charakteristisches Element ist die Beisetzung des Leichnams auf einem vierrädrigen Wagen. Man vermutet, dass dieser Brauch dem griechischen Bestattungsritual der *Ekfora* entsprochen haben könnte, das heißt dem feierlichen Transport des Verstorbenen zur letzten Ruhestätte, der in der homerischen Dichtung beschrieben und auf Vasen der Geometrischen Periode dargestellt ist. Ein weiteres, für die keltischen Fürstengräber charakteristisches Element war das Beilegen von Bechern und Gefäßen zur Aufbewahrung von Getränken.

Wände und Fußboden der Grabkammer waren mit Stoffen bedeckt, die mit Eisenklammern am Holz befestigt und mit zwanzig Eisenfibeln zusammengehalten und drapiert waren. An der Südwand waren neun Trinkhörner aufgehängt: acht waren aus Knochen, mit Bronzehenkeln und goldenem Mundstück; eines war etwa einen Meter lang und aus goldverziertem Eisen.

Das Hügelgrab mit einem Durchmesser von 60 m war von einer Umfassungsmauer aus Steinen umgeben, in die Holzpfosten eingefügt waren. Zwei Gänge aus Steinen führen in die Mitte des Grabhügels, dazwischen liegt eine Rampe aus Erde, die mit Steinen verkleidet ist: vielleicht handelt es sich um den Eingang, durch den der Verstorbene in das Innere des Hügelgrabs geleitet wurde.

Das Grab, über dem das Monument erbaut wurde, befand sich im Zentrum des Grabhügels und bestand aus einer 11x11 m großen und 2 m tiefen Grube; darin befand sich die eigentliche, 4,7x4,7 m große hölzerne Grabkammer, die innerhalb einer größeren Holzkammer von 7,4x7,5 m lag; der Hohlraum zwischen den beiden Kammern war mit Steinen und Schutt verfüllt. Die Decke bestand aus Balken.

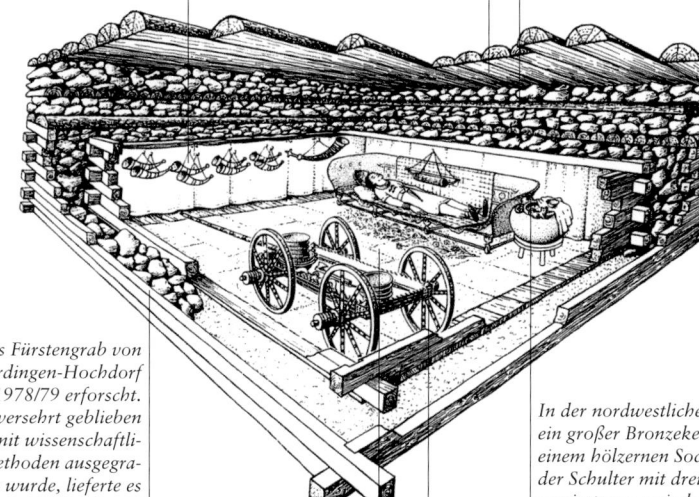

Das Fürstengrab von Eberdingen-Hochdorf wurde 1978/79 erforscht. Da es unversehrt geblieben war und mit wissenschaftlichen Methoden ausgegraben wurde, lieferte es einzigartige Funde und außergewöhnliche Daten über die Konstruktion von Hügelgräbern.

In der nordwestlichen Ecke stand ein großer Bronzekessel auf einem hölzernen Sockel, der auf der Schulter mit drei Löwen verziert war, zwischen denen die massiven Henkel eingefügt waren; er stammte aus einer griechischen Werkstatt. Analysen der Reste des Inhaltes auf dem Boden des Gefäßes ergaben, dass es sich um Met handelte.

Der Wagen hatte eine lange und schmale Plattform, vier große Räder mit massiven Naben und eine lange Deichsel; auf der Plattform lagen einige Bronzegefäße, eine Axt, zwei Lanzenspitzen, zwei Messer, und neben den Zaumzeugbeschlägen für zwei Pferde ein doppeltes Joch aus Holz und ein 1,90 m langer Treibstachel, um die Pferde anzuspornen.

Auf der Grundlage von Homers Dichtung und den Darstellungen auf den griechischen Vasen der Geometrischen Zeit kann man annehmen, dass der Wagen dem Ritual der Ekfora gedient hatte, das heißt für den Transport des Verstorbenen zu seiner letzten Ruhestatt. Möglicherweise sah das Begräbnis auch die Prothesis vor, die Aufbahrung, bei der Familie und Volk dem Verstorbenen ihre Ehrfurcht erwiesen, aber diese Phase der Zeremonie wird nicht durch archäologische Beweise belegt.

▲ Rekonstruktion des Fürstengrabes von Eberdingen-Hochdorf, zweite Hälfte des 6. Jh. v. Chr. (aus Celti, 1991)

Der Verstorbene trug einen flachen konischen Hut, der aus zwei runden, zusammengenähten Stücken Birkenrinde bestand und mit kreisförmigen, gestanzten Motiven verziert war: man nimmt an, dass er ein Symbol für den hohen sozialen Status des Verstorbenen war.

Der Tote trug einen um die Taille zusammengezogenen, mit Goldblech verkleideten Ledergürtel und einen eisernen Dolch, dessen dem Betrachter zugewandte Seite ebenfalls mit Goldblech verkleidet war.

▲ Goldene Schale und Dolch aus Eisen und Goldblech, zweite Hälfte des 6. Jh. v. Chr., aus dem keltischen Fürstengrab von Hochdorf in der Nähe von Ludwigsburg, Stuttgart, Württembergisches Landesmuseum.

Beim Kessel zu Füßen des Verstorbenen
fand man eine halbkugelförmige Goldschale,
die am Rand mit Treibarbeit verziert war;
sie diente vielleicht dazu, das Getränk
aus dem großen Kessel zu schöpfen.

Die Monumentalität des Grabes, die kostbaren Beigaben
und der Reichtum der Verzierungen weisen darauf hin,
dass der unter dem Grabhügel von Eberdingen-Hochdorf
bestattete Mensch jemand gewesen sein dürfte, der im
Herrschaftsgebiet des Fürstensitzes vom Hohenasperg
allerhöchste Bedeutung hatte.

*Dies ist eine der acht weiblichen Statuetten, die die
Liege mit ihren erhobenen Armen hielten. Der Stil
der Statuetten lässt annehmen, dass sie aus der
Hand eines anderen Handwerkers stammen als die
restliche Liege: hier handelt es sich wahrscheinlich
um einen einheimischen Toreuten (Metallkünstler).*

*Die bronzenen
Stützen sind in der
Matrize gegossen
und mit kleinen
Löchern verziert,
in denen Koralle
eingelegt war, um
einen farbliche
Kontrast
herzustellen, was
bei den keltischen
Völkerschaften
besonders
geschätzt wurde.*

▲ Menschliche Figur auf Rad,
zweite Hälfte des 6. Jh. v. Chr., aus
dem keltischen Fürstengrab von
Hochdorf in der Nähe von Ludwigsburg, Stuttgart, Württembergisches Landesmuseum.

*Die Figuren stehen auf Rädern, die
es ermöglichten, das Möbel nach vorne
und hinten zu schieben; außerdem
sind sie untereinander durch eiserne
Traversen verbunden, was dem Ganzen
Festigkeit und Stabilität verlieh.*

Am rechten Arm trug der Verstorbene einen Armreif aus gebogenem Goldblech mit einer Verzierung aus getriebenen Kreisen und Punkten. Den persönlichen Schmuck des Mannes vervollständigten Schuhbeschläge aus Goldblech: an ihrer nach oben gebogenen Form lässt sich erkennen, dass es sich um Schnabelschuhe gehandelt hatte.

Obwohl die Spuren älterer Siedlungen durch Bauten des Mittelalters und der Renaissance zerstört wurden, sind sich die Wissenschaftler in der Annahme einig, dass die Anhöhe von Hohenasperg im 6. Jh. v. Chr. an der höchsten Stelle eine befestigte Residenz beherbergte, den Sitz des Fürsten, der über die umliegenden Gebiete herrschte.

Es ist unmöglich, mit Sicherheit festzustellen, ob die im Hügelgrab von Eberdingen-Hochdorf bestattete Persönlichkeit in Beziehung zu dem auf dem Hohenasperg vermuteten Fürstensitz stand, der etwa neun Kilometer vom Ort der Bestattung entfernt ist.

Der Verstorbene trug zwei Schlangenfibeln aus Gold, die die Kleidung über der Brust zusammenhielten. In einer Tasche wurden drei Angelhaken gefunden, was darauf hinweist, dass der Mann gefischt haben dürfte, während an der Wand über dem Totenbett ein Köcher mit Pfeilen hing, der als Jagdwaffe gedeutet wird.

▲ Armreif und Fibeln aus Gold, zweite Hälfte des 6. Jh. v. Chr., aus dem keltischen Fürstengrab von Hochdorf in der Nähe von Ludwigsburg, Stuttgart, Württembergisches Landesmuseum.

Die Wahl der Motive für den Dekor (geflügelte Pegasen und Löwenpranken) weist darauf hin, dass der keltische Goldschmied auf die ikonografischen Vorbilder des mediterranen Raums zurückgegriffen hatte.

Der goldene Halsreif wurde lange als Diadem angesehen, weil er um den Kopf der Verstorbenen gefunden wurde, der nach hinten auf das Totenbett gefallen war. Eine anthropologische Untersuchung der Fürstin von Vix ergab, dass sie etwa fünfunddreißig Jahre alt war und an einer Zahnkrankheit gelitten hatte.

Die Filigranarbe und die Perlen fäden, die die Pfer chen verzieren, h ben eine mittle Dicke von 0,2 m und beschreibe Mäander in ein Höhe zwischen 1 und 1,8 mm; di beweist eine Ferti keit, die sich m den berühmtest etruskischen Gol schmieden mess kann, von denen d Handwerker v Vix stark beeinflus gewesen sein dürf

Das Grab ist wegen des Reichtums der Ausstattung und der großen Menge an importierten Gegenständen außergewöhnlich; ein Krater großgriechischer Herkunft, attische Trinkschalen, Bronzeschalen und eine Oinchóe etruskischer Herkunft sowie die italische Koralle zeigen, dass sich die keltischen Eliten den im mediterranen Raum vorherrschenden Geschmack angeeignet hatten.

Das Herstellungsverfahren für diesen Torques war äußerst kompliziert: eine Röntgenaufnahme ergab, dass er aus etwa zwanzig gesonderten Stücken zusammengesetzt ist, die einzeln durch Guss (Pferdchen und Pranken) und durch Hämmern ausgeführt wurden.

▲ Keltischer Torques aus Gold, Ende des 6.– Anfang des 5. Jh. v. Chr., aus dem Grab der »Fürstin von Vix«, Châtillon-sur-Seine, Musée Archéologique.

Das Hügelgrab der Fürstin von Vix hatte einen Durchmesser von 40 m, und in seinem Inneren befand sich die kubische Grabkammer von 3 m Seitenlänge, die mit hölzernen Brettern ausgekleidet war und eine balkengestützte Decke hatte.

Als sich im Laufe des 6. Jh. v. Chr. die Rolle der Aristokratie in der keltischen Gesellschaft festigte, bewirkte dies auch eine Teilhabe der Frauen an den Symbolen der Macht; auf diese Zeit gehen unter Grabhügeln liegende, reiche Wagengräber von Frauen mit prunkvollem Goldschmuck und importierten Bankett-Servicen zurück.

Die Armreifen sind aus Goldblech und haben eine elegante Verzierung aus geometrischen Motiven.

Die Aristokratie von Burgund bezog ihren großen Wohlstand aus dem Handel mit wertvollen Waren, die aus dem Norden und Süden Europas kamen: Bernstein, Pelze, Steinsalz, Pferde, Zinn, Wein und Geschirr.

Die unter dem Hügelgrab von La Butte bei Sainte Colombe begrabene Dame war mehr als 1,80 groß und auf der Plattform eines luxuriösen Wagens beigesetzt, dessen in Stoffe gehüllte Räder an jeder Seite ihres Körpers lagen.

▲ Zwei Armreifen und ein Paar Goldohr-ringe, 6. Jh. v. Chr., aus dem keltischen Hügelgrab von La Butte bei Sainte Colombe, Saint-Germain-en-Laye, Musée des Antiquités Nationales.

Aus der Region zwischen dem mittleren Rhein und der Mosel stammen die reichsten Fürstengräber aus dem 5. Jh. v. Chr., jener Epoche, in der sich die La Tène-Kultur herausbildete.

Charakteristische Beigaben aus diesen Fürstengräbern sind die goldenen Beschläge, deren Motive die keltischen Handwerker aus dem mediterranen Repertoire übernommen hatten.

▲ Verzierung einer Schale aus Goldblech, zweite Hälfte des 5. Jh. v. Chr., aus dem keltischen Fürstengrab Nr. 1 von Schwarzenbach (Rheinland), Berlin, Antikensammlung Preußischer Kulturbesitz.

Die goldene Schale aus Schwarzenbach ist eines der künstlerischen Meisterwerke der Kelten aus der zweiten Hälfte des 5. Jh.: die beiden ornamentalen Streifen des Schalenkörpers sind in Durchbruch gearbeitet und präsentieren sich als ein Netzwerk verschlungener Pflanzenformen. Verglichen mit den mediterranen Vorbildern erscheinen die Lotusblüten- und Palmettenmotive modifiziert und so kombiniert, dass sie als Ausdruck der keltischen Symbolwelt fungieren konnten.

Die Haare, die als eine Reihe vertikaler Striche wiedergegeben sind, werden von einer horizontalen Linie begrenzt, unter der wie bei den etruskischen Vorbildern kleine Locken zum Vorschein kommen.

Die Goldblechbeschläge aus dem Fürstengrab von Schwarzenbach sind ein Beispiel dafür, wie die keltischen Künstler des 5. Jh. v. Chr. das ikonografische Repertoire des mediterranen – vor allem des griechischen und etruskischen – Raums auf ihre Weise bearbeiteten.

Die mandelförmigen Augen sind kugelig und treten hervor, die Augenbrauen sind geschwungen, die Nase dreieckig, breit und platt, die Wangen voll und die Lippen fleischig.

▲ Beschlag aus Goldblech, zweite Hälfte des 5. Jh. v. Chr., aus dem keltischen Fürstengrab Nr. 1 von Schwarzenbach (Rheinland), Berlin, Antikensammlung Preußischer Kulturbesitz.

Das Fürstengrab von Kleinaspergle, heute 7,6 m hoch, mit einem Durchmesser von 60 m, ist unter den Grabmonumenten der Region von Hohenasperg das einzige, das seine ursprünglichen Dimensionen ungefähr beibehielt.

Das Hügelgrab wurde 1879 von dem Geologen Oscar Fraas erforscht, der eine Technik aus dem Bergbau anwandte: ein langer Tunnel wurde gegraben, der aufdeckte, dass die Hauptkammer in alten Zeiten ausgeraubt worden war, während eine zweite Kammer noch unversehrt war und wichtige Funde preisgab.

Die Grabausstattung umfasste wertvolles bronzenes Geschirr, zwei Trinkhörner und zwei attische Kylikes; bemerkenswert ist die Verdoppelung der Bankettgefäße zu Paaren.

Eine attische Kylix ermöglicht die Datierung des Grabes auf circa 420 v. Chr.: hier handelt es sich also um die jüngste Bestattung unter jenen Fürstengräbern, die dem Machtzentrum vom Hohenasperg zuzuordnen sind.

▲ Keltisches Fürstengrab von Kleinaspergle, 5. Jh. v. Chr., Asperg, Deutschland.

Das flache Wagengrab von Somme-Bionne maß 2,85 x 1,8 m und war 1,15 m tief. Der Boden war sorgfältig ausgehöhlt worden, um den Wagen mit zwei Rädern aufzunehmen, für die man an der Basis zwei tiefere Gruben ausgehoben hatte; an einem Ende war eine weitere T-förmige Grube ausgeführt worden, um die Deichsel und das Pferdegeschirr zu beherbergen.

Der Verstorbene lag auf dem Wagen. An der rechten Seite trug er ein langes Schwert mit bronzener Scheide, während an der linken Seite ein kurzes Schwert hing; in der Grube waren drei Eisenstangen, vielleicht Lanzen, und ein Trinkservice beigelegt.

Die Holzteile des Wagens sind verrottet, und nur die metallenen Elemente blieben übrig, darunter die beiden Radreifen und die Zaumzeugbeschläge.

Die bronzene Phalere (Zierscheibe) hat ein geschickt entworfenes Zirkelschlagmuster, das eine komplementäre Mehrdeutigkeit zwischen vollen und leeren Zwischenräumen entstehen lässt, die Rosetten, Lotosblüten und Swastiken in den Raum zeichnen.

▲ Keltische Phalere aus Bronze, zweite Hälfte des 5. Jh. v. Chr., aus einem Wagengrab aus Somme-Bionne (Frankreich), London, British Museum.

Zu Füßen des Verstorbenen war eine bronzene Weinkanne etruskischen Ursprungs beigelegt, die bei den Festbanketten zum Ausschenken von Wein diente.

Im Laufe des 5. Jh. v. Chr. verbreitete sich in der keltischen Welt der Brauch von Flachgräbern, in denen ein leichter, zweirädriger Streitwagen beigelegt wurde, der den früheren vierrädrigen Paradewagen ersetzte.

Der etwa dreißigjährige Verstorbene wurde auf die Plattform des Wagens in Fahrtrichtung gelegt; um den Arm trug er einen Goldreifen, auf der Brust lagen einige Knöpfe und zwei Bronzefibeln, was für ein reiches Gewand spricht. An der Seite des Leichnams befand sich eine Enthaarungspinzette, die der Gesichtspflege gedient haben dürfte.

Neben dem Leichnam waren eine Keramikschüssel mit Rinder- und Schweineknochen sowie ein großes Eisenmesser zum Zerteilen von Fleisch; dies könnte sich auf das Weiterleben im Jenseits oder aber auf das Festmahl beziehen, das anlässlich der Bestattungszeremonie abgehalten wurde.

Vom Wagen, auf dem der Leichnam niedergelegt worden war, sind nur einige Metallelemente erhalten; es handelte sich um einen Streitwagen, leicht und wendig, mit großen Rädern und von zwei Pferden gezogen. Dieser Fahrzeugtyp ist bezeichnend für Gräber von Kriegern.

▲ Keltisches Wagengrab, Anfang 4. Jh. v. Chr., La Gorge Meillet, Saint-Germain-en Laye, Musée des Antiquités Nationales.

Der Goldschmuck aus dem Grab ist ein Beispiel für die Merkmale des »Waldalgesheimstil« genannten keltischen Kunststils, der sich im 4. Jh. v. Chr. entwickelte. Charakteristisch hierfür wurde die keltische Version der Palmette, die das Motiv des göttlichen Antlitzes in Verbindung mit der Palmette oder dem doppelten Mistelblatt setzte.

Das Grab von Waldalgesheim wurde 1869–1870 ausgegraben; unter einem – zum Zeitpunkt der Entdeckung nicht mehr erkennbaren – Erdhügel befand sich eine 4 x 5 m große, hölzerne Grabkammer, die von einem Steinkranz umgeben war. Im Inneren fand man keine Skelettreste, aber eine reiche Ausstattung, die persönlichen Schmuck, Festgeschirr und Gegenstände umfasste, die zu einem zweirädrigen Wagen gehörten.

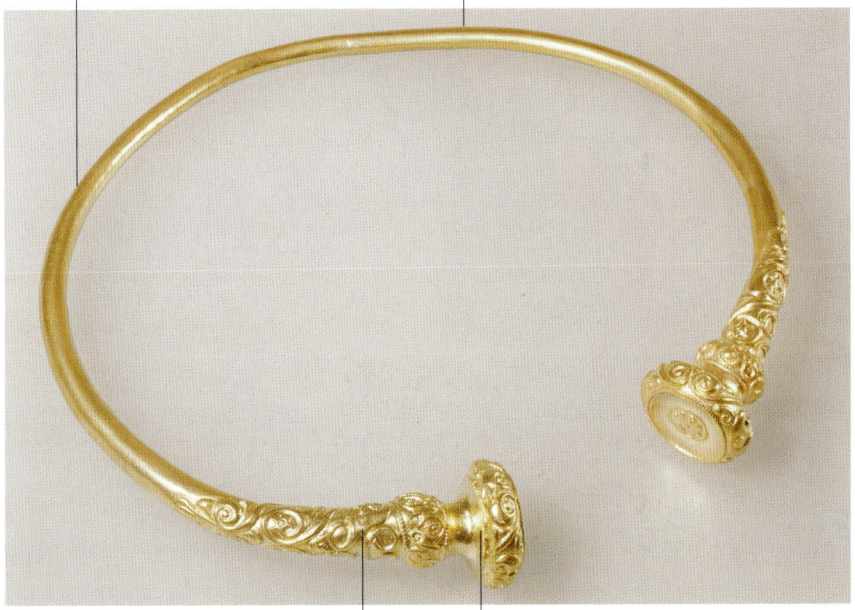

Die keltische Version der Palmette wird von den Wissenschaftlern »Pelta« genannt, was sie ihrer Ähnlichkeit mit dieser Form des antiken Schildes verdankt; sie entsteht aus der Verschmelzung der Palmettenblätter mit dem Volutenpaar.

Das Motiv der keltischen Palmette erinnert, verkehrt herum gesehen, an ein stark schematisiertes Gesicht, dessen Nase von der Tropfenform des mittleren Blattes, die Wangen von den zwei Dreiecken, die es einfassen, und die Augen durch die vereinfachten Voluten suggeriert werden.

▲ Keltischer *Torques* aus Gold, zweite Hälfte des 4. Jh. v. Chr., aus Waldalgesheim, Bonn, Rheinisches Landesmuseum.

Das Gesicht hat die klassischen Linien der bildenden Kunst der Kelten: mandelförmige, hervortretende Augen, gebogene Augenbrauen, dreieckige Nase.

Das Bronzeblech ist mit einer weiblichen Figur in Treibarbeit verziert, die eine auffällige Frisur mit einem doppelten S zu beiden Seiten des Kopfes trägt.

Das Kleid ist reich verziert mit gewundenen Motiven, die an das doppelte S der Frisur erinnern.

Der keltische Brauch, Wagen in den Gräbern beizulegen, setzt sich im 4. und 3. Jh. v. Chr. fort: der Wagen ist Symbol für Macht und Ansehen der höheren Schichten.

▲ Keltische Bronzeplakette mit getriebener anthropomorpher Figur, zweite Hälfte des 4. Jh. v. Chr., aus Waldalgesheim, Bonn, Rheinisches Landesmuseum.

Das sogenannte Königsgrab erhebt sich in der Nähe von Kivik im Südosten der schwedischen Provinz Schonen; es handelt sich um ein Hügelgrab aus der nordischen Bronzezeit, etwa um 1000 v. Chr. Den Namen verdankt das Bauwerk seiner stattlichen Größe: es hat einen Durchmesser von 75 m.

Das Hügelgrab wurde als Steinbruch für Baumaterial verwendet, bis zwei Bauern 1748 im Inneren eine 3,2 m lange Ziste aus Steinplatten fanden. In die Platten sind einige menschliche Figuren, Schiffe, ein von zwei Pferden gezogener Wagen, Luren sowie symbolische Zeichen geritzt.

Spätere Grabungen brachten links von der ersten eine zweite, 1,2 x 0,65 m große Ziste zutage; sie wurde ihrer kleineren Dimensionen wegen als Prinzengrab bezeichnet.

Sowohl das Königsgrab als auch das Prinzengrab enthielten keinerlei Funde, weder Knochen noch Grabbeigaben; man nimmt jedoch an, dass die beiden unter dem imposanten Hügelgrab bewahrten Gräber gleichzeitig für Persönlichkeiten angelegt wurden, die zweifelsohne innerhalb der Gemeinschaft, die ein solches Monument errichtete, eine besondere Rolle spielten.

▲ Blick auf den Eingang des sogenannten Königsgrabes, etwa 1000 v. Chr., Schonen, Schweden.

»Sie wuschen ihn …, sie richteten die Haare her, die hell waren wie das Morgenlicht, sie kleideten ihn in ein neues Gewand aus Leinen mit goldenen Säumen«. (Snorri Sturluson)

Bestattungen im Eichenstammsarg

Weiterführende Stichwörter
Rolle der Frau,
Kleidung,
Selbstbild,
Zauberkunst

Ein charakteristisches Begräbnisritual der nordischen Bronzezeit bestand in der Bestattung in Eichenstammsärgen, die in Hügelgräbern beigesetzt wurden. Der Bau solcher Grabmonumente dürfte mit Sicherheit den Einsatz vieler Arbeitskräfte erfordert haben. Die Art der Konstruktion zeigt außerdem, dass die Arbeiten mit großem Sachverstand geplant und geleitet wurden. Das Aufrichten eines Hügelgrabes brachte natürlich auch mit sich, dass ein Teil des wertvollen, flachen und fruchtbaren Erdreichs landwirtschaftlichen Tätigkeiten nicht mehr zur Verfügung stand. All dies lässt annehmen, dass den in den Hügelgräbern beigesetzten Menschen eine große Bedeutung zukam, andererseits bezeugt es auch einen starken Gemeinschaftssinn. Eine Analyse der Bautechnik zeigte, dass übereinandergelegte Rasensoden verwendet wurden. Wenn das Gras zu verfaulen begann, entstand im Inneren des Hügelgrabs eine anaerobe Umgebung, die den Kern des Grabhügels versiegelte und organische Materialien wie Holz, Stoffe, Tierhäute sowie einige Körperteile perfekt konservierte. Die in den Särgen gefundenen Leichname waren nach einem oft wiederkehrenden Ritual beigesetzt. Mit ausgestreckten Armen und Beinen lagen sie auf dem Rücken, in eine Rinderhaut gelegt oder eingewickelt, und in einigen Fällen mit Stoffgeweben bedeckt. Diese Art der Beisetzung ist von größtem Interesse, da sie Materialien, die normalerweise verrotten, in perfektem Erhaltungszustand überliefern.

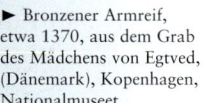

► Bronzener Armreif, etwa 1370, aus dem Grab des Mädchens von Egtved, (Dänemark), Kopenhagen, Nationalmuseet.

Der Sarg wurde 1921 zufällig von einem Bauern entdeckt; er war ost-westlich ausgerichtet und ruhte auf einem Untergrund aus Kieselsteinen; einige größere Steine lagen an den Seiten, um ein Umkippen zu verhindern.

Im Sarg war der Körper eines 16–18jährigen, 1,60 m großen Mädchens beigesetzt, das schlank war und kurze blonde, offene Haare trug; es lag mit ausstreckten Armen und Beinen auf dem Rücken.

Der Schnurrock besteht aus Wollschnüren, die von einem 1,5 m langen, bandförmigen Streifen herunterfallen; der Rock wurde zweimal um den Körper gewickelt. Die Weite beträgt 77 cm, 17 cm mehr als die Taille; es ist daher wahrscheinlich, dass er nicht um die Taille, sondern an den Hüften saß.

Die Verstorbene trug ein kurzes Hemd mit Ärmeln bis zum Ellenbogen; es war aus einem einzigen Stück Wollstoff angefertigt; zwei Stoffstücke, die um die Taille herum angenäht wurden, verlängern das Hemd.

Die Beine der Verstorbenen waren nackt, und die Füße in Stoffstreifen gehüllt, sodass diese Schuhe bildeten.

Die dendrochronologische Analyse des Holzsarges ergab, dass dieser aus der dänischen Bronzezeit von 1370 v. Chr. stammt.

▲ *Das Mädchen von Egtved, 1370 v. Chr., Kopenhagen, Nationalmuseet.*

Im Sarg des Mädchens von Egtved wurde ein Stoffbündel gefunden, das die verkohlten Knochen eines 6–8 Jahre alten Kindes enthielt.

Das Mädchen von Egtved trug einen Gürtel mit einer großen Schleife, und damit verbunden eine runde Bronzescheibe mit Spiralen und ein Hornkamm. Die Handgelenke waren mit bronzenen Armreifen geschmückt, und am linken Ohr trug es einen feinen bronzenen Ohrring.

Bevor der Sarg geschlossen wurde, wickelte man den Körper des Mädchens in eine Decke und schließlich in eine Rinderhaut. Zu seinen Füßen war ein Gefäß beigelegt, das ein fermentiertes Getränk auf der Basis von Getreide, Heidelbeeren und Honig enthielt.

Die bronzene Scheibe ist mit Streifen aus konzentrischen Kreislinien verziert, die sich mit Reihen ineinander übergehender Spiralen abwechseln; im Zentrum laufen sie in einer konischen Spitze zusammen. Spiralen und konzentrische Kreise sind häufige Dekorationen in der Bronzezeit; man meint, dass sie die Leben spendende Kraft der Sonne darstellen.

▲ Bronzene Scheibe, circa 1370 v. Chr., aus dem Grab des Mädchens von Egtved (Dänemark), Kopenhagen, Nationalmuseet.

Der Knochenkamm war mit einer Bronzescheibe an den Gürtel des Mädchens von Egtved gebunden und hatte eine dekorative Funktion: wahrscheinlich stellte er einen symbolischen Bezug zur typisch weiblichen Tätigkeit des Webens her, bei welcher der Kamm dazu diente, die Kettfäden zusammenzuschieben und zu verdichten.

Der Kamm hat einen halbkreisförmigen Griff; er ist mit einem Volutenmotiv in Ajourtechnik verziert, das von Streifen aus gravierten Strichen umgeben ist.

Der Gürtel des Mädchens von Egtved ist 1,75 m lang und 2,5 cm breit; an einem Ende besitzt er eine Öse, am anderen eine Schleife. Die Hauptfunktion des Gürtels dürfte gewesen sein, Scheibe und Kamm zu halten, und vielleicht auch das Hemd zu fixieren.

▲ Verzierter Knochenkamm, etwa 1370 v. Chr., aus dem Grab des Mädchens von Egtved (Dänemark), Kopenhagen, Nationalmuseet.

Der Eichenstammsarg des Mädchens von Skrydstrup kam 1935 im Inneren eines Hügelgrabs zum Vorschein, in dem auch zwei Männergräber gefunden worden waren; es war die zentrale und wichtigste Bestattung des Grabmonumentes. Der Eichenstammsarg war auf einen Untergrund aus Kieselsteinen gestellt und anschließend mit einer Steinschüttung bedeckt worden. Die Bestattung ist in die dänische Bronzezeit, ins 14. Jh. v. Chr. datierbar.

Das Mädchen von Skrydstrup trug eine komplizierte Frisur, die von einem Netz gehalten wurde: ihre langen Haare waren nach hinten gekämmt und von einer Schläfe zur anderen war ein Band aus Menschenhaaren gebunden worden; dann hatte man die Haare des Mädchens nach vorne gelegt, um das Band zu verdecken, und mit einem Wollband festgehalten; schließlich wurde die Frisur noch mit einem Netz aus Rosshaar festgehalten.

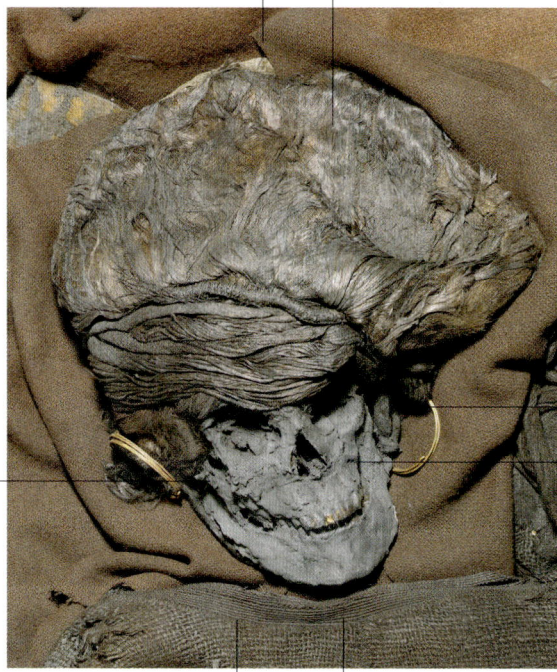

Unter der linken Wange befand sich eine Kopfbedeckung aus brauner Wolle, deren Bänder, die innerhalb des Saumes verliefen, ihr das Aussehen einer halbrunden Tasche verliehen.

Das Mädchen trug zwei große, spiralenförmige Ohrringe.

Die Verstorbene war 18 Jahre alt, 1,70 m groß, schlank, hatte aschblondes Haar, ein langes und mageres Gesicht, sowie große, wohlgeformte Zähne.

Wie im Falle des Mädchens von Egtved, hing auch hier ein Hornkamm am Gürtel. Die Füße waren in zwei rechteckige Stoffstücke gewickelt, und man fand Reste von Ledersandalen.

Das Mädchen trug ein Hemd, das an den Ellenbogen und am Ausschnitt bestickt war; ein Stofftuch, das vom Gürtel gehalten wurde, bedeckte sie von der Taille zu den Füßen, aber vielleicht war es ursprünglich an den Schultern wie eine Art Peplos befestigt.

▲ *Das Mädchen von Skrydstrup, 14. Jh. v. Chr., Kopenhagen, Nationalmuseet.*

»Da standen sie einer neben dem anderen und warteten auf die Einäscherung, unbeweglich und wortlos, in unwirklichem Schweigen«. (Snorri Sturluson)

Schiffssetzungen

Der Großteil der Wikingergräber dürfte ein Grabkennzeichen gehabt haben, die heute nicht mehr vorhanden sind. Einige der Strukturen, die die Gräber begrenzten, sind jedoch noch sichtbar: ein interessantes Beispiel stellen die in Form eines Schiffskiels angeordneten Steine dar, manchmal mit größeren Blöcken an den Enden, um Bug und Heck zu simulieren. Solche Monumente liegen oft an prominenten, gut sichtbaren und ins Meer hineinragenden Plätzen. Die Brandgräber innerhalb dieser Steinsetzungen haben keine reichen Ausstattungen. Hier ist es die Monumentalität des Grabes, die dem Verstorbenen Wert und Bedeutung verleiht. Abgesehen von den Ascheresten werden manchmal Knochen von Tieren gefunden, die während der Bestattungszeremonie geopfert und wahrscheinlich im Laufe eines rituellen Festmahls verzehrt wurden. Die Bedeutung solcher »Schiffssetzungen« aus Stein ist sehr umstritten. Einer symbolischen Deutung zufolge stehen sie für die Reise ins Totenreich. Eine andere Deutung geht von der Beobachtung aus, dass sich solche Monumente oft in Küstennähe befinden, und dass sie im Gedenken an Männer errichtet wurden, die große Seefahrer waren. Die Steinschiffe würden es so dem Verstorbenen ermöglichen, seine Tätigkeit im Jenseits fortzusetzen.

Weiterführende Stichwörter
Gesellschaft, Mythen, Transportmittel

▼ Schiffssetzung, 4. Jh., Insel Gotland, Schweden.

Das Megalithgrab ist auf etwa 500 n. Chr. in die späte nordische Eisenzeit datierbar und wurde zu Ehren einer hochrangigen Persönlichkeit errichtet, eines Anführers, dessen Macht mit dem Meer in Zusammenhang gestanden haben dürfte.

Die insgesamt 67 m lange Struktur besteht aus Steinen, die vertikal ins Erdreich getrieben wurden; die beiden Bug und Heck symbolisierenden Blöcke ragen etwa 3 m hoch heraus.

▲ Megalithgrab, »Ales Stenar«
(Ale-Steine) genannt, 6. Jh.,
Schonen, Schweden.

Der Fundort Lindholm Høje umfasst ein Gräberfeld und zwei Ansiedlungen und war etwa 500 bis 600 Jahre lang besiedelt, nämlich von 400–1000 n. Chr.

Die ältesten und jüngsten Gräber des Gräberfelds befinden sich auf dem Gipfel und am Fuße des Hügels; sie sind die einzigen ohne Steinsymbole.

Der Großteil der Gräber ist von Steinkreisen umgeben; die Frauengräber haben eine ovale Form, während die Männergräber die Form eines Dreiecks oder eines Schiffes haben.

Das Bestattungsritual bestand in der Einäscherung; neben der Asche fanden sich in den Frauengräbern Fibeln und Messer, während in den Männergräbern Äxte beigelegt waren.

▲ Blick auf das Gräberfeld
von Lindholm Høje,
5.–10. Jh., Dänemark.

»Als der Tag gekommen war, an dem er und das Mädchen verbrannt werden sollten, da erschien ich am Flusse [in dem] sein Schiff lag«. (Ibn Fadlan)

Bootsbestattungen

Weiterführende Stichwörter
Formen der Macht,
Flotte,
Transportmittel,
Fürstengräber

In der Gesellschaft der Vorwikingerzeit und später bei den Wikingern wurden die wichtigsten Persönlichkeiten in Schiffen bestattet. Es versteht sich von selbst, dass das Opfern eines ganzen Schiffes nur den Reichsten und Mächtigsten vorbehalten sein konnte. In jener Epoche, die der eigentlichen Wikingerzeit unmittelbar voranging, sah das Bestattungsritual vor, den Verstorbenen in einem Schiff mit Schmuck, wertvollen Stoffen und Hausrat beizusetzen. Der Verstorbene und das Boot wurden anschließend unter einem Erdhügel begraben. Während der Wikingerzeit veränderte sich diese Sitte, denn sowohl der Verstorbene als auch das Schiff wurden eingeäschert, bevor sie begraben wurden. Einen detaillierten und ungemein wichtigen Bericht über das Bestattungsritual der im heutigen Russland siedelnden Wikinger liefert der arabische Diplomat Ibn Fadlan in seiner Reisechronik (*ar Risala*) aus dem 10. Jh. Er erzählt, wie der Verstorbene, nachdem er einige Tage lang in einer Grube beigesetzt wurde, wieder ausgegraben und in sein Schiff gelegt wurde, in die schönsten Gewänder gekleidet und von Waffen, Speisen und Getränken umgeben. Zu seinen Ehren wurden einige Tiere und eine Sklavin geopfert. Schließlich wurde der Scheiterhaufen entzündet, und die Flammen verschlangen das Schiff. Über der Asche wurde ein Grabhügel errichtet. Der arabische Chronist berichtet, dass die Wikinger durch die Einäscherung die sofortige Zerstörung des Körpers des Verstorbenen gewährleisten wollten, damit dieser unverzüglich das Totenreich erreichen konnte.

▶ Wikingerschiff von Oseberg (Detail), etwa 850 n. Chr., Oslo, Vikinskiphuset.

Das Gräberfeld von Sutton Hoo umfasst etwa zwanzig Gräber, in denen eine innere Ordnung erkennbar scheint: rund um das Bootkammergrab unter dem Erdhügel sind zwölf Gräber angelegt, die zu ihm in Verbindung zu stehen scheinen, vielleicht als Zeichen eines kollektiven Opfers zu Ehren des Verstorbenen.

Die Bootsbestattung von Sutton Hoo ist dank eines Goldmünzenfundes auf etwa 625 n.Chr. datierbar: das 27 m lange und 4,2 m breite Schiff dürfte eine Besatzung von 40 Männern gehabt haben. Die Grabkammer befand sich in der Mitte, und der Verstorbene war mit dem Kopf nach Westen und den Füßen nach Osten ausgerichtet.

Der 31,8 cm hohe Helm ist mit Platten verziert, auf denen Szenen aus der germanischen Mythologie dargestellt sind: zwei Krieger mit gehörntem Helm, die ein kurzes Schwert und eine Lanze schwingen, und ein Kämpfer, der einen gefallenen Feind mit Füßen tritt.

Die mit Silberdraht verzierten Augenbrauen enden in Wildschweinköpfen aus vergoldeter Bronze, die ein Symbol für Mut und Kraft sind; zwischen den Augenbrauen sitzt ein Drachenkopf.

Nase, Augenbrauen und Drachenkopf bilden einen Vogel mit ausgebreiteten Schwingen.

Der Helm ist ein Maskenhelm und dürfte das Gesicht völlig bedeckt haben, mit Löchern für die Augen und zwei kleinen Löchern unter der Nase, um das Atmen zu erleichtern.

Das Beowulf-Epos ruft die alten geografischen und kulturellen Wurzeln der in England siedelnden Völkerschaften in Erinnerung, die ursprünglich aus Dänemark und Norddeutschland stammten.

Das Beowulf-Epos wurde zwischen 700 und 1000 in Altenglisch verfasst und verschriftet die mündlich im Laufe des 8. Jh. erzählten Geschichten. Beowulf ist der Held des germanischen Stammes der Geatas, der in Südschweden lebte; er befreite Dänemark von einem schrecklichen Ungeheuer.

Man nimmt an, dass der im Schiff von Sutton Hoo bestattete Tote König Raedvald (599–625) sein könnte, der zur Entstehungszeit des Grabes Herrscher von East Anglia war. Die starke Ähnlichkeit des Bestattungsrituals, des Schildtyps und des Helmes mit den skandinavischen Funden lassen annehmen, dass starke Bindungen zwischen der angelsächsischen Königsfamilie und den schwedischen Geschlechtern der Scylfinge oder der Wulfinge bestanden, die im Epos Beowulf erwähnt werden.

▲ Angelsächsischer Helm, 7. Jh., aus Sutton Hoo, London, British Museum.

Aufgrund der Bodensäure ist das Schiff komplett zerfallen, und nur die metallenen Nieten sind erhalten, die das Boot zusammenhielten; dank der auf dem Erdreich verbliebenen Spuren war allerdings eine Rekonstruktion möglich.

Das Gefäß sollte an drei oder vier Ringen aufgehängt werden, die an einem intarsiengeschmückten Haken am Rand befestigt waren; es dürfte zur Aufbewahrung von Wasser, um sich die Hände zu waschen, oder aber für Getränke gedient haben, die man bei den Festgelagen zu sich nahm.

Der Korpus des Kessels ist mit Quadraten und Scheiben verziert, die Einlagen aus rotem, blauem und hellgrünem Email sowie von Scheibchen aus blauem und Millefiori-Glas haben.

Der Kessel wurde von britannischen Völkerschaften hergestellt, die in der Nähe der von Angelsachsen besiedelten Gebiete lebten. Die abstrakten kurvigen Motive des Dekors sind typisch für die britannische und irische Kunst des Mittelalters.

Der Verstorbene aus der Bootsbestattung von Sutton Hoo wurde mit sehr reicher Ausstattung beigesetzt, die Goldschmuck, Waffen, Gefäße für den Genuss von Speisen und Getränken sowie Stoffe umfasste.

▲ Angelsächsischer Kessel, 7. Jh., aus Sutton Hoo, London, British Museum.

Die Grabkammer des Osebergschiffs enthielt eine große Menge an
Stoffen und Utensilien zum Spinnen
und Weben; die Gewebe sind aus
Leinen, Wolle und Seide.

Die Wandteppiche wurden
gewöhnlich aus Leinen angefertigt,
in das bunte Fäden aus Leinen
oder Wolle geflochten wurde.

Der Wandteppich zeigt eine Prozession von
Wagen, die von Pferden gezogen werden, sowie
von Fußsoldaten und Reitern; es könnte sich
um eine Darstellung von Truppen auf dem
Marsch oder um einen Begräbniszug handeln.

▲ Fragment eines Wandteppichs,
etwa 850, aus der wikingerzeitlichen
Schiffsbestattung von Oseberg,
Oslo, Vikinskiphuset.

*Der Bug in Form eines Schwanenhalses erreicht
eine Höhe von 4,8 m über dem Deck; der obere
Teil wurde rekonstruiert, indem man sich auf
einige Fragmente des Originals stützte.*

*Das Osebergschiff war
Teil eines sehr reichen
Wikingergrabes;
im Inneren wurden
überraschende Gegen-
stände gefunden: Wagen,
Schlitten, Truhen, Betten,
Webstühle, Stoffe, Schuhe
und Küchengeräte, die
die Verstorbene auf der
Reise in das Jenseits
begleiten sollten.*

▲ Wikingerzeitliche Schiffsbestattung von Oseberg, etwa 850,
Oslo, Vikinskiphuset.

*Der Grabhügel aus Torf und die Basis aus Lehm
schufen eine luftdicht abgeschlossene Umgebung, die eine
perfekte Konservierung von Materialien wie Holz, Leder
und Stoffe ermöglichte, die normalerweise verrotten.*

Als man das Schiff fand, war der Schiffsrumpf durch das Gewicht des Grabhügels zusammenge-
drückt und der Bug von Dieben zerstört worden, die sich mit Axthieben Einlass verschafft hatten:
die Knochen lagen daher verstreut, die Wertgegenstände waren entwendet worden. In der in der
Mitte des Schiffes gelegenen Grabkammer wurden die Überreste zweier Frauen gefunden.

Die Schiffsbestattung
von Oseberg kam
1904 zutage; das
Boot, das an einem
Felsblock vertäut war,
ruhte auf einem
Lehmbett; es war von
einer hohen Stein-
schicht bedeckt, über
der ein Hügel aus Torf
errichtet worden war.
Das Schiff ist auf etwa
850 datierbar.

Die Decksbeplankung
bestand aus Kiefern-
brettern. Diese lagen
auf einer Holzstufe auf
den Spanten auf.

Das Schiff ist 22 m lang und 5m breit
und hat auf beiden Seiten fünfzehn Ruder-
löcher; die Besatzung dürfte aus 30–33
Männern bestanden haben.

Siedlungen

Städte und Dörfer
Heiligtümer
Festungen
Bauernhöfe
Bergwerke

◄ Luftaufnahme des
keltischen Forts Dun Aengus,
1.–4. Jh. n. Chr.,
Insel Inishmore, Irland.

*»Daß die Völkerschaften der Germanen keine Städte bewohnen
… ist hinlänglich bekannt. Sie wohnen für sich und zerstreut, wie
eine Quelle, ein Feld, ein Gehölz ihnen gerade passt«. (Tacitus)*

Städte und Dörfer

**Weiterführende
Stichwörter**
Gesellschaft, Münzen,
Kunst und Handwerk,
Transportmittel,
Gewichte und Maße

Das Entstehen der wichtigsten Städte scheint bei Kelten und
Wikingern vorwiegend mit den Handelswegen zusammenzuhängen. Das städtische Zentrum war vor allem ein Ort für den
Markt, und es kontrollierte eine Furt, einen Taleingang oder einen Schiffsanlegeplatz. Die Lage wurde gewöhnlich so ausge-
sucht, dass man den Schutz durch natürliche Gegebenheiten nut-
zen konnte: für die keltischen *Oppida* waren das vor allem An-
höhen, isolierte Hochebenen oder Flussschlingen; für die städtischen Handelsplätze der Wikinger vor allem enge Fjorde, Bin-
nenseen oder Buchten. Zur Verteidigung des städtischen Zen-
trums wurden Befestigungsanlagen errichtet, in denen neben den
Bürgern auch die Bewohner der umliegenden Landstriche Zu-
flucht fanden. Die Dörfer hingegen waren kleinere Ansiedlungen
für Landwirtschaft und Handwerk, ohne Mauern und Stadtplanung. Zwischen der Stadt und dem Umland dürfte es rege Ver-
bindungen gegeben haben. Die Stadt war der Platz, an dem die
vom Land gelieferten Nahrungsmittel und Rohstoffe zusammenkamen, verarbeitet und
gehandelt wurden. Die
Funktion der Städte als
Handelsumschlagplatz
scheint eng an die Ent-
wicklung einer regulären
Geldwirtschaft gekoppelt
gewesen zu sein, was zu
Münzen aus wertlosem
Metall und von geringem
Wert führte, die auch
für kleinere Trans-
aktionen verwendbar
waren.

► Teilrekonstruktion
des Tores in den
Mauern eines keltischen
Oppidum, 1. Jh. v. Chr.,
Finsterlohr, Deutschland.

Das keltische Oppidum *von Třísov ist das südlichste von Böhmen: auf 50 m Höhe nimmt es eine Fläche von 26 Hektar ein. Es befindet sich in einem Gebiet mit reichen Graphitvorkommen, die zur Herstellung von Graphitkeramik benötigt wurden, die weniger durchlässig als normale Keramik ist.*

Die Gesamtfläche des Oppidum *war in Bereiche mit festgelegter Funktion aufgeteilt: der Weihebezirk lag in der nördlichen Oberstadt, der Regierungsbereich in der südlichen Oberstadt, das Wohngebiet an den Rändern, die Handelszone zwischen den beiden Oberstädten.*

Das Mauerwerk ist deshalb ungewöhnlich, weil hier mindestens zwei horizontale Mauerstreifen aus behauenen Steinen liegen, die senkrecht zum Wall verlaufen.

Die Bastionen bestanden aus einer Holzkonstruktion, die mit Steinen und Kalk verfüllt war. Die Mauerfront war noch durch eine Trockensteinmauer geschützt, die von senkrecht in den Boden gerammten Pfosten unterbrochen wurde, worauf heute die Leerräume in der Mauer hinweisen: dies ist typisch für keltische Mauern in den östlichen Gebieten.

▲ Mauern des keltischen *Oppidum* von Třísov, 1. Jh. v. Chr., Tschechische Republik.

Das Oppidum *erhob sich über dem Zusammenfluss von Kremser Bach und Moldau und war auf natürliche Weise durch Steilhänge geschützt; leicht zugänglich war es nur von der Westseite aus, wo zwei Mauerringe und tiefe Gräben angelegt wurden.*

Für die Bauten des Oppidum *von Entremont wurden ausschließlich Stein, Erde und Holz verwendet; sowohl die Mauern der Häuser als auch die Festungen wurden aus groben Steinblöcken errichtet, die mit Lehmerde aus der Umgebung verbunden wurden; sie waren in zwei Parallelreihen angelegt, der Zwischenraum wurde mit Erde und Schutt verfüllt.*

Der erste städtische Knotenpunkt von Entremont ist in den Beginn des 2. Jh. v. Chr. datierbar: es handelte sich um eine kleine Ansiedlung von etwa einem Hektar. In der zweiten Hälfte des 2. Jh. v. Chr. wurde die Siedlung erweitert und mit einem Mauergürtel von größeren Dimensionen versehen.

▲ Mauern des keltischen
Oppidum von Entremont,
Frankreich, etwa 2. Jh. v. Chr.

Im Fundort Hallstatt wurden die Reste von drei, etwa 4x5 m großen Holzhäusern gefunden. Das am besten erhaltene Haus erreicht eine Höhe von 2 m und zeigt, dass Fenster verwendet wurden; der Innenraum bestand aus zwei Kammern.

In vorgeschichtlicher Zeit hing die Auswahl des Baumaterials von der Umgebung ab: im Alpenraum, wo es reichlich Wälder gab, verwendete man vorwiegend Holz.

Im österreichischen Fundort von Hallstatt ist eine Kastenkonstruktion in Blockbauweise belegt, die aus horizontalen übereinandergelegten Balken mit eingekerbten Enden besteht.

▲ Reste eines keltischen Hauses aus Baumstämmen, 6. Jh. v. Chr., Hallstatt, Hallstattmuseum.

*Das Dach bestand aus verflochte-
nen Ästen, wie man aus dem
Fehlen archäologischer Funde von
Dachziegeln oder eingestürzten
Steinplatten schließen kann.*

*Es lassen sich viele Analogien
zwischen den Bauten der
alpinen Völker der Eisenzeit
und den heutigen Almhütten
in Gebirgsregionen herstellen.*

*Bei einigen Häusern der Eisenzeit ist die Verwendung
von Kieselterrassen oder Steinsockeln bekannt, auf
denen der Holzbau ruhte: dieser Kunstgriff diente
sowohl dazu, Feuchtigkeit abzuhalten, als auch,
bei abschüssigem Gelände, zur Begradigung.*

▲ Rekonstruktion eines hallstatt-
zeitlichen Hauses aus Baumstämmen
mit Strohdach, Asparn/Zaya
(Österreich), Museum für Vorgeschichte.

*Das Holzhaus wurde auf Basis der in
Hallstatt gemachten Funde rekonstruiert, wobei man mit der Technik der
eingekerbten, horizontal übereinandergelegten Balken die Wände errichtete.*

Der Großteil der keltischen und germanischen Völkerschaften lebte in verstreuten Dörfern, die aus wenigen, aus einfachen Materialien errichteten Häusern bestanden. Die Wirtschaft der Dörfer war fast autark, und jeder Bewohner war in der Lage, die allernotwendigsten Güter selbst zu produzieren.

Innerhalb der Dörfer existierten Flächen, die dem allgemeinen Gebrauch der Bewohner zur Verfügung standen. In der Umgebung der Häuser befanden sich angebaute Felder und die Gehege für das Vieh.

Als im Verlauf der archäologischen Ausgrabungen rund um die Öfen kleine Pfostenlöcher im Erdreich zum Vorschein kamen, nahm man an, dass die Öfen von einem Gerüst aus konisch aufgestellten Pfosten geschützt wurden, die mit Stroh und Zweigen bedeckt waren.

Auf der Grundlage der archäologischen Funde aus der Siedlung von Hallstatt wurde es möglich, ein Ofenmodell zum Zubereiten von Nahrungsmitteln für das Museum für Vorgeschichte in Asparn/Zaya zu rekonstruieren.

▲ Rekonstruktion eines in Groß-weikersdorf gefundenen Ofens aus der Hallstattzeit, Asparn/Zaya (Österreich), Museum für Vorgeschichte.

Die Öfen zum Zubereiten von Lebensmitteln wie Brot und Fladen aus Getreide waren aus Lehm; sie hatten eine ebene Grundfläche, auf die das Feuerholz gelegt wurde, und eine halbrunde Kuppel; die Speisen wurden in der Nähe der Öffnung neben das Feuer gestellt.

Für die Herstellung von Mehl verwendeten die keltischen und germanischen Völkerschaften Weizen, Gerste, Roggen und Hirse, und, wenn nötig, auch Eicheln, Kastanien und Bucheckern; um das Mahlen zu erleichtern und den Geschmack zu verbessern, wurden sie geröstet.

▲ Rekonstruktion des Inneren eines in Großweikersdorf gefundenen Ofens aus der Hallstattzeit, Asparn/Zaya (Österreich), Museum für Vorgeschichte.

»Auch wird alle neun Jahre in Uppsala ein gemeinsames Fest aller schwedischen Stämme begangen ... Könige und Stämme ... alle bringen ihre Opfergaben nach Uppsala«. (Adam von Bremen)

Heiligtümer

Zwei Arten von Kultplätzen existierten bei Kelten, Germanen und Wikingern: einerseits handelte es sich um Plätze im Freien, andererseits um die eigentlichen, von Menschenhand errichteten Heiligtümer. Im ersten Fall wurde die Wahl des Platzes von einer bestimmten Vorstellung geleitet, die man von diesem Ort hatte: so manifestierte sich eine Gottheit in einigen Naturphänomenen, wie etwa einer Quelle oder einer bestimmten Pflanzenart. Landschaftselementen wie Berg- und Hügelgipfeln, Lichtungen, Mooren, Felsen oder Furten wurde eine mythische Bedeutung zugeschrieben. Die gebauten Heiligtümer hingegen waren in Kultbereiche gegliedert. Oft lagen diese religiösen Anlagen an den Rändern bestimmter Stammesgebiete und hatten den Zweck, eine geografische und kulturelle Grenze zu ziehen. Einige Heiligtümer hingegen lagen in der Mitte eines Territoriums; in diesem Falle stellten sie ein Symbol der Einheit dar: bei den periodisch wiederkehrenden religiösen Festen des Stammes festigten sich die Beziehungen der Stammesmitglieder aus den verschiedenen Gebieten der Region. Der politische Wert des Heiligtums wurde betont, indem man nach keltischem Brauch auf dem Mauergürtel Waffen und menschliche Überreste besiegter Feinde als Trophäen anbrachte. Bei den Wikingern unterstanden die großen Tempel direkt den wichtigen Anführern: die Zeremonien im Tempel von Uppsala waren Schwedens König vorbehalten.

Weiterführende Stichwörter
Krieger, Götter und Helden,
Weihegaben und Opfer,
Christentum

▼ Blick auf den Wasserfall Godafoss, Island.

In Roquepertuse wurde eine große Menge behauener, geritzter und bemalter Steine gefunden, die zu einem keltischen Heiligtum gehörten, das zu Beginn des 2. Jh. v. Chr. durch einen Brand zerstört worden war.

Das Heiligtum erhob sich auf der obersten Terrasse einer Felsenanhöhe und umfasste ein Gebäude mit Säulenumgang, in dem die Kultstatuen untergebracht waren.

Die monolithischen Pilaster aus Kalkstein weisen Hohlräume in Form eines Kopfes auf, in die menschliche Schädel gelegt wurden. Einige antike Historiker berichten vom Brauch der Kelten, die Köpfe von Feinden als Trophäe auszustellen.

Der Historiker Diodorus Siculus berichtet, dass die keltischen Krieger die Köpfe der berühmtesten Feinde konservierten, indem sie sie mit Zedernöl tränkten.

Der vorgeschlagenen Rekonstruktion gemäß standen die Pfeiler des Säulenumgangs in regelmäßigen Abständen von 70 cm und trugen am oberen Teil kleine Statuen sowie einen Architrav.

Die im Säulenumgang aufgestellten Statuen stellten Männer dar, die nach keltischem Brauch mit untergeschlagenen Beinen saßen; sie waren mit Torques oder Armreifen geschmückt und trugen Rüstungen; es könnten daher Abbilder von Adeligen sein, die im Verlauf eines Heroisierungsprozesses zu Kultobjekten geworden waren.

▲ Rekonstruktion eines Säulenumgangs mit Totenschädeln, circa 3.–2. Jh. v. Chr., aus dem keltischen Heiligtum von Roquepertuse (Frankreich), Marseille, Musée d'Archéologie Méditerranéenne.

Das Heiligtum von Roquepertuse weist sowohl in Konstruktion als auch im Stil der Plastiken Ähnlichkeiten mit anderen südfranzösischen Fundorten wie Entremont und Glanum auf: in diesem Gebiet existierten Kultbauten mit einen Säulenumgang und Kriegerstatuen.

Die Kalksteinplatte dürfte ein Teil des aus dem Säulenumgang des Heiligtums stammenden Architravs sein. Hier sind Pferdeköpfe eingraviert: der Stil ist elegant und auf das Wesentliche beschränkt, der kompositorische Rhythmus gleichmäßig.

Die im Heiligtum von Roquepertuse verehrten Krieger dürften Vertreter der lokalen Adelselite gewesen sein, die nach ihrem Tod aufgrund ihrer Tapferkeit und Macht erst zu übermenschlichen Helden, später zu Gottheiten wurden.

Der vergöttlichte Held garantiert den starken Zusammenhalt der Gemeinschaft, zu der er in Beziehung steht, sowie eine Personifizierung der Werte, die jene Menschen teilen, die in dem Gebiet zusammenleben, zu dem das Heiligtum gehört.

▲ Kalksteinplatte mit Pferdekopfmotiven, 5.–2. Jh. v. Chr., aus dem keltischen Heiligtum von Roquepertuse (Frankreich), Marseille, Musée d'Archéologie Méditerranéenne.

Der Chronist Adam von Bremen bezeichnet Gamla Uppsala als Sitz des wichtigsten heidnischen Tempels Skandinaviens. Hier wurde die göttliche Haupttriade des Wikingerhimmels verehrt: Odin, Thor und Freyr. Ab 1164 entstand hier der erste erzbischöfliche Sitz von Schweden.

Gamla Uppsala war eine bedeutende Wikingerstadt, Sitz der schwedischen Herrscher und wurde in den nordischen Sagas oft erwähnt: hier soll Odin sich persönlich aufgehalten, und Freyr später den Tempel gegründet und den Anstoß zur Praxis der Menschenopfer gegeben haben.

Archäologische Forschungen brachten zahlreiche Gräber zutage, die von der Bronzezeit bis in die Wikingerzeit datierbar sind. Sehr bekannt sind drei Hügelgräber, die für Königsgräber der Herrscher vom sagenhaften Geschlecht der Ynglingen aus dem 6. Jh. gehalten werden.

Die Ortsnamen sowie die Funde aus Erdreich und Mooren scheinen zu belegen, dass die religiösen Rituale der Wikinger an Plätzen im Freien anstatt in festen Tempeln stattfanden.

Adam von Bremen zufolge war das Heiligtum von Gamla Uppsala ganz aus Gold erbaut, und große Statuen von Odin, Thor und Freyr traten dort hervor; besonderen Skandal erregte in den Augen Adams von Bremen, den der Erzbischof von Bremen gesandt hatte, die mit einem enormen Phallus ausgestattete Freyr-Statue.

▲ Blick auf den heiligen Hain in Gamla Uppsala, Schweden.

»Alle gallischen Mauern sind ... in etwa folgender Weise gebaut: Man legt ... Balken ... nebeneinander auf die Erde. ... Die ... Zwischenräume werden vorne mit großen Steinen ausgefüllt«. (Gaius Julius Cäsar)

Festungen

Weiterführende
Stichwörter
Ehre und Rache,
Kriege,
Städte und Dörfer

Die Befestigungsanlagen der keltischen *Oppida* waren sehr vielfältig, je nach verfügbaren Materialien (Holz, Stein) und der Beschaffenheit des Terrains. Charakteristisch für die befestigten Ansiedlungen der Kelten war die Anpassung an den natürlichen Schutz des Terrains. Anlässlich der Belagerung von *Avaricum* beschrieb Cäsar detailliert einen Typus der keltischen Festung, der aus einer Kombination eines Holzkastenwerks, einer Verkleidung aus Steinblöcken und einem Erdwall bestand. Diese Art Bollwerk wurde als *Murus Gallicus* bezeichnet und war vor allem in Gallien verbreitet. In Mitteleuropa war ein Befestigungstyp verbreitet, dessen äußere Verkleidung in regelmäßigen Abständen von senkrechten Pfosten verstärkt wurde, die durch waagerechte Balken mit der inneren Bewehrung verbunden waren. Im nördlichen Gallien und auf den Britischen Inseln war der häufigste Befestigungstypus ein einfacher Damm aus Lehm, der von einer Holzpalisade bekrönt wurde; davor war ein Graben angelegt. Auch die Wikinger nutzten die natürlichen Gegebenheiten zur Verteidigung des Terrains gründlich aus, insbesondere Wasserläufe und Moore. Die Festung bestand aus einem runden Erdwall, der durch Palisaden und massive, quergelegte Baumstämme verstärkt war, und von einem breiten und tiefen Graben geschützt wurde. Darüber hinaus gab es außen einen zweiten Verteidigungsring, der aus einer niedrigeren Bastion und einem weniger tiefen Graben bestand.

◀ Luftaufnahme des keltischen Forts Dun Conor auf der Insel Inishmore, Irland.

315

Auf der Mauerhöhe verlief vermutlich ein Wehrgang für die Wachen, der durch eine breite hölzerne Brüstung geschützt war; über eine rückwärtige Rampe aus gestampfter Erde war er auch zu Pferde schnell erreichbar.

Das Holzkastenwerk bestand aus einer Reihe waagerechter Rahmen, die aus rechtwinkelig zusammengenagelten Balken bestanden.

Das Holzkastenwerk wurde mit Erde und Steinschotter gefüllt; dieser Kern war etwa vier Meter tief.

Die Außenfront der Mauer wurde sorgfältig mit trocken gemauerten Steinblöcken derart verkleidet, dass die Enden der Querbalken sichtbar blieben; die Mauerfront konnte vier bis sechs Meter hoch sein.

Der Murus Gallicus *ist die typische Mauer der west-keltischen* Oppida, *die dank Cäsars Beschreibung in* De Bello Gallico *bekannt und durch zahlreiche Ausgrabungen bestätigt wurde.*

Der Murus Gallicus *bestand aus zwei miteinander verbundenen Teilen: die eigentliche Mauer mit einem Kastenwerk aus behauenen Stämmen, die untereinander zusammengenagelt waren, und der Wall aus gestampfter Erde mit einer rückwärtigen Rampe.*

Diese Rekonstruktion entstand auf der Grundlage von Daten, die aus der Ausgrabung eines Oppidum *des keltischen Stammes der Cadurker stammen; es befand sich auf der Hochebene von Murcens an der Westseite des französischen Zentralmassivs.*

▲ Modell des
Murus Gallicus von Murcens (Lot),
Saint-Germain-en-Laye,
Musée d'Archéologie Nationale.

Die senkrechten Pfosten der Außenfront waren in unregelmäßigen Abständen von ein oder zwei Metern angeordnet. Die Zwischenräume der einzelnen Pfosten wurden mit Steinblöcken aufgefüllt, die trocken gemauert wurden und die Vorderseite der Pfosten entweder bedeckten oder sichtbar ließen.

Die äußere Pfostenfront der ostkeltischen Mauern war sehr robust und bestand aus zugehauenen Stämmen, die unten abgesägt waren und tief in die Erde getrieben wurden.

In den keltischen Gebieten östlich des Rheins sind die Mauern in einer Technik errichtet, die – im Unterschied zum westlichen Murus Gallicus – eine Konstruktion mit senkrecht aufgestellten Pfosten an der Außenfront vorsieht (»Pfosten-schlitzmauer«).

Die Trajanssäule feiert den Sieg des römischen Kaisers über die Daker, ein Volk, das in den Gebieten nördlich der Donau im heutigen Rumänien ansässig war. Dieses Meisterwerk der römischen Kunstgeschichte ist auch deshalb von besonderer Bedeutung, weil sie das reale Leben von Völkerschaften illustriert, die außerhalb der römischen Welt lebten.

▲ Reliefs der Trajanssäule (Detail), 113 n. Cr., Rom, Trajansforum.

Staigue Fort *ist eine der größten und besterhaltenen Ringburgen in Irland; sie liegt auf einem niedrigen Hügel und wurde mit großer Geschicklichkeit aus trocken gemauerten Steinblöcken errichtet.*

Das Fort befindet sich in einer strategischen Lage, von der aus eine Kontrolle der umliegenden natürlichen Ressourcen möglich ist. Der Bau ist schwer exakt zu datieren, wahrscheinlich stammt er aus dem 1. Jh. v. Chr.

Die Mauer hat einen engen, 1,8 m hohen Eingang, über dem ein doppelter Architrav liegt. Zur besseren Verteidigung wurde das Fort von einem breiten Erdwall und einem Graben umgeben.

Die Mauer ist 5 m hoch, 4 m breit, und hat einen Durchmesser von 27 m; innerhalb des Hauptmauerrings befinden sich noch zwei weitere Mauern von geringerer Größe.

▲ Blick auf das keltische Fort Staigue, 1. Jh. v. Chr., Grafschaft Kerry, Irland.

Seit der mittleren Bronzezeit um 1300 v. Chr. setzt sich im südöstlichen Teil Großbritanniens der Typus der runden Befestigungsanlage durch, die aus einem Erdwall und einem Graben besteht und in erhöhter Position auf Hügeln angelegt ist.

Die Ausgrabungen ermöglichten eine Datierung des Forts in das 8. bis 7. Jh. v. Chr.; es wurden keine Spuren von Gebäuden gefunden, auch wenn die Funde von Keramiken, Webgewichten und Tierknochen belegen, dass der Ort besiedelt gewesen sein dürfte.

In einigen Fällen handelt es sich um befestigte Ansiedlungen mit wenigen Häusern, die hochrangigen Persönlichkeiten vorbehalten waren, in anderen Fällen sind es sehr großflächige Areale mit spärlichen Strukturen, vielleicht große gemeinschaftliche Gehege für das Vieh.

Die Befestigung wurde anfänglich durch eine doppelte hölzerne Palisade auf den Erdwällen verstärkt. In der Folge wurde der Graben vertieft, und die ausgehobene Erde zur Verstärkung der Bastionen verwendet; auf dem inneren Erdwall wurde ein Steinmäuerchen errichtet.

Die Festung nimmt die gesamte Anhöhe des Hügels ein und besteht aus einem doppelten Erdwall, den ein V-förmiger Graben trennt; das Areal ist insgesamt 32 000 qm groß.

▲ Luftaufnahme des Forts von Dragon Hill in der Nähe von Uffington, 8.–7. Jh. v. Chr., Großbritannien.

»Er war einer der ersten Männer des Dorfes, und dennoch besaß
er nicht mehr als zwanzig Stück Vieh, zwanzig Ziegen und zwan-
zig Schweine«. (Paulus Orosius)

Bauernhöfe

Die Ökonomie der Kelten-, Germanen- und Wikingergesellschaf-
ten basierte auf der Arbeit der Freien, die sich der Landwirtschaft
widmeten. Sie lebten meist auf verstreuten Höfen und in kleinen
Dörfern und begaben sich in die großen urbanen Zentren, um
dort ihre Produkte zu tauschen. Die klassische Bauweise des Bauernhofs umfasste einen Wohnteil und eine Reihe angeschlossener
Wirtschaftsgebäude wie Ställe und Speicher. Bei den germanischen
Völkerschaften bestanden die Höfe gewöhnlich aus einem Haupt-
haus mit einem einzigen rechteckigen Raum, der sowohl als
Wohnbereich als auch als Stall diente. In der Nähe standen einige
kleine Nebengebäude, darunter die »Grubenhäuser« mit tieferge-
legtem Fußboden, in deren Innerem oft Geräte, die dem Spinnen
und Weben dienten, gefunden werden. Der Bauernhof der Wikinger, das traditionelle Langhaus, bestand anfänglich aus einem einzigen Raum, in dem sich das gesamte Leben der Bauern abspielte.
Bei den jüngeren Höfen war der Bau stärker gegliedert, mit einem
Zimmer, das als Ruhestätte diente, und angebauten Wirtschafts-
räumen, in der Re-
gel Milchküche
und Speicher. Die
wohlhabenderen
Familien hatten
auch eine Kam-
mer, die Dampfbä-
dern vorbehalten
war, ein Vorgänger
der heutigen Sau-
na. Die Familien,
die in Langhäu-
sern wohnten, wa-
ren Großfamilien.

▶ Steinritzung (Detail),
1500–500 v.Chr., Provinz
Bohuslän, Schweden.

Die »Butser Ancient Farm« ist ein Projekt der experimentellen Archäologie, das sich zum Ziel gesetzt hat, Techniken und Bauweisen zu rekonstruieren, die etwa 300 v. Chr. von den britannischen Völkern angewandt wurden.

Das Dach besteht aus Ästen und Stroh und wird von kegelförmig angeordneten Pfosten getragen, die im Boden verankert sind.

Die häufigste Art einer ländlichen Behausung im eisenzeitlichen Großbritannien war das runde Haus, das aus Holzpfosten und Ästen errichtet und mit Schlamm und Lehm verputzt wurde.

Im Allgemeinen waren die runden Häuser isolierte Bauernhöfe, die von einer erweiterten Kernfamilie bewohnt wurden. In einigen Fällen, nämlich in den befestigten Ansiedlungen, kann man hingegen richtige Ballungszentren finden, die von Hunderten von Menschen bewohnt wurden.

Die Wände sind in doppelter Ringbauweise konstruiert: der innere Kreisumfang wird aus Pfosten gebildet, die durch horizontale Balken miteinander verbunden sind, der äußere besteht aus einem Geflecht, das mit Putz verkleidet ist. Der innere Ring hat Trägerfunktion, während der äußere dazu dient, das Haus zu isolieren, und periodisch abgetragen und wieder aufgebaut werden kann.

▲ Rekonstruktion eines keltischen Bauernhofs im Zentrum für experimentelle Archäologie von Little Butser, England.

*Die Größe der Behausung
lässt annehmen, dass sie
von einer hochrangigen
Familie bewohnt wurde.*

*Die Rekonstruktion dieses großen runden Hauses
aus der Eisenzeit stützt sich auf Ausgrabungen in
Longbridge Deverel Cowdown in Wiltshire. Das
Haus hat einen Durchmesser von 15 m, sein Dach
hat mit 25 Tonnen ein beträchtliches Gewicht; es
ist auf etwa 300 v. Chr. datierbar.*

*In der Mitte der Behausung lag die
Feuerstelle, die eine kugelförmige
Lehmkuppel hatte, einerseits, um
eine Streuung der Wärme zu
vermeiden, und andererseits zur
Eindämmung der Brandgefahr.*

*Die Trägerstruktur des
Hauses wird von einem
Pfostenring gebildet, auf
dem horizontale Balken
ruhen, die als Stütze für
die Dachpfosten dienen.*

▲ Rekonstruktion des Inneren eines
keltischen Bauernhauses im Zentrum
für experimentelle Archäologie von
Little Butser, England.

Der Fundort von Jarlshof auf den Shetland-Inseln hat große Bedeutung, weil er Beispiele für Häuser aus der Bronzezeit, der Eisenzeit, der Wikingerzeit und aus dem Mittelalter bis ins 16. Jh. bietet.

Brot, Butter und Käse wurden auf dem Bauernhof hergestellt. Die Konservierung von Nahrungsmitteln erfolgte durch Trocknen, Räuchern, Einsalzen oder Kälte. Die Eier wurden unter der Erde aufbewahrt, im Winter wurde die Milch in eisgefüllte Bottiche gestellt.

Das wikingerzeitliche Bauernhaus von Jarlshof stammt aus dem 9. Jh., das rechteckige Gebäude hatte zwei Räume, eine lange Halle und eine Küche; die Bewohner des Hauses saßen und schliefen auf Erdbänken an den gekrümmten Wänden. In der Mitte der Halle befand sich die Feuerstelle.

Die große Halle war gewöhnlich 12 m lang, entlang der Wände verliefen zwei Podeste aus gestampfter Erde, etwa 1,5 m breit, die von den Hausbewohnern zum Sitzen und zum Schlafen verwendet wurden.

Die Häuser der Bronzezeit waren rund, und samt den Nebenräumen nischenartig in eine massive, steinverkleidete Mauer aus Erde und Steinen hineingebaut, die einen offenen Hof umgab.

▲ Blick auf die Ansiedlung von Jarlshof auf den Shetland-Inseln.

Bauernhöfe

Die Bauernhäuser der Wikinger werden auch »Langhäuser« genannt und haben eine charakteristische rechteckige Form mit leicht gekrümmten Längswänden. Gewöhnlich waren sie in drei Räume unterteilt: ein Stall für 6–8 Kühe am einen Ende, am entgegengesetzten Ende die Scheune und in der Mitte die große Halle, in der sich die Bewohner aufhielten.

Die großen Bauernhöfe hatten einen eigenen Schmied, während es sonst normalerweise der Bauer selbst war, der sich die eigenen Werkzeuge schmiedete. Das Sumpferz wurde aus Sümpfen und Mooren gewonnen, und seine Bearbeitung machte die Herstellung von Holzkohle erforderlich.

Das Dach wurde mit Roggenstroh, Holzschindeln, Rasensoden oder Torfstücken gedeckt, die durch flache Steine festgehalten wurden; die Dachflächen ruhten direkt auf den Hausmauern.

In den isländischen Gedichten wohnt der Herr des Bauernhofes oft im Langhaus, während Diener und Sklaven kleinere Gebäude dahinter bewohnen.

Fenster treten gegen Ende der Wikingerzeit auf; sie sind eher klein und werden durch eine durchsichtige, aufgespannte Schweinsblase geschützt.

▲ Rekonstruktion eines wikingerzeitlichen Bauernhauses in Fyrkat, Dänemark.

Die Wände bestanden aus einer Reihe dicker Bretter, die senkrecht im Erdreich steckten und an der Mauerbasis und auf Dachhöhe von waagerechten Querbalken gehalten wurden; die Zwischenräume waren mit Weidengeflecht gefüllt. Um das Haus zu isolieren, verwendete man einen Putz aus Schlamm, Dung und Lehm; in den waldreicheren Gegenden wurden die Wände vollständig aus Brettern oder an den Ecken gekreuzten Baumstämmen errichtet.

»Die Bewohner Britanniens ... [bearbeiten] ... die zinnhaltige Erdschicht. Dieser Flöz, einem Felsen ähnlich, enthält Erdspalten, in denen Arbeiter das Erz brechen«. (Diodorus Siculus)

Bergwerke

Der Bergbau lieferte Kelten und Wikingern einige der wichtigsten Rohstoffe, wie Metalle und Steinsalz. Die Metalle, vor allem Kupfer, Zinn und Eisen, lagerten entweder in Schichten an der Oberfläche und konnten im Tagbau gefördert werden, oder sie lagen tief unter der Erde, und man musste unterirdische Stollen anlegen. Als Grubenwerkzeuge dienten Pickel aus Horn, Bronze oder Eisen sowie Holzkeile und Steinhämmer. Um die Rohstoffförderung zu erleichtern, verbreitete sich die Feuersetzmethode, die darin bestand, nahe der Felswand Feuer zu entzünden: durch die Hitze zersprang der Felsen, der dann als Abraum weggeschafft wurde. Durch den Abbau des Rohstoffs entstanden unterirdische Stollen, die man gegen das Einsickern von Wasser und zur Vermeidung eventueller Einstürze mit Verschalungsbrettern und Stempelhölzern verstärken musste. Es wurden hölzerne Gerüste errichtet, die es ermöglichten, die Stollenhöhe zu erreichen. Eine ganz andere Abbautechnik erforderte das Gold aus sekundären Lagerstätten, die durch Erosion entstanden waren: das aus Felswänden erodierte goldhaltige Material lagerte sich in Flüssen ab. Das goldhaltige Sediment wurde mit fließendem Wasser ausgewaschen, sodass sich das schwerere Gold absetzte. Üblicherweise erfolgte die erste Verarbeitung in der Nähe der Bergwerke, und das Metall wurde in Form von Barren auf den Markt gebracht.

Weiterführende Stichwörter
Münzen,
Kunst und Handwerk

◄ Salzbergwerk (Detail), Hallstatt, Österreich.

Beim Abbau wurde auch die »Schlägel-Eisen-Technik« angewandt: die Spitze des Pickels wurde an die Felswand gelehnt, und man versetzte mit einem Schlägel Hiebe auf das abgewinkelte Ende der Schäftung.

Die Ausbeutung der Salzlagerstätten von Hallstatt begann im 2. Jahrtausend v. Chr.: zunächst beschränkte sich die Tätigkeit auf die Gewinnung von Salz aus den Salzquellen, während ab dem 1. Jahrtausend die Abbautätigkeit im Bergwerk begann.

Die Stiele der Pickel wurden aus alpinen Latschenkiefern angefertigt, indem man einen Stamm mit einem Astansatz abschnitt, der den für diesen Zweck geeigneten Winkel hatte.

Die Schaufel diente dazu, den Abraum zu beseitigen, um mit dem Vortrieb des Stollens fortfahren zu können.

▲ Pickel und Schaufel eines Bergmannes, aus dem Salzbergwerk von Hallstatt, 7.–5. Jh. bzw. 14.–8. Jh. n. Chr., Hallstatt, Hallstattmuseum.

Eine Analyse der Grabbeigaben des Gräberfeldes von Hallstatt offenbarte eine wirtschaftliche Krise im 5. Jh. v. Chr., die sicher in Zusammenhang mit der Entwicklung des Salzbergwerks vom Dürrnberg bei Hallein stand, das günstiger gelegen war.

Den Wohlstand, der durch die Ausbeutung des Steinsalzes entstanden war, bezeugt der große Reichtum der Grabbeigaben im Gräberfeld von Hallstatt, das hauptsächlich zwischen dem 8. und dem 6. Jh. benutzt wurde. Seine Entdeckung war so bedeutsam für die europäische Vorgeschichte, dass die Epoche zwischen dem 12. und 6. Jh. v. Chr. nach ihm benannt wurde.

Für die Beleuchtung der prähistorischen Bergwerksstollen ist auch die Verwendung von Steinlampen bekannt, die mit Tierfett brannten.

▲ Gebündelte Fackel aus Kienspänen, 14.–13. Jh. v. Chr., aus dem Salzbergwerk von Hallstatt, Wien, Naturhistorisches Museum.

Um die tiefen Stollen des Salzbergwerks von Hallstatt beleuchten zu können, verwendete man Fackeln aus Kienspänen: das harzhaltige Holz eignete sich besonders gut für eine lange Brenndauer.

Die ostalpinen Salzlagerstätten in Hallstatt und auf dem Dürrnberg wurden in der Vorgeschichte wohl in weit intensiverer Weise ausgebeutet, als es für den lokalen Bedarf nötig gewesen wäre, wenn man bedenkt, dass einige Stollen bis zu 350 m tief in das Bergesinnere reichten.

Das Vortreiben von Schächten und Stollen zur Ausbeutung der Salzlager machte den Bau von Gerüsten notwendig, die die Wände stabilisierten und die Arbeit der Bergleute erleichterten.

Die Bergleute mussten nicht nur das wertvolle Mineral schürfen, sondern hatten auch für den Vortrieb der Stollen zu sorgen, um die Belüftung der Schächte zu gewährleisten oder Wasser abzuleiten.

▲
Stempelholz aus dem Salzbergwerk von Hallstatt, 7.–5. Jh. v. Chr., Hallstatt.

*Im Bergwerk von Hallstatt wurden von der Oberfläche her tiefe
schräge Schächte vorgetrieben, bis das Salzlager erreicht wurde;
von der erreichten Ebene aus legte man waagerechte Stollen an,
die dem Lauf der Adern folgten; von diesen Hauptstollen aus
trieb man nach oben gerichtete seitliche Abzweigungen vor,
sodass mehrere Arbeiter gleichzeitig arbeiten konnten.*

*Das Bergwerk
von Hallstatt
lieferte viele Funde
aus organischen
Materialien,
die das Salz
konserviert hatte.*

*Um die Salzklumpen an die Oberfläche zu
bringen, verwendeten die Bergleute Tragekörbe
wie diesen: die Träger waren mit einem Holz-
rahmen verbunden, der einen oben mit Lederstreifen verzierten Sack aus Rinderhaut stützte.*

▲ Tragesack aus Kuhfell,
14.–8. Jh. v. Chr. aus dem
Salzbergwerk von Hallstatt,
Hallstattmuseum.

*Um ihren Kopf zu schützen und sich zu wärmen,
verwendeten die Bergleute Hauben aus Leder.
Im Salzbergwerk von Hallstatt tauchten zwei
Formen auf: Zipfelmützen mit nach innen
gewendetem Fell, oder Barette, durch deren
Rand ein Lederriemen gezogen wurde.*

*Diese Mütze ist spitz und besteht
aus dreieckigen Lederstücken, die
zusammengenäht sind; von der
Spitze fallen Lederstreifen herab.*

▲ Bergmannsmütze aus Leder,
14.–8. Jh. v. Chr., aus dem Salzbergwerk von Hallstatt, Hallstatt,
Hallstattmuseum.

Das Ende der blühenden Gemeinschaft, die rund um die wertvollen Salzminen von Hallstatt entstanden war, wurde durch einen verheerenden Bergsturz verursacht, der die Eingänge der Schächte blockierte und die Stollen verschüttete.

In prähistorischer Zeit wurde das Salz nicht nur zum Würzen von Speisen verwendet, sondern auch zur Konservierung von Fleisch und Fisch.

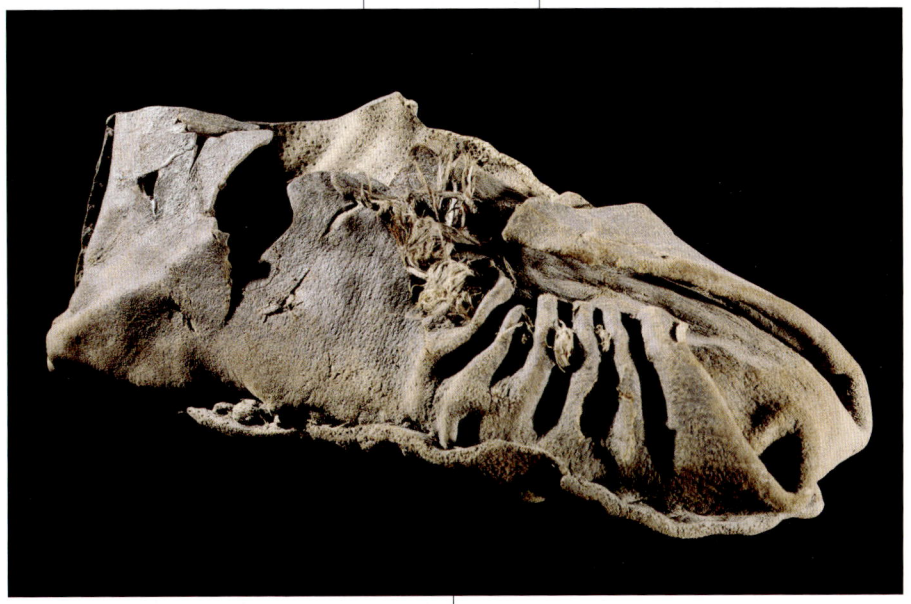

Der im Salzbergwerk von Hallstatt gefundene Schuh ist zusammengeschlagen und gebunden, das heißt, aus einem einzigen Stück Leder angefertigt und nur an der Ferse zusammengenäht.

▲ Lederschuh aus dem Salzbergwerk von Hallstatt, 8.–4. Jh. v. Chr., Hallstatt, Hallstattmuseum.

EST

Zentren und Denkmäler

Ensérune
Roquepertuse
Numantia
Citânia de Briteiros
La Tène
Zàvist
Bibracte
Entremont
Magdalensberg
Maiden Castle
Cerne Abbas
Dun Aengus
Maeshowe
Tanum
Ales Stenar
Birka
Haithabu
Trelleborg
L'Anse aux Meadows
Brattahlid

◀ *Teppich von Bayeux,*
Wachposten kontrollieren die englischen Küsten und warten auf die
Ankunft von König Harald, 11. Jh.,
Bayeux, Musée de la Tapisserie.

»Gesamtgallien ist gegliedert in drei Teile. Einen bewohnen die Belger, den zweiten die Aquitaner, den dritten das…bei uns Gallier genannte Volk«. (Gaius Julius Cäsar)

Ensérune

Kultureller Kontext
Keltiberische Kultur

Lage
10 km westlich von Béziers und 15 km östlich von Narbonne, in der Nähe des Etang de Montady

Besiedelung
Phase I: Ende des 6. Jh. bis Ende des 5. Jh. v. Chr.
Phase II: 5.–3. Jh. v. Chr.
Phase III: 3. Jh. v. Chr.–1. Jh. v. Chr.

Funktion
Dorf und Oppidum

▼ Blick auf die Siedlung von Ensérune

Der Hügel von Ensérune liegt an einem strategisch wichtigen Punkt. Das Meer ist etwa zehn Kilometer entfernt, und im Süden führte ein wichtiger Verbindungsweg aus der Römerzeit entlang, die *Via Domitiana*, die seit der Antike Italien mit Spanien verband. Die vorgeschichtliche Siedlung war seit dem 6. Jh. v. Chr. bis zum 1. Jh. n. Chr. ununterbrochen bewohnt. In den Anfangsphasen befand sich die Siedlung auf der höchsten Stelle des Plateaus. Die aus vergänglichem Material errichteten Häuser waren scheinbar planlos angeordnet. In einer zweiten Phase um das 5. Jh. v. Chr. wurde die Siedlung mit Verteidigungsbastionen versehen. Die Häuser wurden nach einer planvollen Struktur aus Trockensteinmauern errichtet, Straßen grenzten die Viertel voneinander ab. Genau in dieser Zeit schienen sich die Handelsbeziehungen zu intensivieren, wie das Vorhandensein von Importware aus dem Mittelmeerraum belegt. In der letzten Phase, vom 3. Jh. v. Chr. bis zum 1. Jh. n. Chr., erreichte der Ort seine größte Ausdehnung und nahm den gesamten Hügel bis hin zu den Abhängen ein. In dieser Epoche wies die Architektur griechisch-römische Einflüsse auf, mit Häusern, die mehrere Zimmer und ein Peristyl hatten. Um das 1. Jh. v. Chr. wurde der Ort allmählich aufgegeben; die Viertel wurden nach und nach verlassen, man bevorzugte Siedlungen in der Ebene. Eine Analyse der Materialien aus dem benachbarten Urnengräberfeld zeigt, in waren Ensérune vorwiegend iberische Kulturmerkmale anzutreffen, es fand aber auch ein reger Austausch mit der keltischen Umgebung statt.

*»Das ganze Volk der Gallier ist erfüllt von abergläubischer Scheu,
und deshalb bringen Leute … Menschen als Opfer oder geloben es
und lassen die Druiden diese Opfer vollziehen«. (Gaius Julius Cäsar)*

Roquepertuse

Die archäologischen Ausgrabungen brachten auf der felsigen Anhöhe von Roquepertuse einige der bedeutendsten Zeugnisse keltischer Statuenkunst zutage. Die spektakulärsten Funde sind
zwei sitzende Männer mit untergeschlagenen Beinen, eine zwei-
gesichtige Plastik, ein Raubvogel, ein Fries mit Pferden sowie
Steinsäulen mit Vertiefungen für menschliche Schädel. Man
nimmt an, dass die Statuen in einem Gebäude mit Säulenumgang
auf der obersten Terrasse des Ortes aufgestellt waren. Die Bau-
strukturen und der Stil der Statuen lassen eine Datierung des
Fundortes in die jüngere Eisenzeit zu, ab dem 5. Jh. v. Chr. bis
zum Beginn des 2. Jh. v. Chr., als ein Brand das Ende besiegelte.
Der architektonische Komplex von Roquepertuse wurde anfänglich als Heiligtum der Salluvier gedeutet. Jüngere Ausgrabungen
und interdisziplinäre Forschungen haben jedoch gezeigt, dass der
Fundort, der vielleicht als religiöses Zentrum entstanden war,
sich im Lauf der jüngeren Eisenzeit zu einer wichtigen Siedlung
entwickelt hatte, zu einer befestigten Anlage mit einem terras-
sierten Dorf. Eine Analy-
se der Statuen zeigte, dass
die dargestellten Sujets
nicht notwendigerweise
der Religion zuzuordnen
sind. Die Männer mit den
untergeschlagenen Bei-
nen, mit Torques oder
Armreifen geschmückt
und in Rüstungen, wären
demnach nicht dem kelti-
schen Götterhimmel, son-
dern der Adelselite des
Ortes zuzurechnen.

Kultureller Kontext
Kelto-ligurischer
Stamm der Salluvier

Lage
Val d'Arc, Gemeinde
Velaux (Bouches-du-
Rhône, Frankreich),
15 km westlich von
Aix-en-Provence

Zeittafel
5. Jh. bis Anfang
2. Jh. v. Chr.

Funktion
Heiligtum, Oppidum
und terrassiertes Dorf

◄ Blick auf das Heilig-
tum von Roquepertuse.

335

»Nach Überquerung der Idubeda [Iberisches Randgebirge] ist man sofort in Keltiberien, einem ausgedehnten und ungleichmäßigen Land«. (Strabon)

Numantia

Die älteste Besiedlung von Numantia geht auf die Mitte des 3. Jahrtausends v. Chr. zurück. Mitte des 1. Jahrtausends v. Chr. wurde ein erstes befestigtes Zentrum gegründet, das dem Volk der Palendonen zugeschrieben wird, welches sich vorwiegend der Viehzucht widmete. Die keltiberische Besiedlung begann um das 4. Jh. v. Chr., als die Palendonen vom Stamm der Arevaker vertrieben wurden, die der Historiker Strabon als die mächtigsten unter den Keltiberern bezeichnete. Auch ihre Wirtschaft basierte auf der Viehzucht, hauptsächlich Ziegen und Pferde, während der Ackerbau nicht besonders entwickelt war. Die archäologischen Ausgrabungen im Gebiet von Numantia ergaben, dass die Stadt um zwei parallele Straßen mit nordöstlich/südwestlichem Verlauf herum angelegt war, die von weiteren elf, parallel geführten Straßen gekreuzt wurden. Die Regelmäßigkeit des Grundrisses lässt vermuten, dass die keltiberische Stadt aller Wahrscheinlichkeit nach im späten 3. Jh. v. Chr. gegründet wurde, als sich das mediterrane Modell von Städten mit rechtwinkelig verlaufenden, sich kreuzenden Achsen auch bei den Kelten verbreitete. Numantia war durch einen Mauerring geschützt; die Mauer, mit trapezförmigem Quer-

schnitt und sehr breiter Basis, bestand aus abgerundeten Steinblöcken und wurde durch rechteckige Türme und einen dreieckigen Turm in der Nähe des Stadttores unterbrochen. Die Häuser waren viereckig und hatten drei Zimmer.

► Blick auf die keltiberische Siedlung von Numantia mit der Rekonstruktion eines der Gebäude.

»Indessen sollen die Lusitaner gute Hinterhaltleger und Auskund-schafter sein, scharf, leichtbeweglich, gut im Kontremarsch«.
(Strabon)

Citânia de Briteiros

Der Archäologe Martins Sarmento entdeckte 1875 die Ansiedlung Citânia de Briteiros, die als eine der interessantesten Siedlungen der Iberischen Halbinsel gilt. Sie liegt auf der höchsten Stelle einer Anhöhe und ist von vier Mauerringen mit einer Breite von 2 m und einer Höhe von 5 m umgeben. Offensichtlich diente diese Art der Ansiedlung der Verteidigung. Die Grabungen brachten die Fundamente von über 150 Häusern zutage, die im zentralen Bereich entlang der zwei Hauptstraßenachsen angeordnet waren. Daneben fand man mit Kieseln gepflasterte Straßen und Gässchen sowie Zisternen und Abflusskanäle. Ein besonderes Bauwerk ist ein öffentliches Bad, das aus einem kleinen runden Raum bestand, der mit einem Geviert verbunden war. Die beiden Abteilungen trennte eine fünfeckige Platte; durch eine Öffnung gelangte man von der einen Abteilung in die andere. Es wurde für Dampfbäder genutzt und für Bäder mit kaltem Wasser. Der Grundriss und die Bauweise der Häuser sowie das Fehlen einer genauen Stadtplanung zeigen ein deutliches Überwiegen der einheimischen Architektur gegenüber dem Einfluss mediterraner Vorbilder. Die Funde ergeben, dass der Ort ab dem 3. Jh. v. Chr. bis zum 1. Jh. n. Chr. besiedelt war. Ab dem ersten Jh. v. Chr. tauchten Zeichen der römischen Besiedelung auf, belegt durch Funde von Inschriften, Münzen, Keramik und Glas. Von da an entwickelte sich eine Kultur, die lusitanische und römische Elemente vermischte, bis Citânia de Briteiros im 3. Jh. n. Chr. endgültig aufgegeben wurde.

Kultureller Kontext
Keltiberische Kultur

Lage
In der Mitte zwischen Guimarães und Braga, Portugal

Zeittafel
3. Jh.–1. Jh. v. Chr.: befestigte keltiberische Siedlung
1. Jh. n. Chr. – 3. Jh. n. Chr.: keltiberisch-römische Siedlung

Funktion
Befestigte Ansiedlung

◀ Eines der Tore im innersten Mauerring der keltiberischen Siedlung Citânia de Briteiros.

Neben der Straße verläuft an der Basis der hangseitigen Einfassungsmauer ein kleiner Kanal für den Wasserablauf, der auf fast der gesamten Trassenführung vorhanden ist.

Die Mauer diente dazu, die Erde des Abhangs zu stützen und die Gefahr von Erdrutschen auf die Trasse zu verringern.

▲ Blick auf die Hauptstraße der keltiberischen Siedlung Citânia de Briteiros.

Dies ist die aus grob behauenen Steinplatten gebaute Straße, die zur Oberstadt führte. An dieser Straße lag ein Wohnviertel.

Die Häuser haben
einen kreisförmigen
Grundriss, ihr Fun-
dament wird von
einem Mäuerchen aus
senkrecht in die Erde
getriebenen Stein-
blöcken gebildet.
Die Dächer der
Häuser bestanden aus
Zweigen und Stroh.

▲ Reste von Häusern in
der keltiberischen Siedlung
Citânia de Briteiros.

Die beiden kreisförmigen Strukturen gehören zu einer einzigen Wohneinheit, deren Eingang auf die Hauptstraße hinausging, die Citânia de Briteiros von Südosten nach Nordosten durchquerte.

Das zweite runde Mäuerchen ist im Vergleich zum runden Hauptbau stärker verfallen; zu dem Bau gehört auch ein kleiner viereckiger Raum: möglicherweise handelte es sich um Wirtschaftsräume.

»Die Helvetier [sind] tapferer als die übrigen Gallier, da sie fast täglich in Gefechte mit den Germanen verwickelt sind, sie diese von ihren Grenzen abwehren oder selbst in deren Land Krieg führen«. (Gaius Julius Cäsar)

La Tène

Kultureller Kontext
Kelten

Lage
Nördliches Ende des
Neuenburger Sees
(Schweiz), zwischen
dem heutigen Zihlka-
nal (Canal de la Thiel-
le) und dem Moor-
gebiet von Marin
Epagnier.

Zeittafel
Vom 5. bis zum
1. Jh. v. Chr.

Seit 1874 verwendete man den Namen »La Tène« als Bezeichnung für die jüngere Eisenzeit. Die Funde von La Tène lieferten die Grundlage für eine Typologisierung vieler Fundstücke. Entdeckt wurde der Ort 1857 durch Hansli Kopp. Es handelte sich um Pfahlbauten, die im Wasser versunken waren, und die Funde wurden aus dem Bodenschlamm geborgen. Die ersten Ausgrabungen förderten eine große Menge von Waffen wie Schwerter und Scheiden, Lanzen und Schildbuckel sowie Utensilien aus Eisen zutage. Man vermutete daher, dass es sich um ein Waffenarsenal handelte, das auf Pfahlbauten zwischen den Mooren errichtet worden war. Neue Ausgrabungen Ende des 19. Jh. offenbarten die Existenz von Brücken, einer Palisade sowie einigen Häusern und ermöglichten die Bergung von tierischen und menschlichen Knochen. Man nahm an, dass der Ort eine befestigte Siedlung oder ein Zentrum für die Herstellung und den Tausch von Waffen gewesen war, das infolge einer Schlacht oder eines Massakers zerstört wurde. Neuere Deutungen sahen in dem Fundort eine Zollstation oder einen befestigten Handelsplatz, der von Kriegern bewohnt worden war. Nach 1917 wurden die Grabungen am Fundort La Tène eingestellt, aber es fehlte nicht an weiteren Hypothesen, wie Kultort, Siedlung und Flusshafen. In Erwartung einer vollständigen Erforschung des Fundortes und seiner Funde, ist die Frage nach der Funktion des Ortes La Tène nach wie vor offen.

▶ Blick auf den
Fundort La Tène.

»Diese [Völker] haben die Römer später vollständig vernichtet, und die Boier haben sie aus der Gegend vertrieben (sie wanderten aus in die Gegend am Istros …)«. (Strabon)

Zàvist

Auf einem mächtigen, den Lauf der Moldau überragenden Felssporn behauptete sich seit der Mitte des 6. Jh. v. Chr. das Machtzentrum von Zàvist. Anfänglich war der Ort nicht befestigt; auf dem höchsten Punkt war ein Kultbereich angelegt. Später wurde der Ort dann mit einer Befestigung versehen, die aus einer hölzernen Palisade bestand, an der es eine von einem Balkengerüst gestützte Erdrampe gab. Im Laufe des 5. Jh. v. Chr. wurde die Befestigung durch eine Steinmauer ersetzt, und das Haupteingangstor wurde mit mächtigen Bastionen versehen. Im Inneren lagen Bauernhäuser oder andere Gebäude, zwischen denen weite Flächen lagen, die handwerklichen oder landwirtschaftlichen Tätigkeiten vorbehalten waren. Nach späteren Umbauten bekam der Kultbereich das Aussehen eines viereckigen umfriedeten Bezirks mit einem einzigen Eingang, der von einer eigenen Befestigungsanlage umgeben war. Diese Anordnung zeigt einen starken Einfluss der mediterranen Sakralarchitektur. Bei einem letzten Umbau des Bezirks wurden schließlich steinerne Mauergeviere errichtet, das gesamte ursprüngliche Areal überbaut und die Vorgängerbauten ausgelöscht.

Nachdem die westeuropäischen Kelten in Böhmen eingedrungen waren, verschwand der Ort im 4. Jh. v. Chr. Auf den Ruinen des alten Ortes gründete der keltische Stamm der Boier im 2. Jh. v. Chr. ein Oppidum, das zwischen 25 und 20 v. Chr. durch einen Brand zerstört.

Kultureller Kontext
Keltischer Stamm
der Boier

Lage
Zusammenfluss von
Moldau und Berounka/Beraun, Mittelböhmen

Zeittafel
Mitte des 6. Jh. v. Chr.:
das Machtzentrum
von Zàvist setzt
sich durch
6.–5. Jh. v. Chr.: Errichtung der hölzernen Palisade
5. Jh. v. Chr.: Hochblüte von Zàvist und
Errichtung der gemauerten Befestigungen
Erste Hälfte des
4. Jh. v. Chr.: Invasion
Böhmens durch westkeltische Gruppen; das
Machtzentrum von
Zàvist geht zu Ende
2. Jh. v. Chr.: *Oppidum*
des Stammes der Boier

Funktion
Heiligtum, Befestigung
und *Oppidum*

◄ Blick auf die
Siedlung von Zàvist.

»Da … Bibracte, die weitaus größte und reichste Stadt der Häduer, nur mehr 18 Meilen entfernt lag, glaubte er [Cäsar], für den Getreidenachschub sorgen zu müssen«. (Gaius Julius Cäsar)

Bibracte

Kultureller Kontext
Keltischer Stamm
der Haeduer

Lage
Auf dem Mont Beuv-
ray, auf einer Höhe
zwischen 720 und 821
m; an der Grenze zwi-
schen den Depart-
ments Nièvre und
Saône-et-Loire
(Frankreich)

Zeittafel
Vom 2. Jh. v. Chr. bis
etwa 20 v. Chr.
125 v. Chr.: Bündnis
zwischen den Haedu-
ern und Rom
58 v. Chr.: die Haeduer
werden in der Nähe
geschlagen, und es
beginnt der Gallische
Krieg
52 v. Chr.: Vercin-
getorix wird zum
obersten Anführer
der Gallier ernannt
52.–51 v. Chr.:
Cäsar hält sich hier
nach der Schlacht
von Alesia auf

Funktion
Oppidum

Dank der seit dem 19. Jh. durchgeführten Ausgrabungen wurde der Fundort Bibracte zu einem Modellbeispiel für eine erste städtische Zivilisation in Frankreich – die Zivilisation der *Oppida*. Als Hauptstadt des Stammes der Haeduer, eines mit Rom verbündeten Volkes, hatte es eine außergewöhnliche historische Bedeutung, denn es nahm eine zentrale Rolle in den Beziehungen zwischen Galliern und Römern ein; es war Schauplatz zahlreicher kriegerischer Auseinandersetzungen während Cäsars Gallienfeldzug. Die Entwicklung von Bibracte stand in Zusammenhang mit der Kontrolle über den Verbindungsweg, der vom Mittelmeer über Saône und Loire in das Herz Frankreichs führte. Der Ort erstreckte sich über eine Fläche von 135 Hektar und war von Befestigungsanlagen umgeben. Die Stadt war in ihrem Kern in Stadtviertel gegliedert, die genau festgelegte Bestimmungen hatten. An der Peripherie lagen die Handwerksbezirke, insbesondere die Werkstätten zur Metallbearbeitung und zur Herstellung von Email. Das Stadtzentrum war dem Markt und dem öffentlichen Leben vorbehalten, vor allem den Volksversammlungen und den religiösen Zeremonien. Gepflasterte und versiegelte Straßen, die von Gehsteigen und Laubengängen gesäumt waren, umschlossen Wohnblö-

cke von über 50 m Seitenlänge. Die Wohnstätten waren nach römischem Vorbild mit Atrium, Garten und Bädern ausgestattet. Die Stadt wurde um 20 v. Chr. von den Römern zerstört, um die Entfaltung der Stadt *Augustodunum* (Autun) zu begünstigen.

► Blick auf die
Überreste von
Bibracte

»*Die Städte der Veneter lagen zumeist am Ende kleiner Landzungen und Vorgebirge und konnten weder zu Fuß erreicht werden, ... noch mit Schiffen*«. (Gaius Julius Cäsar)

Entremont

Das Plateau von Entremont wurde seit der älteren Eisenzeit genutzt, wie gemeißelte, ins 6. Jh. v. Chr. datierbare Architekturelemente zeigten, die in jüngeren Bauten erneut verwendet worden waren. Es handelt sich um Steinpfeiler oder Teile des Gebälks mit Vertiefungen für Menschenschädel. Heute werden diese nicht mehr als Ausstellungsort von Kriegstrophäen gedeutet, sondern als Reliquiar für die sterblichen Reste bedeutender, Persönlichkeiten. Der Bezug zur Welt der Toten wird auch durch gravierte Getreideähren hervorgehoben, ein Symbol der Wiedergeburt. Die Motive legen nahe, dass hier noch vor der Siedlung ein Kultort bestanden hatte. Die erste stadtähnliche Siedlung von Entremont ist in das 2. Jh. v. Chr. zu datieren. Es handelte sich um eine kleine Ansiedlung in der Größe von etwa einem Hektar. Die innere Fläche war in rechteckige Häusergruppen von etwa 24x10 m unterteilt, darüber hinaus gab es ein Viertel, wo die Produktion von Weihegaben aus Bronze oder Glas stattfand. In der zweiten Hälfte des 2. Jh. v. Chr. wurde der Ort erweitert und mit einem größeren Mauergürtel versehen. Die Häuserblöcke waren quadratisch und waren 24 m lang, die Häuser größer und in Zimmer aufgeteilt, die Straßen breiter. Nach der Eroberung der Provence 123 v. Chr. sollte Entremont, die letzte Hochburg der *Salluvii*, den Römern unterliegen.

Kultureller Kontext
Keltoligurischer Stamm der Salluvier

Lage
Drei Kilometer nördlich von Aix-en-Provence (Provence-Alpes-Côtes d'Azur, Frankreich)

Zeittafel
Vor dem 6. Jh. v. Chr.: Heiligtum
Ca. 175–150 v. Chr.: erste Befestigung und erste Siedlung
Ca. 150–100 v. Chr.: zweite Befestigung und zweite Siedlung
123 v. Chr.: Eroberung der Provence durch die Römer
Etwa 100 v. Chr.: Zerstörung und Aufgabe von Entremont

Funktion
Kultort und *Oppidum*

◀ Relief mit Menschenköpfen, 2. Jh. v. Chr., aus dem *Oppidum* von Entremont, Aix-en-Provence, Musée Granet.

In der Siedlung der zweiten Phase hatten die Wohnstätten zwei bis fünf Zimmer. Viele Tätigkeiten, die die Privatsphäre betrafen, wurden nunmehr, nach dem Vorbild der hellenistischen Städte, innerhalb der häuslichen Mauern ausgeführt.

Die Häuser hatten sicher mehrere Stockwerke und flache Vordächer; die oberen Teile des Hauses dürften aus Rohrgeflecht und Erde bestanden haben, obwohl man davon keine Spuren gefunden hat, auch nicht bei den Häusern, von denen zwei Meter hohe Mauern erhalten geblieben sind.

▲ Überreste des Fundortes Entremont.

Hellenistische Städte, die wahrscheinlich die Stadtentwicklung von Entremont beeinflussten, waren die griechischen Kolonien Massalia (Marseille) und Olbia in Hyères. In Entremont fehlt jedoch die Anordnung des Hauses um einen zentralen Innenhof herum, wie es für die griechisch-römischen Häuser typisch ist.

Die Fußböden der Häuser waren aus gestampfter Erde, aber in einigen kleinen Räumen ist die Oberfläche gepflastert, vielleicht, um die gelagerten Lebensmittel vor der Feuchtigkeit zu schützen; die inneren Raumtrennungen bestanden aus rechteckigen oder quadratischen Rohziegeln, und in einigen Fällen verliefen an ihnen Steinbänkchen.

Der Kultbereich umfasste einen abgegrenzten Weihebezirk und einen Säulenumgang, in dem die Statuen der vergöttlichten Vorfahren aufgestellt waren.

Die Skulpturengruppe aus Kalkstein mit einer Größe von 43 x 52 cm stellt vier abgeschlagene Menschenköpfe dar, die zu Füßen der Statue eines vergöttlichten Kriegerhelden angebracht waren.

Das makabre Ritual der Enthauptung des Feindes, von dem auch die antiken Historiker berichten, erfährt eine Verklärung in der gemeißelten Darstellung des Kriegers aus Stein, die auch die Trophäe des besiegten Feindes ausstellt.

Die Gesichter folgen der typisch keltischen Ikonografie: gebogene Augenbrauen, mandelförmige, hervortretende Augen, dreieckige Nase und feiner Mund. Bei einigen Statuen sind Spuren von Farbe erhalten, sie dürften also bemalt gewesen sein.

Im Kultbereich von Entremont wurden zahlreiche Fragmente von Plastiken gefunden, die zu Dutzenden Statuen von Männern, Frauen und Jugendlichen gehören; die Männer sind in der charakteristischen Position mit untergeschlagenen, gekreuzten Beinen dargestellt. Man nimmt an, dass die Statuen Abbilder der heroisierten Vorfahren der aristokratischen Elite sind, die die Stadt regierte.

Bemerkenswert ist die Bemühung um eine realistische Darstellung der Frisur, die bei jeder der vier Personen anders ist; besonders fallen die in Strähnen geteilten und nach hinten gekämmten Haare des Kopfes unten rechts auf.

▲ Gruppe von Menschenköpfen aus Kalkstein, 2. Jh. v. Chr., aus dem Oppidum von Entremont, Aix-en-Provence, Musée Granet.

*»[Der Name] Transalpiner ... bezieht sich nur auf die geographische
Lage. Denn trans heißt im Griechischen ... pérān, jenseits: deshalb
nennen sie die jenseits der Alpen Wohnenden Transalpiner«. (Polybios)*

Magdalensberg

Das *Oppidum* vom Magdalensberg dokumentiert sehr anschaulich,
wie in einer städtischen Ansiedlung Elemente der keltischen Kultur
und der römischen Zivilisation miteinander verschmolzen wurden.
Gegen die Mitte des 2. Jh. v. Chr. entstand im heutigen Österreich
das *Regnum Noricum* (Königreich Noricum), ein Staatengebilde,
das aus der Vereinigung einiger keltischer Gruppen unter der Vorherrschaft der Noriker entstand, eines Volkes, welches das heutige
östliche Mittelkärnten besiedelte. In diesem Gebiet befanden sich
große Eisenvorkommen, die zu Stahl verarbeitet wurden. Diese Produktion legte den Grundstein für einen so regen Tauschhandel mit
Rom, dass innerhalb des keltischen Reichs römische Handelsfilialen
eröffnet wurden. Aufgrund dieser Wirtschaftsbeziehungen entstand
die Siedlung auf dem Magdalensberg. In einer bereits bestehenden
Siedlung der Noriker, die wahrscheinlich *Virunum* hieß, entstand
ca. Mitte des 1. Jh. v. Chr. eine römische Handelsniederlassung. Die
Römer machten die Siedlung nach der Eroberung des Noriker-Rei-
ches zum Verwaltungszentrum. Dies hatte eine vermehrte Bautätig-
keit zur Folge und besiegelte die Romanisierung des Territoriums.
Die Produktion von Tonwaren wies starke lokale Merkmale auf,
wie Funde belegen. Darüber hinaus gibt es eine Fülle von Utensilien, die der Eisenverarbeitung dienten. Um die Mitte des
1. Jh. n. Chr. wurde die
Siedlung auf dem Magda-
lensberg aufgegeben. Die
Bevölkerung wanderte in
die neue, in der Ebene ge-
gründete Stadt ab, die die
Hauptstadt der römischen
Provinz war und der Kon-
tinuität halber ebenfalls
Virunum genannt wurde.

◄ Blick auf den
römischen Fundort auf
dem Magdalensberg.

*»Das Innere von Britannien ist von Stämmen bewohnt, die sich
…als Ureinwohner…bezeichnen, das Küstengebiet von denen,
die aus Beutegier…aus Belgien übersetzten«. (Gaius Julius Cäsar)*

Maiden Castle

Kultureller Kontext
Britannische Kelten

Lage
In der Umgebung von
Dorchester, südliches
Dorset (Großbritannien)

Zeittafel
4000 v. Chr.: jungsteinzeitliche Besiedelung
2000 v. Chr.: Zuzug und
landwirtschaftliche
Nutzung hören auf
1000 v. Chr.: Organisation und Unterteilung
der landwirtschaftlich
genutzten Flächen in
Grundstücke
700 v. Chr.: Befestigungen der älteren Eisenzeit
600 v. Chr.: Bau des ersten Hillfort
400–300 v. Chr.: Umbau und Erweiterung
des Hillfort
2. Jh. v. Chr.: Höhepunkt der Entwicklung
des Hillfort
1. Jh. v. Chr. und
1. Jh. n. Chr.: Abstieg
und teilweise Aufgabe
des Ortes
43 n. Chr.: römische Besiedelung Südenglands
2. Jh. n. Chr.: Aufgabe
des Ortes

Funktion
Prähistorische Siedlung,
Causewayed enclosure,
Hillfort

Maiden Castle ist das größte *Hillfort* der britischen Inseln. Die Besiedelung der Anhöhe geht bereits auf das Neolithikum zurück,
während der Bronzezeit wurde das Gebiet für landwirtschaftliche
Tätigkeiten genutzt. Um 1000 v. Chr. begann man das Territorium
mit geraden Grenzlinien zu unterteilen. Diese für Mittel- und Südbritannien charakteristische Art, landwirtschaftlich genutzte Flächen zu organisieren und zu kontrollieren, führte zur Gründung der
ältesten befestigten Siedlung (*Causewayed enclosure*); sie geht auf
die ältere Eisenzeit zurück. Das erste *Hillfort* in Maiden Castle bestand aus einem einzigen Erdwall mit einem Graben, die eine Bastion von zehn Metern Höhe bildeten. Die Größe des umschlossenen
Areals lässt vermuten, dass es sich um ein kleines, vorwiegend von
Bauern bewohntes Dorf handelte. Maiden Castle entwickelte sich,
erweiterte und baute seine Befestigungen aus und erreichte im 2. Jh.
v. Chr. seine größte Ausdehnung. Die Verteidigungsanlagen bestanden aus drei Erdwällen und zwei Gräben; entlang des sanfteren Abhangs gab es einen weiteren Erdwall und einen Graben. Die runden

Häuser im Inneren der
Einfriedung waren in einer
Reihe entlang der Straßen
angeordnet. Auf einem
ausgedehnten Gelände befanden sich unterirdische
Silos, die der Aufbewahrung von Getreide dienten.
Die Komplexität der Befestigungen und die Dimensionen der Silos lassen annehmen, dass die Siedlung
ein ausgedehntes Territorium beherrschte.

Die einfacheren Erdwälle bestanden aus der Erde, die bei der Aushebung des Grabens angehäuft wurde. An strategisch besonders wichtigen Punkten wurde der Erdwall durch eine Mauer aus Holz oder Stein verstärkt.

Die Siedlung nahm eine Fläche von mehr als 17 Hektar ein. Die Häuser waren rund und entlang der Straßen angeordnet. Große Flächen waren der Aufbewahrung von Getreide in unterirdischen Silos vorbehalten.

Der Zugang zum befestigten Ort erfolgte von Westen und Osten her; die beiden Eingänge waren durch ein kompliziertes System von Erdwällen und Gräben geschützt, die sich überschnitten.

In der Zeit seiner größten Ausdehnung, im 1. Jh. v. Chr., wurde das Hillfort von drei robusten Erdwällen und zwei tiefen Gräben geschützt, abgesehen von einem weiteren Erdwall mit Graben am sanfteren Teil des Abhangs, Richtung Süden.

◄ Detail der Festung Maiden Castle in Dorset.

▲ Luftaufnahme von der Festung Maiden Castle in Dorset.

»Da stand am Gestade die gegnerische Kampffront, eine dichte Reihe von Waffen und Männern; dazwischen liefen Frauen herum, die …Fackeln vorantrugen«. (Tacitus)

Cerne Abbas

Kultureller Kontext
Britannische Kelten

Lage
Hügel in der Umgebung von Cerne Abbas, in der Nähe von Dorchester (Dorset, Großbritannien)

Zeittafel
1.–4. Jh. n. Chr.

Funktion
Scharrbild

An den Flanken eines Hügels in der Umgebung des Dorfes Cerne Abbas heben sich die Umrisse einer riesigen, in den Boden gescharrten Figur ab. Sie sticht auffällig aus dem Rasenteppich hervor, da sie etwa 30 cm tief in die Kreide gescharrt ist, aus der der Boden besteht. Die Figur ist 55 m groß und stellt einen nackten Mann mit erigiertem Phallus und einem knotigen, 36,5 m langen Knüppel in der rechten Hand dar. Jüngere Studien nehmen an, dass beim freien Arm ursprünglich ein Tierfell abgebildet war. Einige Details des Bildes lassen vermuten, dass es sich um Herkules handeln könnte: in der klassischen Darstellung schwingt der griechische Held nämlich seine Keule und hält das Fell des nemäischen Löwen gepackt, dem er sich als zweite seiner sprichwörtlichen Aufgaben gestellt hatte. Man vermutet, dass der Riese von Cerne Abbas aus einer Zeit zwischen dem 1. und 4. Jh. n. Chr. stammen könnte. Die erste schriftliche Erwähnung geht allerdings auf das Jahr 1694 zurück und dokumentiert die Zahlung von drei Shilling für einen neuen Schnitt des Umrisses des Riesen. Da er in den mittelalterlichen Quellen nie erwähnt wird, nehmen einige Wissenschaftler an, dass es sich nicht

▶ Ins Erdreich gescharrte Pferdefigur bei Uftington.

um ein Werk aus keltischer Zeit handelt, sondern aus dem 17. Jh. stammt. Zu Zeiten des englischen Bürgerkriegs waren die Güter des Eigentümers der Gegend nämlich konfisziert worden, und dessen Bedienstete hätten diesen rechtsfreien Raum genutzt, um den Riesen in den Boden zu scharren.

*Die Umrisse der Figur stechen besonders ins Auge,
weil sie in eine Kreideschicht geschart sind, aus
der der Hügel besteht. Die Zeichnung ist 30 cm
tief und muss periodisch gesäubert werden.*

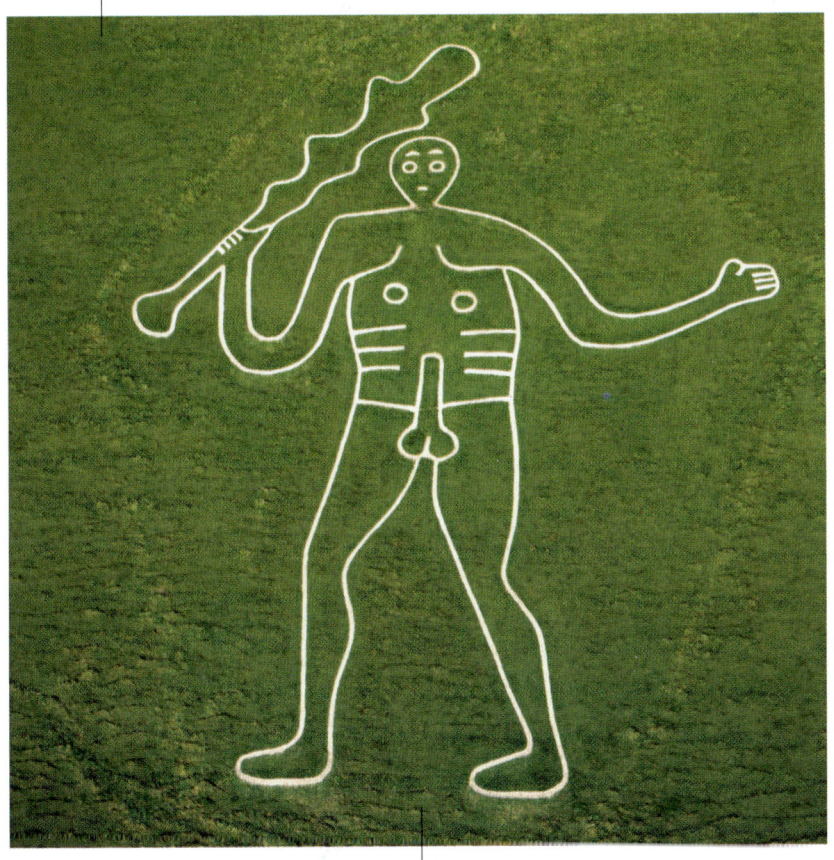

▲ Männliche Figur,
Scharrbild, 1.–4. Jh. n. Chr.,
bei Cerne Abbas in Dorset.

*Eine lokale Legende erzählt, dass ein echter
Riese auf dem Hügel getötet wurde, und
die Menschen von Cerne Abbas den Umriss
seines Leichnams nachzogen. Indem sie die
Linien in die Kreide scharrten, machten sie
ihn an der Hügelflanke sichtbar.*

*»Groß dagegen ist Ierne, das im Norden ihm zur Seite liegt, ...
Über diese Insel können wir nichts Sicheres mitteilen, außer dass
ihre Bewohner wilder sind als die Britanner«. (Strabon)*

Dun Aengus

Kultureller Kontext
Irlandkelten

Lage
Westküste der Insel
Inishmore, Aran-Is-
lands, Galway Bay, Ir-
land

Zeittafel
1.–5. Jh. n. Chr.

Funktion
Festung

Die Festung Dun Aengus, ist eines der beeindruckendsten und
spektakulärsten Beispiele für diesen Typ von Festungsarchitektur.
Vom ursprünglichen Monument sind heute drei gut erhaltene
Mauerringe und die Reste eines vierten erhalten, die eine halb-
kreisförmige Fläche von 4,6 Hektar begrenzen. Am besten ist der
innere Mauerring erhalten, der 4 Meter hoch und fast ebenso
breit ist. Obwohl er im 19. Jh. restauriert wurde, ist anzunehmen,
dass seine ursprüngliche Form bewahrt wurde. Er besteht aus drei
großen, senkrechten Stufen, die zwei innere Terrassen bilden, auf
die man über Treppen gelangt. In die Mauern waren kleine Kammern eingelassen. Der zweite Mauerring ist weniger massiv, er ist
bis zu vier Meter hoch und umschließt in seinem Inneren nur eine
Terrasse. Nicht weit davon liegt ein dritter, fragmentarischer
Mauerring, der wahrscheinlich zu einer Zeit errichtet worden
war, die vor dem endgültigen Bau und der Erweiterung der Festung lag. Schließlich gibt es noch einen vierten Mauerring, mit einer Höhe von kaum 1,5 Metern. Zwischen der dritten und der
vierten Mauer befindet sich eine Anhäufung von Steinen, die angespitzt sind und in der
Erde stecken: es handelt
sich hierbei um sogenann-
te »Spanische Reiter«.
Diese Vorrichtung sollte
das Vordringen von An-
greifern zu Fuß oder zu
Pferde zu verhindern. Die
baulichen Gegebenheiten
der Festung lassen keine
Frage über den Zweck
dieser Anlage offen: die
Verteidigung.

► Luftaufnahme
der Festung
Dun Aengus auf
der Insel Inishmore.

Der Zugang zum Fort Dun Aengus wurde durch die sogenannten »Spanischen Reiter« geschützt, das heißt, durch eine Vorrichtung aus Steinen, die in einigen Fällen angespitzt wurden und senkrecht in der Erde steckten, um ein Vordringen von Feinden, sei es zu Fuß oder zu Pferd, zu verhindern.

Einigen Wissenschaftlern zufolge seien die steinernen »Spanischen Reiter« eine dauerhafte Version einer Verteidigungsform aus Holz, die im 1. Jahrtausend v. Chr. in ganz Europa verbreitet war.

Die Verteidigungsform der »Spanischen Reiter« ist vor allem auf der mittleren und mittelwestlichen Iberischen Halbinsel bekannt. Daher hat man angenommen, dass diese Vorrichtung von der Iberischen Halbinsel nach Irland eingeführt wurde.

▲ Blick vom Fort Dun Aengus auf die Insel Inishmore, Irland, 1.–4. Jh. n. Chr.

Der erste Mauerring ist am besten erhalten, 4 m hoch und fast 4 m dick. Er umschließt eine etwa 4,6 Hektar große Fläche in der Form eines D, hoch oben auf einer 100 m hohen, steil abfallenden Klippe.

Die Mauern sind aus großen, sorgfältig behauenen Steinblöcken trocken gemauert.

In das Innere des ersten Mauerrings gelangt man durch einen schmalen, ostwärts gerichteten Eingang mit Architraven.

▲ Blick auf die Mauern des Forts Dun Aengus auf der Insel Inishmore, Irland, 1.–4. Jh. n. Chr.

» Vor langer Zeit wurde hier ein … Schatz versteckt. / Glücklich ist, wer diesen großen Reichtum finden kann. / Hákon … trug den Schatz aus diesem (Grab)hügel«. (Runeninschriften von Maeshowe)

Maeshowe

Maeshowe ist ein Hügelgrab, das in die Mitte des 3. Jahrtausends v. Chr. datiert wird. Es wurde 1861 von dem Archäologen James Farrer erforscht. Ursprünglich wies es eine konische Form und oben eine große Vertiefung auf. Unter dem Grabhügel befindet sich ein Korridor und eine zentrale Kammer, von der aus man zu drei seitlichen Räumen gelangt, die vermutlich der Beisetzung der Verstorbenen gedient hatten. Jüngere Forschungen haben ergeben, dass das Monument auf bereits bestehenden Strukturen errichtet wurde. Es handelte sich um eine Wohnstätte und einen Steinkreis aus neolithischer Zeit, deren Materialien beim Bau des Monumentes wiederverwendet wurden. Man hat errechnet, dass für die Errichtung des Hügelgrabes etwa 100 000 Arbeitsstunden erforderlich gewesen sein dürften. Diesen ungeheuren Kräfteaufwand kann man nur als große Ehre deuten, die die Gemeinschaft Persönlichkeiten von besonderer Bedeutung zollte. Das Monument könnte auch eine sakrale Funktion haben, die mit den Sonnenkulten zusammenhing. Man hat nämlich beobachtet, dass zur Wintersonnenwende der letzte Sonnenstrahl bei Sonnenuntergang die hintere Wand der zentralen Kammer erleuchtet. Bei der Ausgrabung entdeckten die Archäologen, dass das Grab in der Wikingerzeit aufgebrochen und geplündert worden war. Den Beweis dafür liefern Runen-Inschriften und andere Ritzungen mit typisch nordischen Sujets wie Walross, Drachen und verknoteter Schlange.

Kultureller Kontext
Neolithische Gemeinschaft auf den Orkney-Inseln; Wikinger

Lage
500 m vom Südostufer des Loch o'Harray, westliches Mainland (Orkney-Inseln, Schottland)

Zeittafel
4. – Anfang 3. Jahrtausend v. Chr.: Behausung und Steinkreis
Ca. 2700 v. Chr.: Bau des Grabhügels
12. Jh. v. Chr.: gewaltsame Öffnung des Hügelgrabes durch die Wikinger

Funktion
Hügelgrab

◀ Blick auf das Hügelgrab von Maeshowe, Schottland.

*Die Wände der Kammer sind aus Steinplatten in Trocken-
bauweise errichtet. Sie steigen senkrecht 1,4 m in die Höhe und
beginnen dann, sich zu verjüngen, wobei der Eindruck entsteht,
dass es sich ursprünglich um ein Tonnengewölbe handelte. Man
vermutet, dass die Höhe zwischen 4,5 und 6 m betrug.*

*Zur Hauptkammer des
Hügelgrabes gelangt man
durch einen schmalen,
etwa 11 m langen und
70 cm hohen Korridor.*

*Von der Hauptkammer
gelangt man durch
einen kleinen Einstieg
in der Wandmitte in
drei seitliche Räume.*

*Die Hauptkammer
ist 4,7 qm groß
und weist in den
vier Ecken robuste
Stützpfeiler auf.*

*Jeder Pfeiler hat eine Vorderseite,
die aus einer großen, der Mitte der
Kammer zugewandten Steinplatte
besteht: man nimmt an, dass diese
Megalithen Teil eines Steinkreises
aus neolithischer Zeit waren,
der zerstört wurde, um für das
Grabmonument Platz zu machen.*

▲ Blick auf das Innere der
Grabkammer von Maeshowe,
Schottland.

Die Hauptkammer des Hügelgrabes von Maeshowe enthält dreißig Runeninschriften, die im 12. Jh. von den Wikingern, die das Grab aufbrachen, eingeritzt wurden.

Ein Großteil der Inschriften besteht aus der Unterschrift der Urheber, während man sich in einigen auf den mythischen Schatz bezieht, der im Inneren des Hügelgrabes versteckt gewesen sein soll.

▲ Runeninschriften in Maeshowe, Schottland, etwa 12. Jh.

»…durch Vorahnung, die ja eine Eigentümlichkeit unseres Geschlechts ist, weiß ich, dass uns aus dieser Heirat…Leid entstehen wird, wenn diese Ehe nicht…gelöst wird«. (Völsunga Saga)

Tanum

Kultureller Kontext
Nordgermanische
Völkerschaften

Lage
Nördliches Bohuslän,
Västergötland,
Schweden

Zeittafel
1800–600 v. Chr.

Funktion
Felsritzungen

Die Art der dargestellten Schiffe, Waffen und Werkzeuge ermöglicht es die Felsritzungen von Tanum in die Bronzezeit zu datieren. Die Gletschertätigkeit während der Eiszeit hatte auf den Granitblöcken der Region breite, glatte und leicht abgerundeten Flächen hinterlassen, die so zu einem idealen Untergrund für die Ritzungen prähistorischer Völker wurden. An fünf verschiedenen Orten wurden auf etwa 100 Platten insgesamt 3000 Petroglyphen gefunden. Das betroffene Gebiet mit einer Länge von ca. 25 km war zur Bronzezeit die alte Küstenlinie des Fjordes, denn in dieser Epoche lag das Meeresniveau im Vergleich zur heutigen Zeit mehr als 15 Meter höher. Zu den am häufigsten dargestellten Sujets gehören Ruderboote, wie sie vor den Neuerungen der Wikingerzeit verwendet wurden. Unter den Transportmitteln gibt es auch Wagen und Schlitten. Die Menschen sind oft mit dem Bogen auf der Jagd dargestellt, oder bei landwirtschaftlichen Tätigkeiten mit Pflug und Ochsen. Es gibt für diese Darstellungen zahlreiche Deutungen, aber auf jeden Fall ist man der Ansicht, dass es sich um eine primitive künstlerische Ausdrucksform handelt, die sowohl konkrete Aspekte des täglichen Lebens wie Waffen und Gerätschaften, Transportmittel und Menschen, als auch symbolische und transzendente Aspekte abbilden wollte, wie Schalengruben und Kreismotive, Fußabdrücke, menschliche Figuren oder Fabeltiere.

► Felsritzungen
im archäologischen
Fundkomplex
von Tanum.

Die Felsritzungen kann man vor allem deswegen sicher datieren, weil sich unter den dargestellten Sujets Gegenstände befinden, die man dank der archäologischen Ausgrabungen zeitlich zuordnen kann. Solche Objekte können mit einem bestimmten Stil in der Darstellung verbunden sein, was wiederum eine Datierung anderer Ritzungen ermöglicht, die nicht den gleichen Objekttyp aufweisen. Wenn sich Felsritzungen überlagern, kann man eine Chronologie der Ritzungen bestimmen

Die durch die Gletschertätigkeit polierten Granitfelsen bildeten in ganz Europa eine ideale Unterlage für Felsritzungen. Man denke zum Beispiel an die große archäologische Fundstätte mit den Ritzungen in Valcamonica in Italien.

Die Männer der Besatzung sind als einfache senkrechte Striche dargestellt, während die menschlichen Figuren, die einzeln oder besonders hervorgehoben sind, einen schematisierten Körper mit rundem Kopf, rechteckigem Rumpf, L-förmig abgewinkelten Armen und geradlinigen Beinen aufweisen.

▲ Felsritzungen aus dem archäologischen Fundkomplex von Tanum.

Zu den im archäologischen Fundkomplex von Tanum am häufigsten dargestellten Sujets gehören Schiffe, was auf die große Bedeutung der Schifffahrt bei den nordischen Völkern ab der Bronzezeit hinweist. Der dargestellte Bootstyp hat einen aufgebogenen Kiel. Dieser technische Kunstgriff, der auch bei den Kretern des 2. Jahrtausends v. Chr. bekannt war, diente wahrscheinlich dazu, den Stoß für den Schiffsrumpf zu verringern, wenn man sehr nahe am Ufer navigierte.

»Der Schmerz hatte jede Stimme verstummen lassen, alle Glieder versteinert; die ausgestreckten Hände, die ihn aufrichten wollten, fielen kraftlos herab«. (Prosa-Edda, Baldurs Tod)

Ales Stenar

Kultureller Kontext
Nordgermanische
Völker

Lage
An der Küste bei Kåse-
berga, etwa 10 km
südwestlich von Ystad,
Schonen, Schweden

Zeittafel
Ca. 600 n.Chr.

Funktion
Steinsetzung in Form
eines Schiffes

»Ales Stenar« ist eine der bedeutendsten schiffsförmigen Steinsetzungen von Skandinavien. Die Abmessungen sind beträchtlich, sie ist 67 m lang, 19 m breit und besteht aus 59 Sandsteinblöcken mit einem Gewicht zwischen 500 und 1800 kg. Die Steine an den beiden Spitzen sind etwa drei Meter hoch und erinnern an die charakteristischen aufgebogenen Enden nordischer Schiffe. Die zeitliche Einordnung der organischen Reste, die bei den Steinen gefunden wurden, ermöglichte eine Datierung des Monumentes auf eine Zeit vor etwa 1400 Jahren. Die Schiffssetzungen werden normalerweise als Grabmonumente gedeutet, da sich im Inneren oft ein oder mehrere Gräber befinden. In Ales Stenar jedoch wurden keine Gräber gefunden, was hier an dieser Deutung zweifeln lässt. Jede weitere Untersuchung wird von der Tatsache erschwert, dass man im Zuge der Restaurierung des Monumentes im Jahr 1956, die Erde abtrug, die die Steine umgab, und dabei den archäologischen Fundzusammenhang zerstörte. Einer Hypothese zu Ales Stenar zufolge war es ein Grabmonument für die Besatzung eines untergegangenen Schiffes. Einer anderen Deutung nach handelt es sich um ein megalithisches Bauwerk zur Beobachtung der Sterne und Zeitmessung. Tatsächlich geht die Sonne während der Sommersonnenwende hinter dem nordöstlichen Ende unter, während sie zur Wintersonnenwende hinter dem gegenüberliegenden Ende aufgeht.

▶ Blick auf die
schiffsförmige Stein-
setzung von Ales
Stenar, Schweden.

»Auch besitzen sie [die Samländer] massenhaft fremdartige Pelze, deren Duft das todbringende Gift der Prunksucht in unsere Welt gebracht hat«. (Adam von Bremen)

Birka

Heute ist der Ort, an dem sich Birka, einer der größten Handelsplätze des wikingerzeitlichen Skandinavien, befand, nur mehr ein ruhiges grünes Gebiet im Nordwestteil der Insel Björkö. Sie wird Svarta jorden, »Schwarze Erde« genannt, weil der Boden durch den archäologischen Niederschlag schwarz verfärbt ist. Birka war ein Knotenpunkt des Tauschhandelsnetzes, das sich im Westen bis England und Friesland, im Osten bis zum Ladogasee und der mittleren Wolga, und im Norden bis nach Uppsala und zu den Gebieten der Pelztierjäger erstreckte. In der Mitte des 9. Jh., als sich der christliche Missionar Ansgar dorthin begab, war Birka aber bereits gut entwickelt. Anfänglich dürfte die Stadt gar keine Verteidigungsanlagen gehabt haben. Bald wurde sie aber durch einen Erdwall geschützt, der wahrscheinlich von einer hölzernen Mauer oder einer Palisade überragt wurde. Zur weiteren Verteidigung erhob sich auf einem Hügel im Süden der Stadt eine Festung mit ovalem Grundriss. Die Wände der Häuser bestanden zumeist aus einem mit Lehm bedeckten Geflecht von Ästen. Einige Bauten waren aus senkrechten Holzplanken errichtet, die mit Lehm und Moos abgedichtet waren. Diese fand man vor allem zwischen dem Fort und der Stadt; es dürften die Truppenunterstände gewesen sein, die hier zur Verteidigung der Stadt lagen. Man entdeckte auch Reste von Hafenbauten wie Wellenbrecher und Landungsbrücken aus Eichenholz.

Kultureller Kontext
Wikinger in Schweden

Lage
An den Ufern des Mälarsees, Insel Björkö, östlich von Stockholm (Schweden)

Zeittafel
8.–9. Jh.
830 und 850: Besuche des Missionars und Bischofs Ansgar
Ab 970: Verfall der Stadt

Funktion
Seehandelsplatz

◀ Drei Silbermünzen aus Birka, Schweden, Anfang 9. Jh., Stockholm, Historiska Museet.

Da in Birka der Strand sanft abfällt, war für die damaligen Schiffe mit niedrigem Tiefgang ausgezeichnet geeignet; daneben gibt es viele Reste von Landungsstegen und Wellenbrechern innerhalb des befestigten Bereichs. Im Norden befinden sich zwei natürliche Häfen und im Osten ein künstliches Bassin, das sich zu einer kleinen Lagune hin öffnete, die heute nicht mehr existiert.

In Birka weist nichts auf Handwerksstätten von Bedeutung hin, es gibt nur einige Spuren von Metallbearbeitung, Knochen und Glas. Auch die Landwirtschaft war dürftig: der Reichtum der Stadt gründete also fast gänzlich auf dem Handel, insbesondere mit den Wolgagebieten.

▲ Blick auf die Fläche auf der Insel Björkö, die Birka einst einnahm.

»Slesvig ist eine große Stadt am Ende ... des Weltmeeres. In ihrem Inneren hat sie Brunnen mit Süßwasser. Ihre Einwohner verehren Sirius, außer ein paar wenigen, die Christen sind«. (Al-Tartushi)

Haithabu

Die Stadt Haithabu entstand im 8. Jh. n. Chr.. Während des 9. Jh. erfuhr sie einen bemerkenswerten Aufschwung, als sie zu einem der wichtigsten Handelszentren der Wikingerzeit wurde. Anfänglich war die Siedlung zum Land hin nur durch eine einen Meter hohe Bastion mit einer Palisade und einem Graben geschützt. Später wurde sie mit einer halbkreisförmigen Befestigung versehen, die etwa neun Meter hoch war und einen tiefen Graben und eine Strebemauer aus Baumstämmen aufwies. Die Fläche zwischen der Bastion und dem Meer betrug 240 000 qm. Sie war dicht bebaut, mit Freiflächen in Nähe der Friedhöfe und einem ausgesparten Streifen beim Strand um die Boote aufs Trockene zu ziehen. Eine lange Holzmole ragte in die Bucht und schützte den Hafen vor den Wellen. Am Grundriss der Stadt kann man genau erkennen, wie sie sich vom ursprünglichen Kern in der Nähe des Meeres und des Wasserlaufs, der die Dörfer mit Süßwasser versorgte, auf ziemlich geordnete Weise weiterentwickelte. Die Häuser waren entweder mit Pfosten gebaut, an die senkrecht oder waagerecht verlaufende Bretter angebracht waren, oder aber sie hatten Wände aus geflochtenem Astwerk, die mit Lehm verputzt waren; in einigen Fällen gab es Kellerräume. Meistens waren die Häuser der Straße zugewandt, während sich die Nebengebäude rückseitig befanden. In vielen Fällen gab es einen Brunnen. In der zweiten Hälfte des 11. Jh. verfiel Haithabu nach Bränden und Plünderungen.

Kultureller Kontext
Wikinger aus
Dänemark

Lage
Grund des Ostseefjords Schlei, an der Verengung der kimbrischen Halbinsel, im heutigen Schleswig (Deutschland)

Zeittafel
8.–11. Jh.

Funktion
Seehandelsplatz

◀ Blick auf eine rekonstruierte Straße aus Holzbohlen im Fundort Haithabu.

»Wer dieses Schwert aus dem Stamm zieht,…soll es…als Geschenk erhalten…er soll es selbst als wahr beweisen, dass er…niemals eine bessere Waffe in der Hand gehalten hat«. (Völsunga Saga)

Trelleborg

Kultureller Kontext
Wikinger aus
Dänemark

Lage
Im Nordwesten von
Slagelse, Insel Seeland,
Dänemark

Zeittafel
980n.Chr., dendo-
chronologische
Datierung

Funktion
Runde Festung

Die Entdeckung einer befestigten Anlage in Trelleborg bei Slagelse brachte eine charakteristische Bautechnik der Wikinger zutage. Die Anlage ist kreisförmig, in ihrem Inneren ist eine Gruppe von Holzbauten symmetrisch angeordnet. »Trelleborge« werden runde Festungen genannt, die alle zwischen dem Ende des 10. Jh. und Anfang des 11. Jh. in Dänemark und Schweden errichtet wurden; bis heute sind sechs bekannt. Der Name wurde herkömmlicherweise interpretiert als »von Sklaven errichtete Burg«, vom dänischen Wort *tra-el* – Sklave. Wahrscheinlicher jedoch ist, dass sich der Begriff auf die Holzbalken bezieht (Dänisch *trelle*), die auf beiden Seiten die Mauern verstärkten. Der Fundort Trelleborg liegt an einem strategisch wichtigen Punkt, einer leichten Anhöhe zwischen zwei schiffbaren Wasserläufen, die zusammenfließen, bevor sie in den Großen Belt münden. Vor der Errichtung der Ringburg wurde der Boden eingeebnet und wieder aufgeschüttet. Der natürliche Schutz, den die Flüsse und das sumpfige Gelände der Umgebung boten, wurde durch eine kreisförmige Bastion ergänzt. Dieser Wall war circa 19 m breit und 7 m hoch und wurde durch Palisaden und querverlaufende Stämme verstärkt. Es gab vier Tore, an denen befahrbare Straßen begannen, die sich im Zentrum kreuzten und die Häuser in vier gleiche Gruppen teilten. Die Tore waren mit Steinpackungen gegen ein Abrutschen der Erde abgesichert. Der Bau solcher Festungen wird Harald Blauzahn oder seinem Sohn Sven Gabelbart zugeschrieben.

► Rekonstruktion
eines Wikingerhauses
in Trelleborg.

Innerhalb der Festung von Trelleborg gab es sechzehn Häuser, die in vier Vierergruppen angeordnet waren. Vier Häuser waren um je einen quadratischen Platz angeordnet, und die gesamte Gruppierung bildete ein noch größeres Quadrat. Die Häuser waren circa 30 m lang. Die Straßen der Festung kreuzten sich im Zentrum der vier Häuserblöcke.

Die Häuser wurden in Stabbauweise aus senkrechten Planken errichtet; außen herum verlief eine Reihe leicht nach innen geneigter Pfosten, die ein Dach trugen.

Das charakteristische Modell des longhouse (Langhaus) hat mit den gekrümmten Seitenwänden und den geraden Endwänden die Form eines Bootes; das Innere ist in drei Teile gegliedert, dessen mittlerer, die hall, der größte Raum ist.

▲ Rekonstruktion eines Wikingerhauses, Trelleborg.

»Außerdem erzählte er, viele Männer hätten in diesem Ozean noch eine weitere Insel entdeckt; sie heißt Winland, weil dort wilde Weinstöcke wachsen…«. (Adam von Bremen)

L'Anse aux Meadows

Kultureller Kontext
Wikinger

Lage
Westspitze von
Terranova, Kanada

Zeittafel
C14 Datierungen:
860–890
und 1060–1070

Funktion
Saisonbedingtes Lager
oder zeitweilige
Kolonie

▼ Rekonstruktion
eines Wikingerhauses
in L'Anse aux Meadows.

L'Anse aux Meadows ist die älteste europäische Kolonie, der Neuen Welt. Der Ort ist bis heute die einzige Spur von Wikingersiedlungen in Nordamerika. Die Kolonie geht wahrscheinlich auf das 11. Jh. zurück und wird mit der legendären Gestalt Leif Eriksson, Sohn Erik des Roten, in Verbindung gebracht. Die Überreste der Siedlung bestehen aus acht Erdbauten, drei große Häuser sowie andere, kleinere Gebäude. Die Haustyp ohne steinerne Fundamente und das Fehlen von Spuren von Erneuerungen bei den Häusern weisen darauf hin, dass es sich um eine von Anfang an als vorläufig geplante Siedlung handelte, vielleicht war es nur ein saisonbedingtes Lager, denn eine ständige Kolonie. Die Gesamtzahl der Einwohner dürfte bescheiden gewesen sein. Wenn man bedenkt, dass die Wikingerhäuser normalerweise nicht mehr als dreißig Personen beherbergten, so ist es wahrscheinlich, dass die Bevölkerungsanzahl von L'Anse aux Meadows zwischen sechzig und neunzig Personen betrug. Die Ressourcen, auf die die Wikinger-Siedler zurückgreifen konnten, waren Holz aus dem nahen Wald, und zahlreiche Tiere wie Seehunde, Walrösser, Wale, Kabeljau, Lachse, Karibus und Füchse. Besonders wertvoll waren das Walross wegen seines Leders und Elfenbeins, und der Kabeljau, der als Trockenfisch gehandelt wurde. Auf den großen Heideflächen wurde vermutlich auch Tierzucht betrieben, während die Landwirtschaft aufgrund des Klimas und des kargen Bodens wohl eher dürftig blieb.

Das Dach, das direkt auf den Hauswänden ruhte, wurde von zwei Pfostenreihen abgestützt, die durch das Innere des ganzen Hauses verliefen.

Die Bänke aus gestampfter Erde entlang der Wände waren circa 1,5 m breit; sie wurden mit Holzplanken, Stoffen und Fellen bedeckt und fungierten als Sitzgelegenheiten und Betten für die Hausbewohner.

Die Feuerstelle lag in der Mitte des Raumes und war von einer Reihe Steine eingefasst; in einigen Häusern wurde eine zweite Feuerstelle gefunden, die der Essenszubereitung diente. Die zentrale Feuerstelle diente der Beleuchtung und Erwärmung des großen Zimmers.

▲ Rekonstruktion eines Wikingerhauses in L'Anse aux Meadows.

»Im Sommer nach dem ersten Winter wurden sie der Skraelinger gewahr. Eine große Schar von ihnen kam aus dem Walde«.
(Groenländer und Faeringer Geschichten)

Brattahlid

Kultureller Kontext
Wikinger

Lage
Das heutige Qassarsiuk, südwestliches Grönland

Zeittafel
Ende des 10. Jh.
bis Ende des 15. Jh.

Funktion
Feste Kolonie

Brattahlid, wörtlich »steiler Hang«, war die Heimstatt Eriks des Roten in Grönland. Nachdem er wegen Mordes aus Island verbannt worden war, gründete er eine Kolonie auf Grönland. Die Lage im Landesinneren am Eriksfjords garantierte Schutz vor Wind und Meeresgewittern. Die 1932 am Fundort durchgeführten Ausgrabungen brachten Reste einer Kirche zutage, wahrscheinlich die erste außerhalb des damals bekannten Europa. Darüber hinaus fand man Reste eines Bauernhofs, dessen Ställe aus Steinplatten und Walfischknochen gebaut waren. Während der Ausgrabungen von 1961 wurde in der Nähe des Stalles eine Kirche in Hufeisenform, entdeckt, die der Frömmigkeit Thjodhildes, der Frau Eriks des Roten, zugeschrieben wurde. Die Legenden berichten nämlich, dass Erik auf seinem Totenbett von seiner Frau zum Christentum bekehrt wurde. Brattahlid war bis zum 15. Jh. eine blühende Kolonie, dank der Fruchtbarkeit des Bodens und des Reichtums an natürlichen Ressourcen. Am Ende dieser Periode verfiel die Kolonie plötzlich aufgrund der klimatischen Verschlechterung und der intensiven Nutzung des Landes. Eine gewisse Rolle dürften sicherlich auch die Konflikte mit der indigenen Bevölkerung der Inuit gespielt haben, die in den Sagas mit dem wenig schmeichelhaften Namen *Skrælingar* bezeichnet wurden, was etwa so viel wie »vogelscheuchenartige Menschen« heißt.

► Blick auf Brattahlid, Grönland.

*Die Region, deren heutiges Zentrum Julianehåb ist,
war das erste Gebiet Grönlands, das Erik der Rote
kolonisierte, »Austbygd«, die Ostsiedlung. Zur höchsten
Blütezeit existierten in diesem Gebiet 190 Bauernhäuser,
12 Pfarren, eine Kathedrale in Gardar (heute Igaliko),
sowie ein Frauen- und ein Männerkloster.*

▲ Blick auf Brattahlid, Grönland.

Anhang

◀ Kopf einer Gottheit aus
Sandstein, 2.–1.Jh. v. Chr.,
Prag, Národní Museum.

Karte der wichtigsten Orte mit Keltenfunden

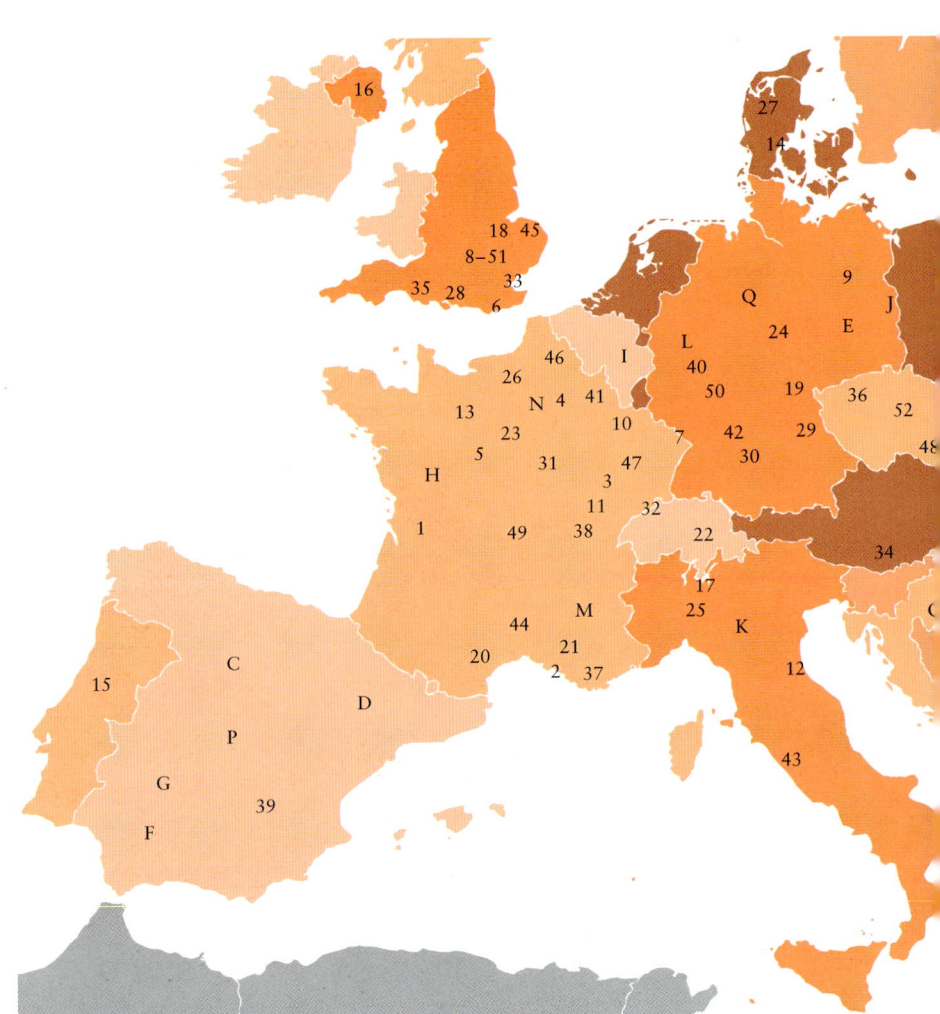

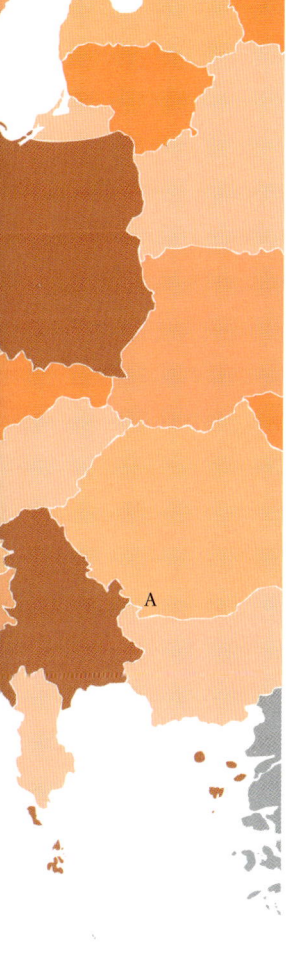

Städte

1. Agris
2. Aix
3. Alesia
4. Amfreville
5. Avaricum (Bourges)
6. Aylesford
7. Basse-Yutz
8. Battersea
9. Berlin
10. Berru
11. Bibracte
12. Bologna
13. Bouray
14. Egtved
15. Briteiros (Citânia de)
16. Broighter
17. Como
18. Desborough
19. Dürrnberg
20. Énsrune
21. Entremont
22. Erstfeld
23. Euffigneix
24. Glauberg
25. Golasecca
26. Gournay
27. Gundestrup
28. Gussage All Saints
29. Hallstatt
30. Kleinaspergle
31. La Motte-St.Valentin
32. La Tène
33. London
34. Magdalensberg
35. Maiden Castle
36. Manètin
37. Massalia (Marseille)
38. Mont-Beuvray
39. Numantia
40. Pfalzfeld
41. Prunay
42. Reinheim
43. Rom
44. Roquepertuse
45. Snettisham
46. Somme-Bionne
47. Sources-de-la-Seine
48. Třísov
49. Vix
50. Waldalgesheim
51. Waterloo Bridge
52. Závist

Flüsse

A. Donau
B. Drau
C. Duero
D. Ebro
E. Elbe
F. Guadalquivir
G. Guadiana
H. Loire
I. Mosel
J. Oder
K. Po
L. Rhein
M. Rhone
N. Seine
O. Save
P. Tajo
Q. Weser
R. Weichsel

Karte der wichtigsten Orte mit Wikingerfunden

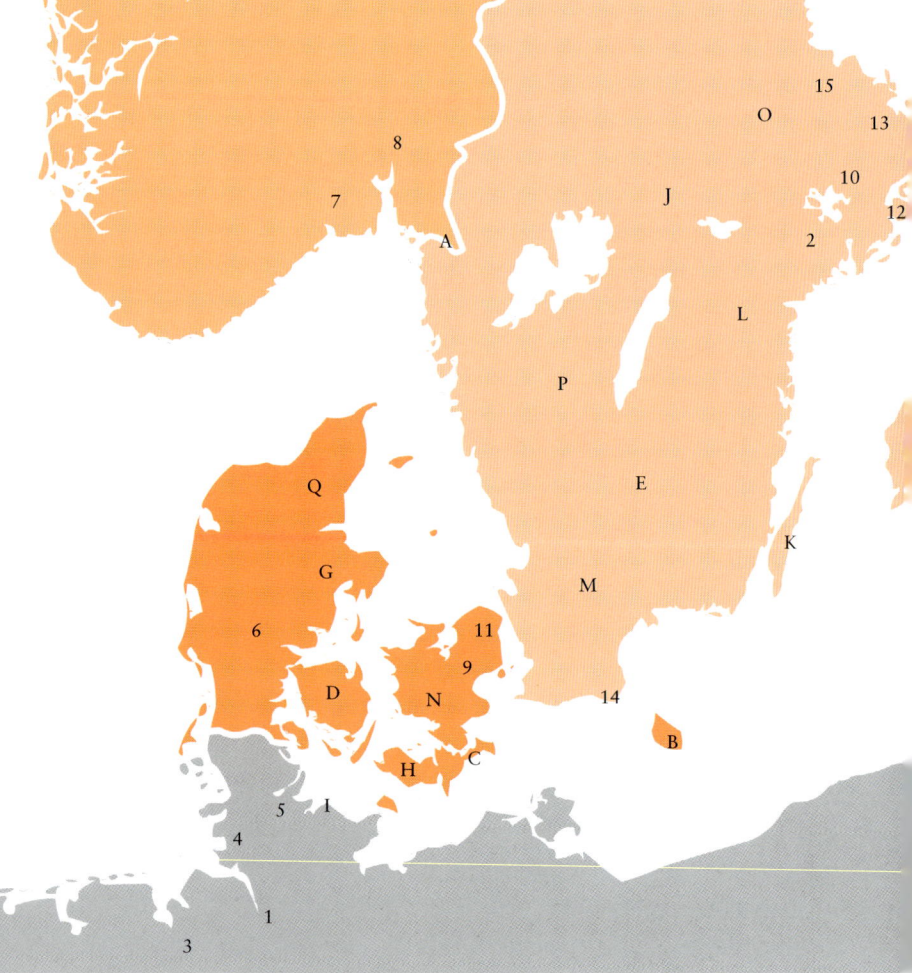

Städte

1. Hamburg
2. Birka
3. Bremen
4. Danewerk
5. Haithabu
6. Jelling
7. Oseberg
8. Oslo
9. Roskilde
10. Sigtuna
11. Skuldelev
12. Stockholm
13. Uppsala
14. Valleberga (Ales Stenar)
15. Vendel

Regionen

A. Bohuslän
B. Bornholm
C. Falster
D. Fünen
E. Götaland
F. Gotland
G. Jütland
H. Lolland
I. Plön
J. Mälarsee
K. Öland
L. Östergötland
M. Schonen
N. Seeland
O. Uppland
P. Västergötland
Q. Gebiet um den Limfjord

Zeittafel

3. Jahrtausend v. Chr.: Die indoeuropäischen Völkerschaften, von denen die Kelten und Germanen abstammen, lassen sich in Mittel- und Westeuropa nieder.

Zweite Hälfte des 2. Jahrtausends v. Chr.: In Mitteleuropa entstehen aus dem gemeinsamen indoeuropäischen Stamm zwei kulturell unterschiedliche Gruppen, im Norden die sogenannte Lausitzer Kultur, aus der die germanischen Stämme hervorgehen, und im Süden die Gruppen der Urnenfelderkultur, die sich zu den historischen Kelten entwickeln.

KELTEN

800–750 v. Chr.: Beginn der älteren Eisenzeit (Hallstattzeit) in Kontinentaleuropa.

460–450 v. Chr.: Beginn der jüngeren Eisenzeit (La-Tène-Zeit) in Kontinentaleuropa.

450 v. Chr.: Der griechische Schriftsteller Herodot berichtet vom Volk der Kelten, die auf diese Weise in die Geschichte eintreten.

Ca. 390 v. Chr.: Die transalpinen Kelten wandern südwärts und lassen sich in Italien nieder.

387 v. Chr.: Niederlage der Römer an der Allia und Einnahme Roms.

335 v. Chr.: Alexander der Große empfängt während seines Donaufeldzugs eine keltische Gesandtschaft.

280 v. Chr.: Großer Einfall der Kelten in Mazedonien und Griechenland.

279 v. Chr.: der keltische Anführer Brennus greift Delphi an.

278 v. Chr.: Einwanderung der Galater nach Kleinasien.

233–231 v. Chr.: Kriege Attalos I. von Pergamon gegen die Galater.

133 v. Chr.: Belagerung und Fall Numantias.

125 v. Chr.: Römischer Feldzug gegen die Salluvier und Einrichtung der Provincia Narbonensis.

130–101 v. Chr.: Wanderungen der germanischen Völkerschaften der Kimbern und Teutonen und Niederlage der Kimbern bei Vercellae.

70 v. Chr.: Die Germanen unter Ariovist lassen sich im Osten Galliens nieder.

58–52 v. Chr.: Gallischer Krieg und römischer Feldzug nach Britannien.

42 v. Chr.: Gallia Cisalpina gilt als Teil Italiens (nicht mehr als römische Provinz).

15 v. Chr.: Rom erobert die Gebiete südlich der Donau.

43 n. Chr.: Britannienfeldzug unter der Regierung des Claudius und Besetzung des südlichen Teils der Insel.

407–411 n.Chr.: Endgültiger Abzug der römischen Legionen aus Britannien.

GERMANEN

5. Jh. v. Chr. (Jastorf-Kultur): Wahrscheinlich beginnt sich der sprachhistorische Prozess der ersten Lautverschiebung zu vollziehen (Grimm'sches Gesetz): das Germanische unterscheidet sich von anderen indoeuropäischen Sprachen wie Griechisch, Lateinisch, Slawisch, Keltisch oder Sanskrit. Das von den germanischen Völkerschaften besiedelte Gebiet erstreckt sich von der Mündung des Rheins im Westen bis zur Oder im Osten, und von der Lössschwelle im Süden bis nach Südskandinavien im Norden.

120 v. Chr.: Die germanischen Völkerschaften der Kimbern und Teutonen ziehen vom nördlichen Teil der Halbinsel Jütland nach Süden.

102 v. Chr.: Niederlage der Teutonen bei Aquae Sextiae (Aix-en-Provence).

101 v. Chr.: Niederlage der Kimbern in Vercellae, in der Gallia Cisalpina.

70 v. Chr.: Die Germanen, vorwiegend Sueben, lassen sich unter der Führung von Ariovist im Osten Galliens nieder.

58 v. Chr.: Cäsar besiegt Ariovist und verjagt die germanischen Eindringlinge aus Gallien. Der Rhein wird zur Grenze des Reichs.

12 – 9 v. Chr.: Feldzug des römischen Generals Drusus gegen die Germanen.

9 n. Chr.: Niederlage der von Varus angeführten römischen Legionen im Teutoburger Wald.

9 – 21 n. Chr.: Herrschaft von Arminius, dem Cherusker.

16 n. Chr.: Der römische General Julius Cäsar Claudianus Germanicus rächt die Niederlage des Varus.

98 n. Chr.: Der römische Historiker Tacitus schreibt die Germania, eine wichtige Quelle für die Kenntnis von den Germanen.

Ende des 1. Jh. n. Chr.: Der römische Kaiser Domitianus beginnt mit dem Bau des rätisch-germanischen Limes (Grenze) zwischen dem mittleren Rhein und der oberen Donau, um die Grenze zwischen dem unterworfenen Germanien und dem »freien« Germanien zu schützen. In den unterworfenen Gebieten werden die Provinzen Germania superior mit der Hauptstadt Mogontiacum (Mainz) und der Germania inferior mit der Hauptstadt Colonia Agrippinensis (Köln) eingerichtet.

166 – 167 n. Chr.: Kriege des römischen Reiches gegen die Markomannen.

2. – 3. Jh. n. Chr.: Einfälle germanischer Völkerschaften in die Territorien des Römischen Reiches.

4. – 6. Jh. n. Chr.: Zeit der großen Völkerwanderung der germanischen Stämme, die das Ende der Spätantike und den Beginn des Frühmittelalters bezeichnet.

410 n. Chr.: Plünderung Roms durch die Westgoten unter Alarich.

WIKINGER

793: Plünderung des Klosters von Lindisfarne.

799: Erste Einfälle ins Frankenreich.

825: Die norwegischen Wikinger erreichen Island.

835: Die Wikinger an der Mündung der Themse.

839: Gründung von Dublin.

839: Die Schweden erreichen das Asowsche Meer.

844: Rurik vereint die nördlichen russischen Herrschaften im Reich von Nowgorod.

860: Die Wikinger plündern Luni (Italien).

864: Die Schweden erreichen das Kaspische Meer und greifen Byzanz an.

882: Oleg der Weise vereinigt den Norden (Nowgorod) und den Süden (Kiew).

885: Belagerung von Paris.

911: Vertrag von Saint-Clair-sur-Epte: Gründung des Herzogtums Normandie.

966: Taufe von Harald Blauzahn.

985: Entdeckung Grönlands.

988: Die Rus bekehren sich zum Christentum.

992: Entdeckung von Terranova.

1000 – 1028: Bekehrung von Island und dem Norwegischen Reich zum Christentum.

1016: Knut der Große wird König von England.

1018: Reich von Knut dem Großen.

1020 – 1030: Die Normannen beginnen, in Süditalien einzudringen.

1066: Schlacht von Hastings: die Normannen erobern unter Wilhelm dem Eroberer England.

Museen

Bibracte
www.bibracte.fr
Im oberen Stockwerk des Museums am Fuße des Oppidums Bibracte wird die Kultur der Kelten in Europa exemplarisch dargestellt, im Erdgeschoß werden Funde aus dem Ort gezeigt. Die Ausstellung präsentiert Reproduktionen von Ausgrabungssektoren, Rekonstruktionen der Werkstätten von Handwerkern, von Befestigungsanlagen, Häusern und von Menschen mit ihren sozialen Statussymbolen.

Bygdøy – Oslo, Vikingskipshuset
www.khm.uio.no/vikingskipshuset
Das Wikingerschiffmuseum auf der Museumshalbinsel Bygdøy ist Teil des Kulturhistorischen Museums der Universität Oslo. Es zeigt die wichtigsten wikingerzeitlichen Funde zur Seefahrt: hier sind die außergewöhnlichen Bootsbestattungen von Oseberg und Gokstad mit ihren reichen Grabbeigaben ausgestellt.

Kopenhagen, Nationalmuseet
www.natmus.de
Das Nationalmuseum von Kopenhagen ist das größte Museum für dänische Kulturgeschichte von ihren Ursprüngen bis heute. Die Dauerausstellung „Dänemarks Vorzeit" ist seit dem 17. Mai 2008 wieder eröffnet. Sie enthält historisch äußerst wertvolle Funde wie das Mädchen von Egtved, den Sonnenwagen von Trundholm oder die geheimnisvollen, Luren genannten Musikinstrumente. Ein berühmtes Exponat aus der Keltenzeit ist der Kessel von Gundestrup. Eindrucksvoll ist auch die Abteilung für Wikingerfunde.

London, British Museum
www.britishmuseum.org
Die äußerst umfangreichen Sammlungen zur europäischen Bronze- und Eisenzeit sowie zu Großbritannien in römischer Zeit und im Mittelalter sind im Obergeschoß untergebracht. Zu den hervorragendsten Funden gehören die keltischen Kannen von Basse-Yutz, der Eimer von Aylesford, der Depotfund von Gussage-All-Saints, der Spiegel von Desborough, der Verwahrfund von Snettisham, die Grabbeigaben aus der Schiffsbestattung von Sutton Hoo sowie die Schachfiguren von der Insel Lewis. Sehr reich ist auch die numismatische Sammlung mit den außerordentlich kostbaren Münzen der Kelten und der Wikinger.

Saint-Germain-en-Laye, Musée des Antiquités Nationales
www.musee-antiquitesnationales.fr
Das Museum wurde 1862 von Napoleon III. per Dekret gegründet, um die wichtigsten französischen Funde aus keltischer und römisch-gallischer Zeit aufzunehmen. Es ist daher das erste, und bis heute größte Museum, das sich der Archäologie in Frankreich widmet. Sein streng nationaler Charakter unterscheidet es vom Louvre, der sich der weltweiten Archäologie widmet. Die Funde aus der älteren und jüngeren Eisenzeit sind im Zwischenstock ausgestellt, während die Funde aus römisch-gallischer Zeit im ersten Stock untergebracht sind. Zu den Meisterwerken zählen der Helm von Amfreville, die Statue eines Gottes aus Bouray und die Goldfunde aus dem Hügelgrab von La Butte bei Sainte Colombe.

Stockholm, Historiska Museet
www.historiska.se
Das Museum verfolgt die Absicht, die Geschichte Schwedens von der Vorgeschichte bis ins 16. Jahrhundert darzustellen. Die Funde sind nach thematischen Kriterien ausgestellt: im Goldsaal sind wertvolle Objekte aus Gold und Silber aus verschiedenen Epochen zu bewundern, darunter ein Goldhalskragen aus Västergötland, die magischen Brakteaten, die in Treibarbeit verzierten Votivplättchen oder die reichen Beigaben aus den Gräbern der Herren von Vendel. Außerdem gibt es viele bemalte Gedenksteine, darunter die berühmten Steine von Tängelgarde und Ardre.

Stuttgart, Landesmuseum Württemberg
www.landesmuseum-stuttgart.de
Das Landesmuseum von Württemberg ist im Alten Schloss untergebracht, einem der wichtigsten Architekturdenkmäler der Stadt Stuttgart, in dem Kunst und Geschichte des Landes Württemberg veranschaulicht werden. Zu den spektakulärsten Funden gehören die reichen Grabbeigaben aus den keltischen Fürstengräbern der Heuneburg und vom Hohenasperg. Unter diesen fällt besonders das Hügelgrab von Hochdorf mit dem bronzenen Kline, dem Paradewagen, dem Speise- und Trinkgeschirr und dem persönlichen Schmuck des Verstorbenen auf. Außergewöhnlich ist auch die steinerne Kriegerstatue aus Hirschlanden.

Stichwortverzeichnis

Quellen

Kelten

The Celts, Katalog der Ausstellung im Palazzo Grassi in Venedig 1991, Mailand 1991

Duval, A., *L'Art celtique de la Gaule au Musée des Antiquités Nationales*, Paris 1989

Duval, P. M.; Hawkes, C. (Hg.), *Celtic art in Ancient Europe - L'Art celtique en Europe protohistorique: débuts, développements, styles, techniques*, London, New York, San Francisco 1976

Harding, D. W., *Hillforts. Later prehistoric earthworks in Britain and Ireland*, London 1976

Grassi, M. T., *I Celti* in Italia, Mailand 1991

Jacobsthal, P., *Early Celtic Art*, Oxford 1944, reprint 1969

Kruta, V., *Die Kelten: Aufstieg und Niedergang einer Kultur*, Freiburg 2000

Kruta, V. (Hg.), *Les celtes au III siècle av. J.-C.*, Kongressbericht des IXe Congrés international d'études celtiques (Paris, 8.–12. Juli 1991), Paris 1993

Hatt, J. J., *Mythes et dieux de la Gaule*, Bd.1, *Les grandes divinités masculines*, Paris 1989

Pauli, L. (Hg.), *Die Kelten in Mitteleuropa. Kultur Kunst Wirtschaft*, Ausstellungskatalog des Keltenmuseums Hallein, Salzburg 1980

Pugliese Carratelli, G. (Hg.), *ITALIA OMNIUM TERRARUM ALUMNA*, Mailand 1988

Vitali, D. (Hg.), *Celti ed Etruschi nell'Italia centro-settentrionale dal V. secolo a. C. alla romanizzazione.* Dokumentation des internationalen Kongresses in Bologna 12.–14.04. 1985, Bologna 1987

Germanen

Wolfram, H., *Die Germanen*, München 2005

Dumézil, G.; *Les Dieux des Germains*, Paris 1959

Gasparri, S., *Prima delle nazioni. Popoli, nazioni ed etnie fra antichità e Medioevo*, Rom 1997

Pohl, W., *Le origini etniche dell'Europa. Barbari e romani tra antichità e Medioevo*, Rom 2000

Cameron, A., *The later Roman Empire A.D. 284-430*, London 1993

Wikinger

I Vichingi, hg. v. Museen Malmö, Katalog der Ausstellung im Spedale degli Innocenti, Florenz 1989

Cohat, Y., *Die Wikinger*, Ravensburg 1990

Jones, G., *The Vikings*, London 1997

Clark, J. D. G., *Prehistoric Europe: the Economic Basis*, London 1952

Brøndsted, J., *Die große Zeit der Wikinger*, Neumünster 1964

Agrati, G., Magini H. L. (Hg.), *Miti e saghe dei Vichingi*, Mailand 1990

Anker, P.; Andresson, A., *The art of Scandinavia*, 2 Bde., London, New York 1970

Bildnachweise